通货膨胀率

The Case Against
2 Per Cent Inflation

布兰登·布朗（Brendan Brown） 著

杨佩玮 任轶霏 译

丁 芊 审校

责任编辑：王雪珂
责任校对：张志文
责任印制：张也男

First published in English under the title：The Case Against 2 Per Cent Inflation by
Brendan Brown
Copyright © Brendan Brown 2018
This edition has been translated and published under licence from Springer International
Publishing AG.
All Rights Reserved.
施普林格国际出版社不承担任何责任，也不对翻译的准确性负责。
北京版权合同登记图字 01 - 2019 - 1027
《通货膨胀率：2%》一书中文简体字版专有出版权属中国金融出版社所有，不
得翻印。

图书在版编目（CIP）数据

通货膨胀率：2%？ / （英）布兰登·布朗著；杨佩玮，任轶霏译. —
北京：中国金融出版社，2020.1
ISBN 978 - 7 - 5220 - 0357 - 3

Ⅰ. ①通…　Ⅱ. ①布…②杨…③任…　Ⅲ. ①通货膨胀率—研究
Ⅳ. ①F820.5

中国版本图书馆 CIP 数据核字（2019）第 269522 号

通货膨胀率：2%？
Tonghuo Pengzhanglü：2%？
出版
发行　**中国金融出版社**
社址　北京市丰台区益泽路 2 号
市场开发部　（010）66024766，63805472，63439533（传真）
网上书店　http：//www.chinafph.com
　　　　　　（010）66024766，63372837（传真）
读者服务部　（010）66070833，62568380
邮编　100071
经销　新华书店
印刷　保利达印务有限公司
尺寸　169 毫米×239 毫米
印张　16
字数　230 千
版次　2020 年 1 月第 1 版
印次　2020 年 1 月第 1 次印刷
定价　56.00 元
ISBN 978 - 7 - 5220 - 0357 - 3
如出现印装错误本社负责调换　联系电话（010）63263947

致　谢

对抗一个货币制度是一件孤独的事情，外界的很多支持、鼓励、启发，当然还有劝诫，对我实现这个使命来说都至关重要。我很幸运能拥有一个三人组的所有支持。如果不是他们，这本书可能就不会完成。

Alex Pollock、Robert Pringle 和 Robert Aliber，他们为本书的问世起到了至关重要的作用。

Alex Pollock 对货币通胀引发的不理性力量所造成的金融、经济和政治混乱具有独到的见解。他不能忍受中央银行决策者采取的宽松的货币政策，因为这最终损害了人类的自由。中央银行决策者们宣称自己高度专业而且很有悟性，但实际上可能并非如此。我从 Alex Pollock 身上学到了很多，他促进我思考，并给予我极大的鼓励。

Robert Pringle 和我写了很多关于高能货币，以及日本通缩之谜的文章。他坚持认为一个成功的货币制度需要重新确立基础货币的支点地位。为了使之发生，高能货币必须由一种高度独特的资产组成，这个资产拥有对之广泛且稳定的需求，正如 1914 年前的金本位那样。

Robert Aliber 提供了金本位制度崩溃之后有关后续货币制度的深刻见解，以及对这之间法定货币混乱时期的描述。他也劝我深入分析和详细讨论在所有商业周期中货币通胀①的"孪生姐妹"——资产价格膨胀和商品价格膨胀——之间的关系。

---

① 译者注：为了译稿更贴近读者，本书将通货膨胀简称为通胀，将通货紧缩简称为通缩。

　　我向哈德逊研究所和米塞斯研究所致以谢意，它们为我完成本书作出了关键的贡献，且帮助我的观点能够影响到更多的受众和读者。每当遇到困境时，我在帕尔格雷夫的编辑，Tula Weiss，总会引导我向前完成本书。

目　　录

第一章

新时代：法定货币体系下的
第五次稳定实验

从1914年国际金本位体系全面崩溃之后，法定货币体系跌跌撞撞地经历了四个动荡的阶段。在每个阶段的最后，总会有一个"稳定实验"的出现。前三个实验都在凄惨甚至是灾难性的失败中结束，这些实验要么是在根本上存在缺陷，要么就是过早地被中止了，甚至二者兼而有之。目前，第四次稳定实验也是在重蹈覆辙，因为它无论在概念上还是实践上，都有着本质的缺陷。我们一般将这次实验称为"全球2%通胀率标准"。当然，最坏的时刻还没有到来，目前主要不确定的地方在于它到底是会终结于资产价格紧缩，还是商品价格膨胀的冲击，还是两者一起出现。在那之后，就是第五次动荡阶段的开篇。在这里提一个问题：如果第五次稳定实验真的发生了，会比前四次更加成功吗？现在提这个问题为时过早，让我们先从开始谈起。

法定货币体系动荡的第一阶段：1914—1931 年

在金本位制度下，货币能够随时足值地兑换成金或金币。黄金货币体系的根基，本质上在于地球上黄金的供给。这个体系在第一次世界大战爆发后便走到了尽头。

第一次世界大战结束后，从20世纪20年代开始，就开始了金汇兑本位制度的建设。世界主要货币在经历了多年的对内价值和对外价值的剧烈波动后，各国政府和它们的中央银行家都希望这些货币重新恢复稳定。美元保留了和黄金自由兑换的性质，而在其他主要货币中，有些"回到"了"金块本位制"（如在英国，只有当价值超过一个相当大的数额，即400盎司的金块时，货币才是可以兑换成黄金的）；有些采用了"美元本位制"（实质上即维持本国货币对美元的固定汇率，在1924年与德国根据道威斯计划签订的条约承诺中被大大巩固①）。总体而言，除美国之外的所有国家（法国有时是例外），会积累美元或者偶尔用英镑作为储备，而不是真正的

———————————

① 英国、法国等通过借款的方式帮助德国偿还战争赔款。

金属黄金，这和国际联盟的建议是一致的，并在 1922 年的热那亚会议中被特别明确出来，热那亚会议是由英国持"通缩恐惧"观点的建制派专家委员会设定的议程，包括一众英国财政官员以及约翰·梅纳德·凯恩斯的密友——拉尔夫·霍特里教授，他们一直坚信"物价稳定"的重要性（Rothbard，2005）。

美联储在决定美国基础货币的走向上有着很广泛的权力。它会回避自动调整的规则，以相机抉择的手段来追求政策目标，这导致大幅度的波动偏差，包括经济刺激（在经济的急速衰退中促进复苏，比如 1921 年末和 1922 年），或者纽约联邦储蓄银行行长本杰明·斯特朗旨在为支撑英镑而开展的国际货币外交政策（假如英国在黄金流失的情况下允许紧缩货币以控制损失，这种行为当然就没有必要了）。在美国和在当时即将成为全球第二大经济体的德国出现的资产和信贷市场大通胀，反映了美联储的政策过去关注的都是与维持稳定货币价值严重相悖的目标（如周期性对经济的人为调整，斯特朗帮助诺曼①等）。

那么问题便显而易见：在美国的新银行体系下，美联储如何判断高能货币（High-powered money）的需求量？尤其是当时，一种在银行家群体和他们的客户当中普遍乐观的观点认为，美联储这种旨在提供紧急流动性的最后贷款人机制的出现，意味着在前几个世纪里周期性出现的经济危机将销声匿迹，对于作为安全边际的现金需求应该将比 1914 年前更低。且黄金在基础货币中的比例逐渐降低，与之对应的是联邦储备券②和存款的比重逐渐增加，假设其他变量不变，这无疑意味着对基础货币整体需求的大幅降低。

长期利率市场在经历了战争融资对其的转型和深化以后，开始逐渐受到美联储行为的影响。之前，利率一直都十分波动，且这种波动经常被忽视。即使是在高歌猛进的 20 世纪 20 年代的经济大繁荣时期，由于美联储

---

① 指本段前部分提到的"旨在为……货币外交政策"。

② the Federal Reserve notes，应指纸币。

寻求稳定物价的目标，也就是干预当时科技的快速进步所自然引发的价格下降，短期利率水平仍然很低，这就对长期利率市场产生了放大且扭曲了的负面影响（Brown，2016）。

　　1931 年 7 月，德国银行体系开始分崩离析。法定货币体系动荡的第一阶段，与其对应的稳定实验——金汇兑本位制——在全球信贷泡沫的破灭（主要是美国和德国）中走到了尽头。

第二阶段：1931—1968 年

　　法定货币体系动荡的第二个阶段紧随其后，其标志是 1931—1936 年大幅度的外汇波动。早在 1936 年签订的三边货币协议中，曾有一个短命的尝试，即基于一个简单的黄金—美元兑换支点（truncated gold - dollar pivot）来恢复国际上的货币体系稳定性。后来的布雷顿森林体系为全球性的稳定实验搭好了舞台，但由于欧洲地区广泛保留着外汇管制制度，直到 20 世纪 50 年代末才开始真正运作起来。美元在国内早已脱离金本位的体系，事实上从 1934 年起，美国公民持有黄金已属违法行为。而对于非美国公民而言，尽管实现起来很困难，但美元还是能够被转换为黄金的。

　　当时，只要不发生黄金挤兑，美联储对于基础货币走势的控制几乎有着完全的自主权。20 世纪 60 年代中期，肯尼迪政府以及后来的约翰逊政府提拔了一批信奉凯恩斯主义的经济学家，他们担任要职并致力于研究就业与通胀之间的神奇关系。时任美联储主席马丁并不是凯恩斯主义者，但在联邦公开市场委员会（FOMC）中，凯恩斯主义的势力正在不断扩张。马丁认识到，在越南战争的背景下，中央银行的主要任务在于管理具有能够导致通胀后果的国债市场[①]（Meltzer，2009a）。最终，一系列的事件导致了布雷顿森林体系稳定实验的终结——1968 年非正式用途黄金价格的自由

---

　　① 越南战争中，美国财政通过大量发债为战争融资，并要求美联储购买债券以维持利率水平保持低位。而这导致了大量的货币供给，从而引发通货膨胀。——译者注

浮动；1969 年德国马克在经历过渡性的浮动后的重新定价；1971 年 5 月瑞士法郎及德国马克的再度浮动，以及 1971 年夏天尼克松政府执政期间黄金兑换窗口的彻底关闭（Brown，1988）。事实最终证明，布雷顿森林体系并不能阻止美国陷入严重的通货膨胀，从而无法维持该体系的继续运行。

第三阶段：1969—1985 年

接下来是第三阶段——以货币主义实验为标志的阶段。布雷顿森林体系的崩溃带来了各主要货币之间广泛的浮动汇率制度（还夹杂着固定欧洲内部各国之间汇率的尝试）。当时美元和黄金已经脱钩，德国和瑞士率先承担起了建立替代黄金货币本位制度的任务。其指导思想是各中央银行应当以一个较低的、接近常数的速率来扩张基础货币，这在概念上类似于 1914 年前的金本位制度，即保持地表黄金供给缓慢增长的想法。当时这项货币主义实验在强势货币中处于中心地位，其设计者拒绝了一切相机抉择的政策制定，否则就又变成了人为的精细调整。货币主义制度作为一个仿金本位制度，只有当所有主流经济体（尤其是美国）加入实验后，才能被认为是可靠的，这在 20 世纪 70 年代至 80 年代早期，即卡特总统于 1978 年秋任命保罗·沃尔克为美联储主席时，曾短暂地发生过。

但即使在那个阶段，任何的替代金本位制度和真实的金本位制度之间也仅是有表面上的相似之处。替代金本位制度不具备金本位内在的灵活性，比如在金本位制度下，商品和劳务价格的下跌将导致黄金供给有所增加，因为这增加了采矿业的利润；替代金本位制度也不具备任何自动调节机制和人们对其无可撼动的信念——相反，它标志着货币供给目标能够被随意改写、调整，甚至无视，来自政治上的压力能够随意践踏货币主义的原则。在这些采取货币主义原则的国家中，对法定基础货币的需求并不大，也并不稳定，只有高额的准备金要求才能为这种需求提供人为的支撑，但是这种前提条件的内在极其脆弱，尤其是因为银行业诡辩般的游说限制了这类监管要求，且银行也可以通过套利行为逃避监管。[①]

　　货币主义者们的实验并没有因其根本上的缺陷而迎来终结，这些可能的缺陷包括对基础货币需求的波动过大，或者在控制基础货币供给上过于僵硬，虽然这些缺陷尚未构成明显的威胁，但如果现状继续下去，问题迟早会出现。其实早在 1985 年，类似的威胁就已经出现了。[②] 时任美联储主席保罗·沃尔克后来屈服于巨大的政治压力，被迫去解决美国大额贸易赤字的问题（具体而言，是"铁锈地带"的出现），这在当时被广泛认为是过于强势的美元所导致的。

　　不管怎样，当时对于美元被过分高估的论调是极不可靠的。毕竟在当时美联储似乎抛弃了其在之前几十年里扩张性的政策，加之美元显然在全球更受欢迎，必将在全球永久性地引发对美元的强势需求。在急速的全球化进程之下，疲弱的美元当然不能使传统制造业起死回生。即便如此，沃尔克还是驱使着美联储，迫于里根政府（时任财政部部长为 James Baker）的压力，开始对美元实施贬值，并明确地宣布加入广场协议（Brown，2013）。有趣的是，沃尔克曾经作为财政部副部长，带头协商了美元在 1972—1973 年的贬值。

　　以沃尔克为首的美联储彻底丢弃了"强势货币"的政策以及货币主义者们的实验，直接导致了 20 世纪 80 年代末的全球性货币通胀[③]（Monetary Inflation），最突出的是日元泡沫及其破裂。最后，伴随着欧元的诞生，德国成为最后一个正式抛弃货币主义的国家（Brown，2014；Schwartz，2005）。

---

　　① 原文：Not least because they remained subject to special pleading and arbitrage operations by the banking industry。

　　② 1984 年里根总统连任后，以保罗·沃尔克为首的美联储采取紧缩性的货币政策。高利率、物价稳定的代价是经济增长，且其导致的美元升值严重影响了工业品和农产品的出口，作者可能认为出口的萎靡是导致"铁锈地带"出现的原因。——译者注

　　③ 与"物价膨胀"（Price Inflation）是不同的概念，货币通胀指一个国家或地区货币供给的持续上涨，最终结果很可能导致物价膨胀。——译者注

第四阶段：20 世纪 80 年代中期至今

货币主义者们的失败开启了法定货币体系动荡的第四个阶段。短短几年内，一个新的稳定实验揭开了序幕——每年 2% 的永久性通胀目标。该目标设立的里程碑事件发生在 1996 年 7 月的联邦公开市场委员会会议上，讨论在当前通胀率跌至 3% 以下后，美联储是否应当避免进一步压制通胀，并接受一个 2% 左右的持续稳定的低通胀率。珍妮特·耶伦提交了表示赞同的文章，但当时会议并没有产生可靠的决议，之后美联储主席格林斯潘同意暂缓这一议题。对永久通胀目标更强的共识产生于之后的几年，也就是格林斯潘在位的最后几年和伯南克在位的那段时间。

通胀目标制的理论依据根植于新凯恩斯主义（Neo – Keynesianism），该理论在 20 世纪 70 年代晚期的领军人物是斯坦利·费希尔，他带过的一众学生中有本·伯南克和马里奥·德拉吉（Fischer, 1979）。费希尔认为，货币主义所支持的设立一个较低的货币供给增长目标，并舍弃对经济进行人为精细调整的信条是错误的。他认为货币——尤其是基础货币——需求波动太大，以至于不足以支撑一个仿金本位制度的正常运行。在任何情况下，货币主义者们抛弃人为精细调整的依据都似乎都不太可靠，这些货币主义者们的依据与当代古典经济学家，比如罗伯特·巴罗（1976）的观点基本一致，即假如普罗大众的预期是理性的，那么货币政策将无法对实体经济产生刺激效果。费希尔认为，在现实生活中，长期工资合约比较普遍，货币政策是可以对实体经济起到刺激效果的，但如果要防止反复的刺激导致越来越高的通胀，就应该为此设置一个目标。

这个新的实验——通胀目标制——是建立在一个巨大的误解上的，可以说出现在了最坏的时候。即使是在金本位制度或货币主义制度下，货币存量与中短期价格之间也不存在任何可靠的路径关系可供预测。只要对于基础货币这一资产有广泛且稳定的需求存在，那么就有理由相信，一个对基础货币总量增长率进行严格控制的制度会将累积价格波动控制在某个区间内（我们将在后续几个章节详细讨论这个问题）。固然，在金本位制度下，从长期来看，价格有回归均值的趋势，但即使如此，事实并不一定能保证它最终能回归，尤其是在中短期，我们没有理由不相信即使货币价值是坚挺的，也可以伴随着忽上忽下的价格变动，比如经济衰退、快速全球化或生产力发展导致的价格下跌。事实上，货币主义确实是这样认为的。

米尔顿·弗里德曼强调，货币当局不应当设置价格目标，因为价格并不是严格处于其控制之下的。货币当局应该注重于一个较低的基础货币（或者是其他的货币供给量）扩张率。在法定货币体系下，基础货币确实是完全可以控制的，因此任何相对于目标的偏离都可以合情合理地归咎于货币当局（Friedman，1953）。但是一些2%通胀率的支持者会说，中央银行应当对两年左右时期的通胀结果负责，而这确实在其控制能力范围之内。这些人似乎在心里建立了一个计量经济学模型，且已经经过测试并能很好地应用于准确预测通胀传导路径，甚至和短期利率相关的关键变量都已经被中央银行设定好了。我们可以将其称为"计量经济标准"。

当然，预期形成过程中存在的惰性和持续不断的公开宣传（包括中央银行行长定期的新闻发布会以及大量的书面会议纪要和声明），有时能帮助中央银行达到目标。但是如果说货币当局的官僚们确实找到了决定价格结果新的源头，那其实就是皇帝新装的现代版本了。当然，2%通胀率标准的支持者们也可以吹嘘他们日渐复杂的，基于菲利普斯曲线和泰勒规则的计量经济模型的能力，但那也是令人难以信服的。计量模型背后的理论依据早就消失不见了。

事实上，就在2%通胀率标准刚刚出现的时候（前文提到的联邦公开市场委员会会议举办两年后，欧洲中央银行正式运行并在事实上采用了2%的通胀率标准），整个世界正在进入一个快速全球化和技术进步的时期（中国加入世贸组织、东欧西化、互联网和电信革命），也许只有19世纪七八十年代的成就，即洲际通信、苏伊士运河、转炉钢、铁路、远洋客轮，能与之相提并论了。当时美国和欧洲还处于金本位制度下，物价永久性地每年下降 1~2 个百分点，美国人均收入的增长创下史上最快的纪录，且从 19 世纪 80 年代初到 80 年代中期的金融危机和经济下行表现得比较温和。相对而言，主要国家的中央银行在那个时期采取 2% 通胀率目标的尝试产生了非常不好的效果。

当物价呈现出自然下行的趋势时，强行抬升物价意味着中央银行必须将利率下调到影响货币原本价值的程度。我们可以用推测的口吻来说，在高速全球化和技术变革的背景下，这些低利率水平助长了金融市场中的不理性力量，这股力量即资产价格膨胀的原动力（Brown，2017），正如之前墨西哥泡沫的形成与破灭（1992—1994 年），亚洲和其他新兴市场的事件（1993—1997 年），20 世纪 90 年代末期信息通信和纳斯达克泡沫的破灭，还有 2003—2007 年巨大的全球性泡沫（包括美国房地产市场、欧洲疲弱的主权债务、日元套利交易、西班牙和英国的房地产、欧洲金融机构等）。这股不理性力量在 2007—2008 年和 2009 年的大萧条与恐慌中达到了极点。这些泡沫的形成和破灭极大地阻碍了通往经济繁荣的道路，并且随后采用的旨在抬高资产价格的非常规性货币政策进一步降低了长期规划的投资的积极性。人们会问，为什么要以这种方式来注入资本，尤其是当时所有人甚至他们的宠物都明白，长期来看，这样做终将自食其果——有很大可能会引发另外一场严重的资产市场崩溃乃至萧条。在 2% 的通胀率标准下，紧随 2008 年大萧条之后的是史上最慢的经济扩张。

目前，我们称为"全球 2% 通胀率标准"的法定货币体系实验，作为法定货币体系动荡的第四阶段的标志，很有可能与上述提到的三个实验殊途同归——被扔进历史的垃圾桶。它将会导致资产价格缩水的危机，商品劳务价格膨胀的冲击，抑或两者随着时间的推移同时发生。

资产价格紧缩危机将如何发生？

导致资产价格紧缩的危机有很多种途径，但最有可能的是通过一个高度投机的市场中上涨动能停滞的方式出现。

上涨动能极易停滞的交易类别主要是数量巨大且不断膨胀的套利交易——无论是将低利率兑换高利率国家的货币（赚取外汇风险溢价并期望在汇率上持续获利）；还是以低风险信贷换得高风险信贷（赚取信用风险溢价，且或许能从高风险信贷价格的持续上涨中获取资本利得）；还是以短期政府债券换得长期政府债券（赚取期限风险溢价和可能的资本利得）；还是以流动性资产换取非流动性资产（赚取风险溢价并期望再在非流动资产上获得价差利得）。如果资本利得持续疲弱，越来越多失去耐心的投机者将会选择退出——但在退出过程中谁会成为这些交易的对手方呢？日益膨胀的流动性风险开始成为现实。在新的流动性匮乏的情况下，资产价格的崩溃将反馈给实体经济，实体经济的参与者将进一步强化不利的趋势。

具体而言，某些极受欢迎的投机标的，包括所谓的大科技公司（Big Tech），其突然且大额的违约或一连串的坏消息都能够成为导火索。当然，我们也不能无视房地产市场的泡沫及其破裂所扮演的潜在角色，这些市场可以是美国商业房地产（包括租用公寓）、加拿大和澳大利亚的泡沫房地产市场，也可以是中国的住宅房地产市场。

商品和劳务价格膨胀冲击将如何发生？

通货膨胀率突然飙升，通胀预期的惰性消失，对基于计量经济学的通胀预测的信心越来越少，冲击似乎是必然发生的。

还有其他一些因素。在特意挑选的与财政部有着不错关系的美联储主席的领导之下，美联储利用大额财政预算赤字（美国大概是经济周期的扩张阶段接近尾声时，5% 左右的 GDP）来实现 3% 的经济增长目标。长期利率市场不再能够显示人们对于通胀的恐惧，人们紧盯着中央银行设置的短期利率进行套利，货币当局出于可能会扰乱资产市场的担忧，极不情愿正常化自己的货币政策，且政府更喜欢一个有竞争力的美元汇率。所有这些都为掀开一个新的高通胀篇章埋下了伏笔。但如果资产价格紧缩危机率先出现，通胀冲击则会来得更晚。

当代的长期利率市场早已没有了几十年前充当秩序维护者的角色。如果资产紧缩危机要先于通胀冲击来临，哪个理性人会把自己置身于特快列车的轨道上等死呢？恐怕堂·吉诃德都不会这么做。

迫在眉睫的货币体系动荡的第五阶段

无论2%通胀率标准将如何终结，可能都不会有什么征兆。现在并不存在能被一众变革者所支持的新货币政策实验（Monetary Experiment），以接管并伴随法定货币体系进入第五阶段。

可以设想一个更高级的货币主义实验，一个以采用各种手段来显著提高并稳定高能货币需求为标志的实验，包括削减存款保险机制以及削弱"大而不能倒"的银行。这将意味着对信用卡寡头垄断集团发起进攻，以及提高现金的数量（包括提供更大面额的纸币）。且任何对一个货币主义实验的重启，将必然要求减少在中央银行存款准备金的利息支出。

我们可以想象，法定货币体系进化的下一个阶段将会是黄金重新回归货币职能——我们将在本书的最后一章进行介绍。另外一个可能则是一种全新的货币（Pringle, 2012）。

当然，如果支持坚挺货币价值①的一派不首先在美国民众中聚集可观的力量，任何形式的进化都不可能发生。虽然现实情况对他们确实非常不利，但在经历了即将来临的资产价格紧缩或通货膨胀冲击后，有可能改变现状。

参考文献

[1] Barro, R. (1976). Rational Expectations and the Role of Monetary Policy. *Journal of*

---

① Sound Money，是指货币具有较高的含金量，与因宽松所导致的价值持续缩水的货币（一般为Unsound Money，译为宽松货币）相对。在本书中的处理较为灵活，一般译为"币值稳定"，有时候也译作"坚挺货币"，根据上下文需要强调的内容来翻译。——译者注

Monetary Economics, *Elsevier*, 2（1），1 – 32.

［2］ Brown, B.（1988/2017）. *The Flight of International Capital*（Routledge Library Editions, 2017）. London: Routledge.

［3］ Brown, B.（2013）. *The Global Curse of the Federal Reserve*. Basingstoke: Palgrave.

［4］ Brown, B.（2014）. *Euro Crash*. Basingstoke: Palgrave.

［5］ Brown, B.（2016）. *A Global Monetary Plague*. Palgrave.

［6］ Brown, B.（2017）. A Modern Concept of Asset Price Inflation in Boom and Depression. *Quarterly Journal of Austrian Economics*, 20（1）.

［7］ Fischer, S.（1979）. *On Activist Monetary Policy with Rational Expectations*. Cambridge, MA: NBER.

［8］ Friedman, M.（1953）. *Essays in Positive Economics*. Chicago: University of Chicago Press.

［9］ Meltzer, A.（2009）. *A History of the Federal Reserve*, *Vol. 2 Book 1 1951 – 1969*. Chicago: University of Chicago Press.

［10］ Pringle, R.（2012）. *The Money Trap*. Basingstoke: Palgrave.

［11］ Rothbard, M.（2005）. *A History of Money and Banking in the US*. Auburn: Mises Institute.

［12］ Schwartz, A.（2005, March/April）. *Aftermath of the Monetary Clash with the Federal Reserve Before and During the Volcker Era*. Federal Reserve Bank of St. Louis.

第二章

全球 2% 通胀率标准的起源

所有涉及法定货币体系稳定实验的章节，即 20 世纪 20 年代的金汇兑本位制度、布雷顿森林体系、货币主义体系，还有现在的 2% 通货膨胀率标准，都是一个混合着各种因素的过程的产物，这些因素包括学界时兴理念（Intellectual Fashion）、学界黑幕（Intellectual Intrigue）、政治投机主义、金融精英们（尤其是大银行）的个人利益、理想主义和现实主义在政治领域（包括中央银行机构）中的交错，当然还有机遇和环境。

20 世纪 80 年代末的通胀冲击

2% 通货膨胀率标准到底是于何时何地开始的？追溯起来，其诞生之日其实非常明确：就是 20 世纪 80 年代末的通胀冲击。1990 年，美国的通货膨胀率重回 6% 大关，这是自 20 世纪 80 年代早期，沃尔克领导下的美联储开出控制通货膨胀的药方后的一次非常显著的回升。事实上，随着巨额的贸易逆差以及过强的美元，美联储偏离了保持货币价值的轨道，1985 年最终屈服于里根政府的压力——具体来说，是来自得克萨斯州的新财政部部长詹姆斯·贝克的指示——改变货币政策的方向，贬值美元。

江山易改，本性难移。沃尔克最终也没能改变其在尼克松总统任下的（时任财政部部长为约翰·康纳利，得克萨斯州民主党人）统领货币贬值的角色，也没有改变其对于自由市场根本上的不信任。他本可以将过强美元视为一个不可避免的现象，毕竟亚瑟·伯恩斯的通胀政策走向结束，且美元作为最坚挺、最理想的货币，再度回到了国际金融体系的中心，但他一直没能在观念上跨出这一步。

沃尔克很自然地成为广场协议（1985 年夏签订）的共同签署人，早已失去影响力的货币主义实验被彻底遗弃，资产价格膨胀带动商品劳务价格不断上涨。1987 年初沃尔克似乎突然改变了主意，开始帮助美国与日本德国协商旨在稳定美元的卢浮宫协定，控制美元不再下跌，并且释放出了紧缩货币的信号。1987 年 3 ~ 10 月，30 年期债券收益率上涨了 2 个百分点。

　　沃尔克回归强硬货币政策的可能性惊动了白宫里已经大权在握的贬值主义者和通胀主义者们（最为主要的是财政部部长詹姆斯·贝克）。因此，在1987年夏天沃尔克的任期结束时，里根政府指派艾伦·格林斯潘接替了他的职位。这位美联储的新主人恰好是艾茵·兰德①的信徒之一，且还写过一篇歌颂金本位制度的文章。尽管如此，有一件事情是确定的，他并不信奉货币主义，对奥地利经济学派一无所知，且看起来他厌恶卢浮宫协定。在他任职早期，美元恢复了贬值的趋势，而美联储并未采取货币政策手段进行制止。

　　CPI同比增长率在1989年5月达到了5.4%的顶峰。这次通胀冲击确实迫使格林斯潘统治下的美联储进行了相机抉择式的回应，即大幅上调货币市场利率（1987年10月股票市场崩盘之后，美联储作为应对刚对利率进行了下调）。格林斯潘在1989年2月的国会证词中，将"理想的通货膨胀率"定义为"能使一般价格水平的变动率不再成为个人或企业进行决定需要考虑的因素的水平"，预示着通胀目标制时代的来临。这模糊不清的描述很适合1914年之前的金本位制度下，价格无论是上升还是下降，都有回归趋势的情况。尽管格林斯潘在早期论文中也表达了其对黄金的偏爱（Greenspan，1966），以及他在后来不断地表明对低通胀率的赞同，但他并没有真的回到这样一个环境的意图。

　　让我们总结一下20世纪90年代的情况。随着其他国家的中央银行开始行动，美联储最终不得不大幅紧缩其货币政策，以应对通货膨胀的冲击。有些国家，比如日本，则主要是为应对其资产市场中的"过度投机"，尤其是房地产市场，其结果就是全球经济周期进入下行阶段。当然，由于两德统一引致的经济大繁荣，各国经济下行的趋势并没有那么同步。货币主义很大程度上被抛弃了，德意志联邦银行开始为广义货币设置目标，而不再像过去在德国马克的全盛时期时那样为基础货币设置目标了。越来越

---

①　艾茵·兰德（Ayn Rand，1905—1982），代表作《源泉》（*The Fountainhead*）、《阿特拉斯耸耸肩》（*Atlas Shrugged*），强调个人主义的概念、理性的利己主义（"理性的私利"）以及彻底自由放任的市场经济，与格林斯潘的关系非常密切，对他产生了很大的影响。——译者注

多的中央银行开始实施通货膨胀目标制——显然是为了针对 20 世纪 80 年代末通胀率的意外升高,各国希望能优先将通胀率控制下来,并在以后继续将其控制在低水平。

一马当先的新西兰

在地球的南端坐落着一个小国——新西兰,率先正式进入了通胀目标制度,很快加拿大和英国也纷纷跟进。新西兰与新凯恩斯主义的核心部分有一定联系,这为通胀目标制提供了强硬的后台,这核心部分即所谓的菲利普斯曲线。[①] 这些国家确立的通胀目标在很大程度上是随机应变的,且都是由其政府决定,旨在确保中央银行一直处在降低通胀率的道路上,而不是产生于一个法定货币体系稳定实验建设的精细蓝图中。正如我们接下来将要看到的那样,这方面的工作在经济领域中已经进行了多年,但是这种通胀目标制管理方法在大型经济体中的执行似乎还需要一些时间。

特别是,在新西兰的例子里(Wheeler, 2014),改革的动力主要来自一位财政部部长,他希望中央银行能以一种更为透明的方式来为其行为负责,这里的行为指的是使当时很高的通胀率(5% 左右)下降。1989 年,《新西兰储备银行法案》(the Reserve Bank of New Zealand Act)正式生效,这个法案确立了新西兰储备银行在货币政策操作上的独立地位,并将价格稳定明确作为唯一的货币政策目标。同时,财政部部长和中央银行行长共同签署了第一版的《政策目标协定》(Policy Targets Agreement),将年度通胀目标设置为 0 ~ 2%。1990 年该目标为 3% ~ 5%,到 1992 年逐渐下调到 0 ~ 2%。

加拿大紧随新西兰的步伐(Mishkin, 2000),1991 年 2 月,加拿大银行行长与财政部部长共同发表声明,正式设置了通胀目标,1992 年底设在

---

① 描述通胀和失业之间的实证关系,其提出者是新西兰的一位战争英雄,他后来成为伦敦政治经济学院的教授。——作者注

2%～4% 的区间，到 1995 年 12 月变成了 1.5%～3.5%，后来又定在 1%～3%。在未能达成目标时，加拿大中央银行不直接对政府负责，不像新西兰那样接受正式制裁，而更多地像澳大利亚联邦储备银行那样，直接对民众负责。

英国于 1992 年 10 月退出了欧洲汇率机制（ERM），随即成为下一个正式采取通胀目标制的国家，由政府设置通胀目标（一开始是 1%～4%），并请英格兰银行行长每季度制作一份通胀报告（Inflation Report），汇报在达成目标过程中的完成情况，当时英国的通胀率为 4%。英国的通胀目标制度在灵活性上与澳大利亚（差不多也是这个时候确立的）和加拿大比较类似。

在探讨通胀目标制度是如何扩散到欧洲和美国的时候，让我们退一步，先考察一下在学界（Intellectual）和政界中，推动新标准的过程中具有影响力的其他力量。

斯坦利·费希尔和新凯恩斯主义者们取得权势

一切还要回到 1977 年，斯坦利·费希尔所著论文《理性预期下的积极货币政策》（*On Activist Monetary Policy with Rational Expectations*）（Fischer, 1977）标志着一个至关重要的开端。这篇论文旨在论证"系统性的逆周期货币政策能够影响产出，出于该目的，应当积极主动地使用货币政策"。这个结论直接对当时的货币主义观念提出了挑战，后者认为对经济进行精细调整的政策不仅无用且有害，货币政策应当在长期内保持稳定，且该观念已经得到了不少"理性预期学派"经济学家的支持，如巴罗（Barro, 1976）等，他们论证了如果所有人都不会被愚弄，或是发生的事情都不会超出他们的预期，那么在任何情况下对经济进行精细调整都是不可能的。只有未预期到的货币存量变化会影响产出。

斯坦利·费希尔对理性预期学派提出了异议，后者认为在预期之内的货币政策变化不会有实际效果。费希尔首先提出了一个很多保持货币价值的支持者（包括奥地利学派）都会同意的一个观点：货币不是中性的，它会以一种影响实体经济变量的形式进入经济中。确实一些货币主义者会同意这个观点，且他们也会同意弗里德曼反复不断引用约翰·斯图亚特·穆勒的一句非常著名的话（Fredman，2006）："在大多数时候，货币机器的重要性没那么大。但当它不受控制的时候，就会对其他经济机器造成破坏。"这些经济学家（货币主义者们和奥地利学派）会说，确实货币可以影响实际变量，但是我们对于其之间的相互作用知之甚少，且出现坏结果的可能性也很大，因此最好还是保持谨慎，不要采取相机抉择式的货币政策。

斯坦利·费希尔对这个观点表示不认同。更广泛地说，他拒绝认同积极货币政策只能通过欺骗来起作用的观点。长期工资合约的广泛使用意味着中央银行和私营部门在合作应对经济动荡时能够获益良多，考虑到这种情况，积极的货币政策是能够改善结果的（Fischer，1977）。具体而言，经济主体之间所签订的名义合约期限要比货币当局应对经济环境变化所需要的时间长，在这一章里相关的合约指的都是劳动合同。这就是新凯恩斯主义的内核所在，斯坦利·费希尔是该理论的先驱者。

这些积极货币主义的现代支持者是如何阻止当时通胀率的螺旋上升的呢？这轮通胀的威胁在 20 世纪 60 年代的读物中随处可见，且还是"最严重的和平时期通胀"的开端。费希尔意识到这个通胀偏差来自其假想的通胀和产出之间短期的此消彼长关系之中。政府如果更希望产出高于自然水平，则会倾向于利用这个关系，采用扩张性的货币政策。他并不认为这种行为会被货币供给规则所制约（Fischer，1977）：

"一般来说，我们认为如果政府要控制货币供给，那它就需要为实体经济生产和消费商品的活动创造一个稳定的货币环境。只要货币需求没有什么波动，一个稳定的货币环境即是稳定的货币供给，恒定增长率规则就会很适合。

"但确实，货币需求的波动是存在的，在长期这些波动表现为构成货币概念的资产的变化。短期波动则既可能出于商品市场波动从而引致收入水平变动和利率变动的影响，也可能是随机变化的影响。"

对于这个问题，斯坦利·费希尔除在目前被动政策的基础上作时有时无的一些自由裁量之外（也因此需要一直向国会解释），并没有立即提出对应的解决方案。但到20世纪90年代中期，斯坦利·费希尔正式公开支持通胀目标制作为解决方案（Fischer，1996），通胀目标制将迫使中央银行恰当地、间歇性地、有力地运用其自由裁量权来影响实体经济。根据费希尔的观点，相对于永久性地保持一个低水平的通胀率，有四个不去选择保持长期物价水平稳定的理由：

那么问题就是如何去设置目标，尤其是为什么不把目标设在最理想的零通胀率上，或者更理想的物价稳定，甚至通货紧缩？有一些因素是支持高于零的目标通胀率的。

第一个因素是收入动机（这个因素是次要的）。

第二个因素是长期菲利普斯曲线在低通胀率的区间并不是垂直的。把利率控制在极低水平的实验似乎不值得尝试。

第三个因素，也是最重要的一个因素，货币政策在名义利率达到零的下界后将很难发挥作用（Summers，1991）。一定的通胀能够帮助润滑货币政策。

第四个因素是实际通胀率往往低于我们衡量到的通胀率。如果资本市场消化了这个误差的存在，那么要保留负的真实利率存在的可能性，就需要一个更高的通胀率目标。

当然，到20世纪90年代，斯坦利·费希尔在推动通胀目标制和上述的理论依据上并不是孤军奋战，他是一个有着巨大政治影响力的教授。他，还有他的学生，以及在学界关键地位上的追随者们之间的关系都很密切，在这类事情的决策上非常接近权力中心。劳伦斯·萨默斯，这个通胀目标制的早期支持者，在克林顿政府下任财政部副部长，服从罗伯特·鲁宾的领导。萨默斯选择费希尔作为美国在国际货币基金组织提名的副总裁。费希尔随后主导了1997—1998年亚洲和俄罗斯债务援助的谈判，这场谈判对于各方尤其是全球的银行债权人来说至关重要，他随后又接受了鲁宾的邀请，成了花旗银行的高管。鲁宾当时已经加入了花旗银行的董事会，由萨默斯接任其财政部部长一职。

为什么比尔·克林顿指派了如此多的新凯恩斯主义者担任政府要职？不仅是政府，还有财政部、经济顾问委员会，以及美联储。最可能的答案是，他们积极主动的理念对于一个喊出"笨蛋，问题就出在经济"的总统[①]来说，非常有吸引力。

费希尔的一众学生中包括本·伯南克和马里奥·德拉吉。新凯恩斯主义者们和其通胀目标制教条对于进入权力中心有着近乎邪恶的天才力量，与过去两个货币实验（金汇兑本位制和布雷顿森林体系）中的梅纳德·凯恩斯有相似之处。且他们受到两党共同的欢迎，布什政府也能重用这个学派并采取他们的理念，包括约翰·泰勒、本·伯南克、格伦·哈伯德，以及格雷格·曼昆。乔治·W. 布什在实行经济政策，尤其是货币政策的过程中，显然也没有抛弃积极主义方式的倾向，因此新凯恩斯主义对于他而言，出于与比尔·克林顿相似的理由，同样具有吸引力。这些从业者们对两党来者不拒，虽然说对经济繁荣可能是个不幸，但对布什来说，这确实是个好事。正如一些愤世嫉俗者所说的："被选中的经济学家们愿意唯命是从。"

美国加入 2% 通胀率标准的开端

我们已经看到，到 20 世纪 80 年代末期，艾伦·格林斯潘倾向于将通胀率稳定在一个较低水平，即低到不影响决策的程度。但他并没有打算采用正式的 2% 通胀率标准，因为他意识到这很可能导致与国会建立一种恼人的关系，一些国会成员可能会质疑他为什么采用了通货膨胀作为目标，而不是物价稳定，且对于美联储来说也过于束手束脚，对经济发展不利。

---

① 1992 年大选中比尔·克林顿用于挫败时任总统布什时的一句名言。1992 年美国经济衰退，针对布什表现的民调急剧恶化。

更何况在美联储控制之下的货币总量及利率水平，与实际通胀结果之间的实证关系缺乏准确性和稳定性，美联储的公信力也受到威胁。

1993 年，格林斯潘迈出了巨大的一步，他在国会证词中表明美联储将不再使用任何包括 M_2 在内的货币目标作为实施货币政策的指导。1996 年 7 月，格林斯潘留出了一整天的时间召开联邦公开市场委员会会议，讨论现在既然通胀已经降到了 3% 以下，是否需要继续控制通货膨胀直至物价稳定，还是在某个时点放开政策。

他是这样做开场白的：

"议程的下一个议题——关于长期通胀目标的问题——我们已经反反复复讨论了很久，并且我觉得可能还要继续下去。在这个问题上有所进展是非常重要的，具体来说，我们要在目标的执行方面达成一些共识之前，先在目标的具体内涵上达成一致。有两位参会者希望发言，我们先请耶伦博士发言，然后是布罗德斯博士。"

耶伦博士认为，在年度通胀率降到 2% 的时候应当进行松绑，她给出了一个经过精心排练的标准论据：

"我认为我们应当继续降低通货膨胀率，但是要谨慎一些，因为我们确实不清楚以更高失业率形式存在的永久性代价可能会有多大。（她引用了当代加拿大的一个例子，她认为加拿大过快地降低通胀，因此相对美国而言，其实体经济表现疲软。）

"低通胀率唯一能带来足够回报（相对于其风险而言）的好处，在于税务系统及其与通胀之间的互相影响中。但这些问题由立法解决是最好的（推动税收指数化），而不应该由货币政策来解决。

"极低的通胀率很可能导致发生巨大且永久性的成本。首先，在抗击经济衰退时，适度的通胀允许在极端场合使真实利率变为负值。其次，对我来说也是支持低通胀率最重要的一个论据，即所谓'润滑剂'的作用，人们极其厌恶名义工资的下调，而适度的通胀能够促进相对工资的调整，从而降低失业率。

"总结一下，对我来说，把通胀率从目前的约 3% 下调到 2%，虽然不是百分百的把握，但总体应该是利大于弊。我认为如果再去把按目前方法计算的通胀率下调到2%以下，就需要对低通胀率在税收上的好处以及牺牲比率①（Sacrifice Ratio）上作出高度乐观的假设了。"

委员拉里·林赛是本次讨论中耶伦的最主要反对者，他担心通胀对税收体系会造成扭曲性的影响。格林斯潘对接下来会议的走向做了总结：

"现在既然通胀已经达到了较低的水平，问题基本就在于我们是否愿意进一步去实现价格稳定。但实际上真正的问题是我们作为一个机构，是否可以单方面来决定这个议题。我认为这对于整个社会来说是根本性的问题。我们现在就可以去国会山作证赞成它，我们可以作演说，大肆宣扬我们的理念。但作为非民选的官员，我们没有权利直接作出这样的决定。"

在接下来的发言中，格林斯潘似乎表明他更愿意将通胀率最终降到零，因为这将有助于生产力的发展。当企业发现它们无法抬高价格时，会寻求提高生产力而不是削减工资。其他人虽然还有些模糊，但基本都赞成格林斯潘的观点，即离这场可能的战役（将年度通胀率从2%下降至1%）还有一段时间。

格林斯潘与伯南克最终实现2%通胀率标准

在美国实现2%通胀率标准的旅程中，还有一个关键的时间点在2002年。布什总统任命本·伯南克为美国联邦储备委员会成员（Bernanke 和 Mishkin，1997），后者是一位显赫的支持通胀率标准的经济学家。格林斯潘的权威当时正日渐式微，在他的领导下，20世纪90年代下半场的繁荣以至于泡沫开始逐渐破灭。新任总统对格林斯潘主席没有什么好感，因为1989/1990年美联储过度的紧缩导致老布什和詹姆斯·贝克输掉了1990年的大选。共和党选民对格林斯潘也有诸多不满，因为他在克林顿政府下效

---

① 在实行反通货膨胀政策时期，累积的GDP损失与通货膨胀率的降低之间的比率（百度百科）。——译者注

力的时间太长了。

乔治·W. 布什决心用一切手段，财政与货币政策双管齐下，从2001/2002年的衰退中实现有力的回复，格林斯潘表示拥护。伯南克也作了臭名昭著的"直升机撒钱"的演讲，表明要对抗迫在眉睫的通缩威胁，他曾经的棋友罗格夫教授当时任国际货币基金组织首席经济学家，也在警告这个问题。2003年通胀率降到了接近1%的水平，格林斯潘随后主导了一项新政策，要"像呼吸一样把通胀重新吸到美国经济中去"，尽管他也拒绝了伯南克建议美联储开始着手固定长期利率的提案。与此同时，2003年春天，欧洲中央银行开始更加精确地钉住2%的通胀率目标，强调不及目标和超出目标一样都是问题（更多有关欧洲和日本对2%通胀率目标的采用在接下来的几章有所介绍）。

伯南克于2006年接替格林斯潘成为美联储主席之后，便立刻踏上了正式采取2%通胀率标准的最后一程——尽管这段旅程基本都是在大恐惧和大萧条的背景下走完的。该标准的正式采用是在2012年1月，美联储第一次发表了"长期目标和政策策略"（longer-run goals and policy strategy）的声明，在其中表明2%的通胀率"最符合国会赋予的维持价格稳定和充分就业的目标"。支持通胀目标制的文献十分重视透明度，而透明度也以各种形式在这段旅程中得到了体现，即越来越长的口头表述时间、新闻发布会（2011年4月开始），以及其他的定期进度报告。透明度的重要性体现在能创造一种将通胀率保持在2%附近的预期惯性，而且还可以操纵利率水平，当然这需要为经济体和市场持续不断地注入麻醉剂，即避免货币政策的大幅变动。利率走向的变动调整似乎只存在于遥远的将来，而当下的利率计划在任何情况下都不会改变。用于捍卫2%通胀率目标的非常规性货币政策工具箱，自此也被揭开面纱，并应用到实际中。

2012年1月正式采用2%通胀率标准的声明为非常规性货币政策工具的采用打下了基础：

"长期通货膨胀率主要由货币政策决定，因此委员会有能力指定一个长期的通货膨胀目标。委员会最终将通胀率确定在2%，该通胀率由个人消费支出品价格指数的年度变化来衡量，而2%的水平在长期与美联储的法定职责最为一致。向公众清晰地传达该通胀目标有助于保持长期通胀预期的稳定，并由此促进价格稳定，保持合理的长期利率水平，增强委员会在经济动荡中促进全面就业的能力。"

总结：当前反对2%通胀率标准的观点

不同寻常的是，在美国以及世界走向2%通胀率目标的旅程中，几乎没有受到任何来自中央银行或政治领域的反对。假如当时在美联储内部有这样一个启发式的讨论，邀请外部专家贡献一些反对观点，以此避免所谓"群体思维"，或者当时在国会能有一个负责任的声音出来阻止该标准的采用，那么这些有力的反对意见应该是什么样子的呢？

我们先来看一些可能的回答，在后面的部分中我们也会更仔细地对它们进行探究。

第一，在一个运转良好的资本主义经济体中，坚挺的货币价值与商品和劳务价格的上下波动并不矛盾，即使放在一个较长的时期内也是如此，在长期，价格波动有回归均值的趋势，但有时也不尽然。价格上涨一般伴随着生产率的下滑、资源短缺，或周期性的繁荣；价格下滑一般伴随着萧条、快速的全球化、生产率的提升、充足的资源，或者是产品或劳动市场结构的变化（至于数字化，在之后的章节会讲到）。当物价有自然下滑的趋势时，中央银行强行抬高价格的尝试很容易导致资产价格的过度膨胀（形成泡沫并最终破裂）。这些泡沫的膨胀和破裂，在长期损害了经济繁荣，甚至在短期也有不好的影响，在第三章将要讨论的衰退型资产价格通胀的情况下更是如此。格林斯潘领导下的美联储在实现通胀目标上，恰好处于急速全球化和生产力大发展所导致的价格自行下滑的时期，但当时根本没有人理会这一点。更广泛地说，对价格自然下行的抑制，使强势货币下的资本主义经济体无法再使用复苏经济的主要渠道，即价格下跌到某一水平，再开始下一阶段的扩张。而这意味着消费者和企业将提前开始进行

27

支出。

第二，认为中央银行可以成功地实现特定通胀率的观点是绝对没有根据的，除非中央银行能很好地培养通胀预期惯性的形成，且可以持续相当长的时间。即便如此，当货币力量最终打破平衡时，预期也会迅速改变。通胀目标制的支持者批判货币主义者的主要根据在于，即使货币以一个固定速率扩张，由于货币需求波动性的存在，价格可能会有较大的波动。由于目前尚未完全明晰货币供给如何决定当前和未来价格的路径，以及路径上一些不确定性因素的存在，通胀目标的支持者转而求助于计量经济学，将重心放在由中央银行控制的短期利率，即"可控变量"。他们对基于泰勒规则或菲利普斯曲线等细节的计量工具充满了热情。这些计量工具在中性利率（neutral rate of interest）或者自然失业率方面有独到的洞察力，而这类领域对于货币主义者而言似乎都过于不可知。然而事实上，有关中央银行智慧和洞察力的宣称都无法被证明，那我们凭什么相信他们呢？

第三，作为一个历史问题，在 1914 年以前的国际金本位制下，货币价值坚挺的时候，没人能够宣称自己知道通胀的未来走势，无论是长期还是短期。固然，物价曾经有回归均值的趋势。黄金供给的增加（采矿技术提高、发现新金矿），或者银行业的进化使黄金货币的替代品种类增加（尤其是所谓部分准备金制度），都可能使货币通胀（程度一般很轻微）保持更长的时间。但总的来说，这个系统在利率决定、价格波动，以至于市场上的价格发现机制方面给予的自由，是极其有价值的，即便它可能存在上述种种问题。可现在，中央银行通过更强势地干预长短期价格传导的路径，来压制这些市场机制，并增加了资产价格膨胀的危险。泡沫周期性的膨胀和破灭，最终浮现出来的不良投资，反复遭受损失所导致的越来越低的风险偏好，都对经济繁荣造成影响。资本主义经济体自我修复的能力遭到损坏，因为在衰退中，物价并不是突然下跌的，而且往往伴随着下一阶段复苏的预期。且与 2% 通胀率目标相关的持续宣传本身就意味着，在该经济体签订的大部分长期合约（无论是劳工还是产品供给）中，价格由各方根据目标决定，而不是根据供需变化来决定。结局就是，资本主义经济体中，以分散化的方式让个人来吸收巨量信息并反映到相对价格上的能力被削弱了。

第四，通胀目标制导致财政不负责任，国家间发起货币战争，并最终威胁到政治和经济上的自由。在中央银行拒绝物价自然下滑并由此将利率保持在零或者以下的时候（采取各种非常规性的货币政策），这些威胁显得尤其严重。在这种情况下，减税、增加支出等各种形式的救市似乎成本并不高。中央银行实质上开始征收一种新型的通胀税——在通胀持续隐蔽在商品劳务市场的同时，将政府债务的利息人为地向下操控。财政开始无须受问责的约束；支持小政府和宪法约束的政治保守主义在选举和实际中都遭受重创。资产价格膨胀的过程本身对政治的稳定性就是威胁，它煽动民粹主义，以某些不可预见的方式鼓励新垄断力量的产生（通常是出于投机角度，鼓励廉价股权融资），在本轮周期中，它是以大科技公司的形式出现的。这些垄断企业与大金融和大政府联合起来，对个人自由造成威胁（见第六章）。并且从国际上的角度来说，每个中央银行可以自己决定它实现 2% 的通胀率目标到底有多难，这份自由可以被利用于发起货币战。那些在实现 2% 通胀率目标上一直犹豫或松懈的中央银行突然开始受到政治上的指导，更积极地采取行动，其动机简单明了——贬值本国货币。

反对 2% 通胀率标准的现代观点回顾

在美国走向 2% 通胀率目标的过程中，曾有一些反对的声音。在 Rudebusch 和 Walsh（1998）的著作中，可以找到反对意见的整理总结。

过度注重通胀率的数值大小会降低货币政策的灵活性，尤其是影响其他货币政策目标的实现。通胀率目标对中央银行的自由裁量行为形成了一定的约束，这些约束在货币政策表现不好的国家是有用处的，但对美国来说显然是行不通的。为什么要变革一个尚在起作用的体系呢？

货币政策的实施要求在一个充满不确定性的世界中，平衡不同的目标——金融稳定、低通胀率、充分就业等。不确定性存在于当时的经济状态中，存在于政策行为对未来经济活动和通胀的影响中，也存在于给予不同政策目标的不同优先级中。面临如此多的不确定性，美联储对于通胀预测的过度依赖可能会造成政策上的问题。

在这段时期，国际清算银行的威廉·怀特曾对货币政策的制定提出了值得注意的批评。他和博利奥（2004）共同著了一篇文章，对新的通胀率目标制可能造成的金融脆弱亮起了警灯（BIS，February 2004），但是人们并不能指望一个中央银行家的中央银行发表的文章能带来多大的冲击，国际清算银行提出的异见最终并没有形成一个大众意义上的对2%通胀率标准的抨击。毫无疑问，在私下里，两位作者会为之感到同情。

这些作者的疑虑主要在于在有些时候，当资产泡沫正在形成时，中央银行应当对这些威胁作出应对。通胀目标制在这个意义上就显得过于僵硬了：

"至少出于沟通的目的，在时间段为两年之内的严格通胀目标制度中，应对失衡的政策行为的依据可能不会对症下药。诚然，众所周知，现在的通胀目标制度已经不会无视产出的波动了。但如果没有明显的通胀压力，紧缩性的政策就没有了根据，尤其是当通胀很可能低于日常水平的时候，即使此刻风险的积聚在事实上已经达到了比较严重的程度。"

作者提出了对于通胀目标制度的两种修正方案：

"第一，政策的制定应当考虑得更长远一些。

"第二，应当更多地在前景中考虑风险情景，而不是总是盯住最可能的一般结果。"

这些早期对于2%通胀率标准的批判在2007—2008/2009年的大崩盘和大萧条之后获得了广泛的信任，然而通胀率标准却存活下来并被进一步加固了。而且这些批判由于低估了与之伴随的下一次资产价格膨胀的持续时间，或者高估了物价膨胀的幅度，反而受到负面舆论的影响。

参考文献

［1］Barro, R. (1976). Rational Expectations and the Role of Monetary Policy. *Journal of Monetary Economy*, *Elsevier*, 2 (1), 1 – 32.

［2］Bernanke, B. S. , & Mishkin, F. S. (1997). Inflation Targeting：A New Framework for Monetary Policy. *Journal of Economic Perspectives*, 11 (Spring), 97 – 116.

［3］Borio, C. , & White, W. (2004). *Whither Monetary and Financial Stability? The Implications of Evolving Policy Regimes* (BIS Working Papers No. 147).

［4］Fischer, S. (1977). *On Activist Monetary Policy with Rational Expectations*. NBER.

［5］Friedman, M. (2006). *The Optimum Quantity of Money*. New Brunswick：Aldine Transaction Publishers.

［6］Greenspan, A. (1966). *Gold and Economic Freedom*. The Objectivist (Reprinted in Ayn Rand's *Capitalist*：*The Unknown Ideal*). Massmarket Paperback, 1994.

［7］Mishkin, F. S. (2000, January). *From Monetary Targeting to Inflation Targeting*；*Lessons from the Industrialized Countries*. NBER.

［8］Wheeler, G. (2014, December 1). *Reflections on 25 Years of Inflation Targeting*. Speech to the International Journal of Central Banking Conference, Wellington.

第三章

资产市场中的货币通胀

你在无论是支持 2% 通胀率目标还是货币主义（当下和之前的法定货币稳定实验）的任何文献中，都不会找到关于资产价格膨胀的描述。就像在以前，资产价格膨胀在 20 世纪 20 年代的金汇兑本位制和 20 世纪 60 年代的布雷顿森林体系里，也不会被认为是一种威胁。然而资产价格的膨胀最终还是发生在这四个稳定性实验的三个中，货币主义实验是个例外，但正如我们所看到的那样，它在美国只持续了不到半个世纪，便随着广场协议的签订迎来了终结。

对于这个遗漏，有很多可能的解释——从对教条的盲目信任到概念上的缺陷。通胀目标制的支持者们已经提到了资产价格泡沫的问题，并甚至承认在特殊情况下，中央银行家们应当利用他们手头的自由裁量权——尤其是监管规定——来应对可能的通胀。即使他们在商品劳务市场中进行了有效的掩饰，从而让 2% 通胀率目标得以实现，货币通胀在实际中仍然可以肆无忌惮，他们离认识这一点还有很大的距离。在资产市场中，通胀症状的判断往往十分复杂且非常主观。保证金融稳定的最佳手段是坚挺的货币，而这一点是 2% 通胀率标准所无法实现的。

如何定义资产价格膨胀？

贯穿整个法定货币体系的当代史，对于资产价格膨胀并没有一个一成不变的概念，甚至对于那些已经见识过的人来说也是如此。在当下通胀目标制度盛行的时期，伴随着激进货币工具的使用，这个术语再度为人们所熟知。经济思想史的研究者们虽然能够轻松地从 19 世纪或以前正在不断发展的这个概念中找到一些共同的线索（最显著的例子便是 17 世纪 30 年代荷兰郁金香狂热所标志的货币通胀，荷兰东印度公司和阿姆斯特丹房地产股价泡沫），但他们仍免不了面对很多困惑。

米尔顿·弗里德曼和安娜·施瓦茨到底为什么会将 1922—1928 年描述为美联储的全盛期呢？他们显然认为美联储在当时没有做错什么，但冯·哈耶克（2008）、罗斯巴德（2002）、罗宾斯（2002），以及其他很多人都将当时的美联储视为造成巨大信贷泡沫和资产价格膨胀，导致其最终破灭并使经济陷入萧条的罪魁祸首。米尔顿·弗里德曼和哈耶克曾经在芝加哥大学同窗共处过好几年，然而这个术语（指资产价格膨胀——译者注）甚至都没有进入过《美国货币史》。这个谜最有可能的解释是对无法实证检验的经济理论的一种回避，并且在资产价格膨胀的理论中有很多东西是计量经济学很难捕捉到的。

所以让我们先以一个现代定义（Brown，2017）作为起点开始这一章。

资产价格膨胀描述了资产市场中的不理性力量在货币体系动荡中的作用，其突出特点在于心理学家们（Kahneman，2012）所发现的人们思考过程中一些特定缺陷的爆发。

我们来举一些例子。比如由"亏损所引发的精神痛苦"所导致的非理性行为，实验证明当所有的选择都会导致不好的结果时，会引致追求风险的行为；还有从价格波动到进一步考虑相关投机想法的闭环，正如席勒在2000年所提到的那样，"价格上涨的消息牵动着投资者的神经，然后就会像传染病一样被口口相传，在这个过程中这些投机故事①被不断夸大，可能又为价格上涨提供了依据"，以及锚定效应，即一种认知偏差，意思是大众倾向过于依赖获得的第一份信息；还有其他的一些例子，比如毫无逻辑的思维，随意在行动与结果之间建立因果关系，即使根本没有理论和事实依据；还有心理分区（mental compartmentalization），一种潜意识下的心理防御机制，被用于避免因内在情感和信仰冲突而引起的精神不适和焦虑。

在探究货币体系动荡和资产价格膨胀之间的关系（包括上述提到的心理缺陷）时，我们发现总共有两种类型的资产价格的膨胀。第一种是在充满投资机会的环境之下的繁荣型，第二种是在总体经济环境比较萎靡之下的萧条型（尽管并没有萎靡到彻底消灭所有的投资机会所滋生的投机行

---

① Speculative Narrative，投机叙述在后文中可能根据上下文对应译作投机故事、投机神话、投机背景、投机观点等，指一些促使投资者参与投机的事件、背景、环境、观点等。——译者注

为,后者反过来又激励了部分经济领域中的高杠杆行为)。

这些心理上的缺陷在资产价格膨胀情况之下的各种市场环境中随处可见,这些资产价格膨胀的情况要么是以"追猎收益"为特点的(萧条型资产价格膨胀),要么是"非理性繁荣"(繁荣型资产价格膨胀)。投机的神话越来越多,诱惑着更多的投资者一反常态地去相信这些故事,而放弃了他们原本的怀疑能力。在资产价格膨胀的过程中,投机过剩,供给过多导致利润下滑,让这些故事开始变得不那么可信,浮现的同时也有破灭,越来越多的新案例也提供了一些相反的证据。整个资产市场的扭曲程度并不是普遍相同的,而是决定于不断进化的投机背景和导致投机的催化剂。所有的背景中最有力的莫过于中央银行新设计的"魔幻般"的工具,或者更广泛地说,是货币实验的胜利。除此之外,这类背景还包括高杠杆和增长动能所催化的金融创新(新产品或者新形式的资管计划)。

资产价格膨胀的几个阶段

资产价格膨胀从开始到终结要经历不同的阶段。一开始,货币贬值在鼓励投机方面起到了带头作用,实际上美联储作为主导的中央银行在这方面是处于最前线的。尽管在这么早的阶段其他中央银行可能并不会为全球货币体系的动荡添油加醋,但他们国家的资产市场或者货币(即使能自由浮动)都可能会受到产生于美国的不理性力量的影响。

在中期阶段,不理性力量进一步得到强化,它们会覆盖到更为广泛的资产市场中,催生了市场分析员们描述的所谓"投机性泡沫"。然而在一些市场中,泡沫已经在各种显然互相孤立的崩盘中开始消退了。出于所有市场中投机泡沫同时突然消失的可能性,中央银行也许会通过采取货币再通胀的方式干预这些泡沫的消退。如果成功,这甚至可能在崩溃的市场中引致一些抄底行为,并增加其他市场中的热度。在最后的阶段中,几乎所有市场中的投机情绪都会大幅下探,有时候便造成了金融危机和衰退,不良投资的全貌最终彻底暴露出来。

投机行为的起伏周期对于资产价格随时间逐渐膨胀的过程来说至关重要。不良投资的暴露（最可能通过暴跌的利润或租金体现出来）和不断增长的对货币环境收紧的预期（也许真的收紧了）助推了周期中下降的部分。具体而言，当投机泡沫开始密集出现，人们越来越多地认为劳务和商品价格将会上涨的时候，将会出现针对货币政策"正常化"或者"收紧"的投机行为。中央银行家们开始到处演讲和讨论他们什么时候将会开启这个进程。总统和财政部部长也会发出类似的声音。这些都会反映到长期利率的变化中去。

理论上人们也可以想象得到，在货币政策没有走向正常化的情况下，投机故事也可以自行销声匿迹（不满情绪逐渐积累）。不良投资逐渐暴露，导致资产价格膨胀走向终点。然而这种情况在短短的历史上并没有特别典型的例子。1934—1937 年的资产价格膨胀在某种程度上是最像的，但有一种很流行的说法认为 1937—1938 年的崩盘和萧条要归因于美联储过早地试图紧缩货币环境的举措，即使当时短期利率还没怎么上升（Brown，2016）。理论还告诉我们，如果出现了某种经济奇迹恰好表明之前的泡沫实际上是有价值的，那么资产价格膨胀很可能也会迎来终结，而且还不需要再经历后续的资产崩盘和萧条。

相伴共存的资产价格膨胀和商品价格膨胀

货币体系的动荡导致资产价格的膨胀，也同样导致了商品和劳务价格的膨胀。我们当然不大可能在另一种通胀尚未出现的时候而仅仅观察到某一种通胀，尽管要发现它确实需要一定的细心。这对双胞胎中任何一个的力量，无论是在绝对意义上还是在彼此相对意义上的，在货币通胀的每一个阶段都不一样。而且在不同的阶段，绝对和相对的路径也不同。

在寻找这对双胞胎的过程中，我们应当意识到资产价格的膨胀并不意味着资产价格在任何时期都会上涨，要辨认资产价格膨胀应注意一些"指标"，比如价格偏离基本面的程度，以及套利交易的盛行程度。这些在下文会有所讨论，而且它们还涉及对于汇率、信用、期限以及流动性风险溢价的非理性追求。特别地，这些行为往往是基于投机故事的广泛传播以及对未来的盲目乐观导致的。

不仅如此，如果考虑到"物价的自然下跌"，那么即使统计数据表明商品和劳务价格的膨胀并不存在，但事实可能与之恰好相反。奥地利经济学派认为，在保持货币价值稳定的体制下，平均而言商品和劳务的价格会随时间波动（长期来看会回归平均，但并不一定）（Salerno, 2010）。（货币价值坚挺的其他方面也包括长短期市场利率的自由浮动——不受当局干预，也不受需求扩大所对应的指导基础货币增长的自动机制的影响。）例如，在科技变革、经济萧条、全球化加速的时代，大部分价格的趋势是向下的。中央银行试图在这种情况下稳定价格，甚至设置一个较低的通货膨胀率的举措，将容易导致货币通胀。当价格有自然下行的趋势时，稳定的官方价格指数恰恰就是通货膨胀的症状。

原则上，如果在经济衰退中，人们预期价格在近期会进一步下跌，那么这种价格下滑对经济复苏是有损害的，因为人们会一直推迟他们的购买行为，即使他们知道当下一轮强劲的经济扩张出现的时候价格会开始上涨。在理论和实践中，这种衰退型预期出现的可能性不应当被过度高估。固然，事后看来，我们确实能看到经济周期中的衰退部分，价格似乎处在下滑的趋势中。但在那个时候，没人能肯定地说未来经济形势会更加衰弱——统计数据显示，事后的价格下滑程度远远大于事前预期的价格的下滑幅度。更何况官方统计数据记录的价格并不包括在经济刚进入萧条时出现的各种各样的非官方折扣。

繁荣型资产价格膨胀的特点

繁荣型资产价格膨胀一般出现在持续不断的经济利好当中——包括快速的生产力发展，或者一般是不断提升的生活水平。其最主导的心理缺陷在于正反馈循环——在广泛的资产市场中都有投资利得，并在积极的货币环境下被不断放大，这种环境压低了利率水平，并阻止它回归到未知的自然水平上。这让广为流传的投机神话，还有一些经济奇迹的故事看上去更加触手可及。在繁荣的经济大环境下，本质上风险极高的投资的较好表现以及自然水平之下的利率可能导致投资者对经济的预期过于积极，而不是理性地评估。

中央银行所公布的对于中性利率的实证估计，一般是根据观察通胀率是否稳定地处在通胀目标周围所得出的，但这并没有考虑价格的自然走势。当价格自然下行的时候保持价格目标不变，中央银行实际上引致了货币供需的不均衡，最直接地要么体现在"金融脆弱"上，要么体现在资产价格的膨胀上。低于目标的通胀一般并不意味着市场利率在自然水平之上。

在之前描述的非理性繁荣的光环下，很可能会出现各种不良投资和过度投资，但收入和生活水平的增长很可能比保持货币价值坚挺的时候更快。当资产价格膨胀开始进入最后一个阶段的时候，报应终将来临。即便如此，早期的暴涨还是可以为之后的灾难提供一些缓冲。

繁荣型的资产价格膨胀很可能伴随着商品劳务价格的加速上涨，快于货币价值稳定情况下的物价情况。贬值货币政策的证据包括在物价自然下行的时候，物价却保持不变或稍微上浮。

伴随着繁荣型资产价格膨胀的货币贬值很可能不是故意设计的，而主要是因为货币框架的缺陷导致的。这个缺陷并不容易被人们意识到（除了一些本身就是投资者的专家）。无论如何，它会将利率降至中性水平以下，而这使人们经常能得到异常大额的资本利得。

在繁荣型资产价格膨胀之下盛行的套利交易和萧条型的有三点共同之处，分别是货币利率套利交易（从低利率的国家货币到高利率货币）、信用风险套利交易（从低风险信用到高风险的信用），以及流动性套利交易（从流动资产到非流动资产）。一般所认为的第四点——从短期的安全国债到长期的期限套利交易只会在萧条型中出现。在这三种情况中，套利交易者在明知存在风险的情况下（汇率朝不利的方向变动、违约、市场规模的增大所导致的交易难以进行）追求额外的收益（分别是货币风险溢价、信用风险溢价和流动性风险溢价）。即使是在货币价值稳定的制度中，这类套利交易依然存在，但他们对额外收益的追求是理性的。在繁荣型资产价格膨胀（与萧条型的类似，但人们的心态有所不同）的情况下，交易员沉浸在各种投机神话中（平时他们可能是不相信的，但也许是受到了如此多的投资成功的案例所带来的正反馈循环的影响），以至于过分高估了溢价带来的回报，而选择性地忽视了风险。

举个例子，在追求货币风险溢价的过程中，交易员可能会过于乐观地认为高利率的货币会持续升值（直到抹去其在利率上的优势）。这种过度乐观可能伴随着经济的大利好，比如，该货币的发行国正经历一轮重大的经济变革，比以前变得更加"动态"（一个这样的例子就是新兴市场国家的发展——Baldwin，2016）。在别处传来的广泛的利好消息和出色的投资回报都可能病态地增加人们对未来的自信。

还有一个例子，在追求信贷风险溢价的过程中，经济形势大好（以及低利率）所伴随着的低违约率可能会强化人们的信念，认为违约率会一直保持低位，但实际上理性的投资者则会显著增加其预测中经济或政治情况下行时的情形的权重。而与异常高的中性利率水平相匹配的更高的实际无风险利率则会使交易者们注意到这些情形。至于流动性溢价，资产牛市中经常出现的高周转率，以及认为牛市将继续存在的过度乐观主义将可能错误地造成一种现有情形将一直持续下去的不现实的预期。

在流动性套利交易的例子中，投资者们此时极易受到基金管理人的蒙骗，他们宣称能利用某种手段，在任何情况下都能永久性地减少非流动性的问题。你可能会想到私募股权，或者更广义地说，所有基金管理产品都是如此。

最后一点，繁荣型资产价格膨胀并不会在一个扩张周期的开始出现，它们一般出现在经济扩张的几年后，并且当然，本质上取决于货币上的不均衡。

萧条型资产价格膨胀的特点

萧条型资产价格膨胀通常出现在周期性扩张的早期，并且往往触发于激进的货币政策实验，使利息收入急剧下滑。这种激进的实验让人们开始担忧在未来的某个时刻会不会爆发大规模的通货膨胀。这将导致人们不顾一切地去追猎收益，Daniel Kahneman（2012）认为这是在"风险厌恶"，或者更广泛地说是在"预期理论"，人们心理过程中的缺陷导致的。他提到在他的实验中，人们如果面临一些必然的损失，就会变成风险爱好者，愿意为可能的收益而采取赌博行为，尽管其预期收益是显著为负的。这种为了规避损失而追求风险，但却在其他时候又变成风险厌恶的情况，在经济意义（一般所说的财富的边际递减效应的情景下）上是反理性的。人们往往在开始评估收益与损失的时候就缺乏考虑。

在激进的货币政策实验下，利息收入变得微乎其微，很多投资者发现自己正在面临损失，尤其是那些将储蓄几乎全部投资于低风险债券和现金的投资者。在这里，风险厌恶的表现就是加入这场对收益的追猎。在这场狩猎中，他们不会对经济持非常乐观的态度，对那些投机神话可能还表示怀疑。这些投机的故事可能在特定的工业板块（能源或硅谷等）中出现，也可能在更广泛的国家里（巴西或中国），但并没有一个全面繁荣的论调。当人们开始挣钱并开始相信这些故事时，正反馈循环就会形成。但这与繁荣型资产价格膨胀中形成的全面乐观又不一样，收益追猎者并不愿意承认他们是在悲观的前景中采取高风险策略，而是说服自己这些投机故事的真实性（而不是理性地怀疑它们），从而让自己对采取这种策略感觉好受一些。

在萧条型资产价格膨胀的面纱之下，隐藏着蠢蠢欲动的繁荣型资产价格膨胀。21世纪的头20年或许就是这样的情况。全球化的加速和技术变革是很多投机神话和投资热情的源头。所以，以追猎收益为特点的萧条型资产价格膨胀一般会伴随着投资持续流入头部行业（如页岩油、大科技）。

然而不要忘了，整个萧条型资产价格膨胀的本质，就是所有人都知道资产价格在膨胀。之前野蛮的货币政策实验导致了两次大型的回撤——2000 年和 2007 年，人们愈发担心会再一次经历市场的崩盘和萧条，这些都延缓了人们的投资行为，公司也因支付现金和抬高自己的杠杆比率而获益。有一种流行的投机观点（与权益市场的估值高度相关）主要关注在美国经济的各个工业领域中升起的垄断势力（与有限投资能够并存的势力），即使稍微仔细观察就能发现所谓的垄断地租实际上是杠杆所结出的果实，是财务操纵的产物。

特别地，美联储这个词经常会出现在新闻中。大家都认为这宏伟的货币政策实验很可能会失败——崩盘和衰退，只有它的设计者可能不这么认为。很多中小企业主本来打算在以后某个时点卖掉自己的产业，但在萧条型资产价格膨胀的环境下，他们担心到那个时候就到了泡沫的终点，所以他们也不愿意进行长期投资。持有类似顾虑的还有大型公司的高管，他们的薪水也包括长期期权。财务操纵的手段（如抬高财务杠杆）在这里是非常吸引人的，尤其是在信贷产品因能提前拿到现金，故而价格虚高的追猎收益的环境下。

从公司权益持有者的角度来讲，在其资本结构中增加债务融资的比例意味着从向下操纵利率以及压缩信用价差中获益，实际上权益持有者是从债券持有人手中收取了某种形式的通胀税（见第十三章）。这些经过财务操纵的公司的股东发现他们实际上在向无处寻找收益从而一头钻进信用套利交易的投资者们发债（有时他们同时也是后者）。所以，既然可以对大部分债权人粉饰太平，又何必冒着风险去做长期投资呢？这种操纵实际上缩小了股权供应的规模，而在真实资本存量扩张的时候，股权供应规模应该是增加的，所以经济整体并未真的走向繁荣。但即使并没有资本存量的增长，在资产价格膨胀期间，股权市场估值的大幅增加也满足了日益增长的对股权的投资需求。

从基本面上讲，流通着的公司股权因杠杆率的升高，风险也在增加。但是这种风险在加速上涨的利润率和与公司收入相比不值一提的利息支出相比，被掩盖住了。当然在股权市场达到泡沫阶段时，无论股权回购如何，以当前股权价格计算的杠杆率都有可能持续下滑。一旦泡沫散去，杠杆的实际增长被暴露出来，股权价值相对公司的其他证券价值而言，就又会持续下滑。

因此，萧条型价格膨胀与低投资和低生产力增长率是共生的。不像繁荣型资产价格膨胀，萧条型没有上涨周期来弥补后续的萧条周期，且还有很多不良投资，总体经济无论在好的还是坏的年代都受到了损害。很多不良投资一般集中在人们都愿相信的投机故事中，并且经常都伴随着高杠杆率。

萧条型资产价格膨胀一般同时伴随着一个双生子——商品和劳务市场中的通货膨胀，尽管在繁荣型资产价格膨胀中，它并不容易体现在官方的价格指数上。我们还是应当以在稳定币值的情况下价格的自然变化为基准来衡量这类通货膨胀。比如，在周期的衰退部分，物价应当相对经济膨胀时期的时候有所下滑。在持续几年的衰退周期中，不及目标的通货膨胀率很可能是商品和劳务市场中被掩盖的货币通胀的外在症状，尤其是在快速的全球化和技术变革（如目前正在经历的数字化——见第六章）所带来的工资和物价下行的情况之下，即使生产率可能没有明显提升。

在萧条型资产价格膨胀的情形中，信心的缺乏和非理性繁荣可能意味着当用传统的市盈率来衡量时，股票市场显得不那么昂贵。在这种市场里，股票市盈率很可能比在繁荣型膨胀中低很多。相对地，在繁荣型膨胀中，股票市场相对可能偏离基本面更多。在萧条型资产价格膨胀中，可能会和繁荣型的一样，存在某个市盈率高得离谱的板块，反映了经济对某一特定创新或发明的乐观态度。在萧条型的膨胀中，这种乐观很可能是伴随着上文所提到的心理缺陷的——不惜去进行不大可能会赢的赌博（尤其是金融资产）来试图避免组合中其他资产必然面临的亏损。

标志着萧条型膨胀走向结束的衰退和崩盘所带来的危害和繁荣型的比起来，有过之而无不及。固然在萧条型膨胀中，并没有大的投资泡沫的破裂，但无论怎么样，投资行为都会受到差不多程度的损害。所有这些投机故事以及伴随着它们的高杠杆在萎靡的领域中确实产生了可谓壮观的不良投资，但当这些故事消失或被证伪以后，在那些领域中资本支出的大幅下滑导致了投资总额的大幅下滑。而且在萧条型膨胀的情况下，消费者支出会下滑得更厉害，因为家庭部门开始意识到在大规模的金融泡沫下，他们过于高估未来对收入的预期了。

进入萧条型或繁荣型膨胀最后阶段的时点，在很大程度上受中央银行行为的影响。在繁荣型膨胀中，中央银行可能因为担心商品和劳务价格过高或者投机过度而采取行动；在萧条型膨胀中，中央银行可能在经过大量对金融脆弱的讨论后，开启货币政策的正常化。但相对繁荣型的膨胀而言，萧条型资产价格膨胀很可能自己就会走向最后一个阶段，无须中央银行进行任何货币政策的紧缩或正常化。这是因为萧条型膨胀是出现在疲弱的经济环境下的，之前带领经济反转向上的行业板块终会出现过剩产能和利润下滑的迹象，即使没有任何中央银行的干预，也能发出足够强烈的信号使资产价格膨胀进入最后一个阶段。

对于萧条型资产价格膨胀，已经有很多评论性文字在探讨货币政策的紧缩或正常化是否因为导致了资产价格的大幅跳水从而火上浇油。这个话题在繁荣型膨胀中也是存在的，只不过大众都沉浸在普遍的乐观情绪中，并未意识到资产市场被过度定价，对风险的察觉也不足。这正是弗里德曼和施瓦兹（1963）在研究了 20 世纪 20 年代中后期的资产价格膨胀后，所提出的"不归路"（Point of no return）问题（他们认为美联储采取行动想要降低投机行为的热度，但为时已晚，这使经济下行的后果比其自然发生时要更为严重）。在资产价格膨胀已经积攒得足够久了以后，伴随着如此多的泡沫，中央银行的举动行为相对让泡沫内爆而言，可能会造成更加突然和猛烈的经济下行。最后，对于这个话题的讨论可能在萧条型膨胀中更具有意义，因为人们越来越多地意识到，（积极的）货币政策实验正在进行，并且泡沫正在被人为创造出来。

萧条型资产价格膨胀中的套利交易

至于萧条型膨胀中的套利交易，与膨胀型的一样，大部分都是被增长动能所驱使的——跟着趋势走就行了。但是在任何情况下，都可能会存在投机性的说法，它从另一个角度让你所做的套利交易看起来是正确的，且其重要性也被过分夸大了。

比如，考虑一单买入新兴市场国家货币的套利交易，这笔交易可能部分是基于某些流传的说法，认为该新兴市场经济体的未来十分乐观。投资于高风险信贷的套利交易也表现出了类似的特征，即其动机一部分是收入的枯竭，另一部分是外界流传的说法（在这个例子中是有关最终的公司或主权借款人的一些故事），而后者可能没那么重要。

流动性套息可能会包括一些扭曲的元素。比如，将一些流动性较强的资产投资到私募股权基金中，是因为有些说法认为所谓私募经理无须受制于季度的收益披露和申报要求，因而能够带来更高的效率。也有传说认为，一些私募大亨能够培养很多裙带关系，从而拨开环绕在他们业务四周的监管迷雾。

仅在萧条型膨胀中存在，而在繁荣型膨胀中没有的套利交易类型是期限套期——从短期政府债券到长期债券的投资，期望能从所谓的"期限溢价"中获益。其实，指望能从一个固定利率而不是浮动利率的长期借款中获取额外收益的想法是不太可靠的。比即期的短期利率更高的长期利率很可能反映的是未来更加稀缺的资本（如投资机会的增加，或者由于政府支出增加导致储蓄更加稀缺），也可能反映了更高的通货膨胀，无论是哪个，都会反映到更高的名义即期利率中去。那些认为存在某个固定利率使其要高于未来某个期限内一系列预期即期利率的积累（所谓期限溢价）的观点，以及在实际中需要这样的套利行为来实现均衡的观点，都应当受到质疑。

但是在追猎收益和疲弱经济环境所导致的萧条型膨胀的情况下，投资者通常更愿意去相信收益率曲线将会变得异常水平的观点（在长期债券上的资本利得会更大），那样的话，即使长短期利率只存在很小的差额，也会是一个很吸引人的投资机会（对于多方来说）。在当下经济周期（从2009年的低谷开始）中的一个主旋律是长久的滞胀。（上个周期的主旋律是"亚洲储蓄过剩"。）持久的经济疲弱，低投资，低生产率，对凯恩斯主义的经济学家来说，是个绝好的机会来绘制出一个以零左右的自然利率为标志的长期萧条的景象。并且确实，市场实际利率也会陷入预期自我实现机制的循环中。货币政策实验所带来的低投资以及伴随着的不确定性又为滞胀的说法提供了实证上的证据。

有些理性的投资者并不相信会有人能够有如此把握地预测未来，并会坚持认为未来几年经济形势有很大可能会从萧条走向繁荣。但即使是这些投资者中，也会有人受到另一种支撑他们继续进行期限套期交易的心理缺陷的影响（在缺乏利息收入的环境之下）——他们会相信中央银行决定长期利率的力量。

这个说法背后的观点认为，中央银行的新货币政策工具包也能够固定住长期利率。一开始很多投资者会质疑这个观点，他们认为在中央银行之外流通的长期固定利率票据数额较大，这些票据的持有人（以及潜在的空方）预期的变化必然能压过中央银行里面的利率设定者。但是现在，他们意识到很多市场参与者已经准备好去接受新一代中央银行力量的统治，不断地说服自己"挑战美联储必输无疑"。固然有一些人会说出事实，直接喊出来"皇帝根本没有穿衣服"，但那也得在很久以后了。而在目前，大家都愿意奉行"快一起加入这场狂欢"的哲学。

2018 年：萧条型资产价格膨胀的进一步升级

在全球2%通货膨胀率目标制度下的长期利率市场的机能失效是我们在下一章将要讨论的话题。

2018年初，有一些征兆表明萧条型资产价格膨胀正在"变异"（在中长期阶段可能暂时有所降温，而货币通胀的另一位双生子——商品劳务通胀——开始变得麻烦起来：突然过渡到资产价格膨胀的最后一个阶段的风险开始浮现）。期限风险套期交易开始面临由繁荣到泡沫破裂的威胁。同时，所谓美国货币政策将远远先于其他国家开始正常化的说法开始面临一些理性的质疑（当然这种说法在 2018 年春季重新获得了一些吸引力，因为看起来欧洲中央银行将延缓货币政策正常化的开始，以应对第一季度虚弱的经济回弹），因此由日元和欧元（负利率货币）到美元的货币套利交易开始面临一些阻塞。2017 年末，美国大额减税造成的预算赤字的爆发，以及共和党内部货币政策保守主义者的分崩离析，[1] 都加剧了风险。信用套利交易在 2 月初"波动性泡沫"（volatility bubble）的全面爆发下，风险突然变大。

从 2011 年和 2012 年开始，尤其在耶伦领导下的美联储在 2016 年和 2017 年实施的新货币刺激政策（首先是"耶伦政策"[2]，然后考虑到"亚马逊效应"[3] 的影响，缓慢地抬高利率）后，资产价格膨胀不断积累的一个体现是资产管理中风险平价方式的盛行（fashionable risk parity style of asset management）。基金经理们寻找那些波动率低的资产组合，并利用杠杆来实现更高的波动率以及预期收益。当他们相信在 2% 通胀率标准以及相关措施手段下，市场并未充分考虑到该环境所带来的新的稳定，因此导致波动率（所谓 VIX 指数）被过于高估的时候，便会采取套利行动，看空市场上的波动率，以部分匹配他们总体的多头头寸。所有这些策略在市场情绪稳定以及资产价格持续上涨的时候都运作得很好。

---

① 只有四位参议员投票反对特朗普任命一位耶伦的追随者作为美联储主席。
② 在后文可能也作"耶伦方法"，起源于 20 世纪 80 年代的格林斯潘政策（Greenspan Put），指美联储的一种宽松策略，在必要时向股市注入流动性，以防范熊市的产生，后演变为伯南克政策（Bernanke Put），意思一致。耶伦政策（Yellen Put）则注重于债券市场，旨在货币政策正常化时密切关注债券市场的波动，如果市场反应过于强烈，则可能会终止货币政策正常化的进程。——译者注
③ 见第十一章，指电商的产生，或数字化进程对经济产生的巨大影响，如降低通胀等。——译者注

但是，随后对于通货膨胀的担心①导致了 2018 年 2 月初华尔街的小崩盘，股票价格暴跌，波动率跳涨。一些出于投机目的的投资者开始寻求清仓，却发现了很多和他们一样溃败的投资者。波动率（所谓 VIX 指数）的暴涨反映了这一点。信贷产品的价格主要是波动率的体现——尤其是公司债券的价格直接与其标的股票的波动率和该股票的看涨期权价格相关——因此可以预见这些资产的价格将会下跌（学过金融的学生会知道，一个 A 公司的有风险债券等同于持有一个假想的无杠杆 A 公司的股票以及卖空一个实值看涨期权，只要股票价格不会在期权卖出后跌得太多，公司债券的投资者在本质上等同于期望在到期日得到一笔大额溢价。所以，当看涨期权的价格上升时，投资者应当期望新发行的公司债券能提供更多的回报）。显然，由于货币通胀的出现，波动率市场和期权市场中的非理性势力失去了力量，信用套利交易正面临着内爆的危险。

这些基于有缺陷的心理过程所进行的资产管理策略并不是套利交易的全部，但它们促进这些交易的进行。历史上可以与之相比的有 20 世纪 80 年代中期流行的资产组合保险策略，在 1987 年 10 月破灭，以及 21 世纪初的新的现金管理策略，在 2008 年的恐慌中破灭。

参考文献

［1］ Baldwin, R. （2016）. *The Great Convergence*. Cambridge, MA：Harvard University Press.

［2］ Brown, B. （2016）. *A Global Monetary Plague*. London：Palgrave.

［3］ Brown, B. （2017）. A Modern Concept of Asset Price Inflation in Boom and Depression. *Quarterly Journal of Austrian Economics*, 20 （2）, 29 - 60.

［4］ Friedman, M., & Schwartz, A. （1963）. *A Monetary History of the United States*. Princeton：Princeton University Press.

［5］ Kahneman, D. （2012）. *Thinking Fast and Slow*. New York：Farrar, Straus and Gir-

---

① 由此导致利率上升。

oux, 2011.

　[6] Rothbard, M. (2002). *A History of Money and Banking in the United States*. Auburn:
Mises Institute.

　[7] Robbins, L. (2002). *The Great Depression*. Auburn: Mises Institute.

　[8] Salerno, J. T. (2010). *Money, Sound and Unsound*. Auburn: Mises Institute.

　[9] Shiller, R. (2000). *Irrational Exuberance*. Princeton: Princeton University Press.

　[10] von Hayek, F. (2008). *Prices and Production*. Auburn: Mises Institute.

第四章

对长期利率的操纵

在 2% 的通胀率目标制度下，中央银行决策者和他们在政治上的上级经历了不少挫折。价格的自然趋势是向下的——反映的是快速发展的全球化和数字化。中央银行决策者们尝试扭转这一趋势，并持续地抬高价格，但他们遭遇了一系列的阻挠——有些障碍是他们自己造成的。他们设计和发展了一系列非常规货币政策工具，目的在于增强他们政策的有效性，来更好地"吸入通胀"。这些工具都造成了严重的副作用。尤其是它们破坏了长期利率市场的信号机制，而这个机制对于资本主义经济体的正常运转必不可少。虽然目前我们并不清楚这个市场扭曲所带来的损失会有多大，但是已经有一些迹象表明，后果可能会非常严重。

长期利率失灵的过程

让我们从开始说起。正如我们在第二章看到的，在全球化和数字信息革命的早期（1995—1999 年），格林斯潘下的美联储通过扭转利率水平的自然上行来应对通胀的下行压力。结果造成了 20 世纪 90 年代中期到末期在美国乃至全球兴起的巨大的繁荣型资产价格膨胀。这也导致了亚洲债务泡沫，俄罗斯债务泡沫以及纳斯达克（更广泛地说是电信行业）泡沫的膨胀与破灭。

随后，2000—2002 年的衰退触发了美联储重新将通胀吸入美国经济（2003—2005 年）的实验——这为这一时期萧条型资产价格膨胀搭好了舞台。其标志性的症状有巨量的投入长期政府债券和信用票据（一个横跨二者的重要组成元素是新出现的抵押票据，如美国次贷和西班牙的抵押借款）的套利交易，以及在美国和欧洲出现的对金融中介公司股票巨大规模的投资。但总体来说，生产率和投资的增长在这轮周期（2002—2007 年）中并不能匹配资产价格上行的趋势。

本·伯南克在 2006 年初接替了艾伦·格林斯潘美联储主席的位置。这位普林斯顿大学的教授曾无数次表明其对通货膨胀目标制的支持（Bernanke 和 Mishkin，1997；Bernanke，2003）。2007 年夏，信贷市场（和国际银行系统）第一次出现地震，伯南克当时还没有意图去积极地宽松货币政策，他担心这样会导致通货膨胀率高于目标值。所以伯南克下的美联储并没有加速扩张基础货币的数量和同时大幅降低短期货币利率（如果他真这么做了，那就成了所谓的伯南克政策①），而是采取了一系列手段，在没有扩张基础货币的情况下大幅增加了流动性，官方公布的短期利率锚只下降了一点点。（一些反事实②的历史学家则会研究，如果在2007年秋天美联储采用了伯南克政策，那么最终的崩盘和经济下行会不会更为严重。）

随着金融恐慌以及更加深入的衰退在下一个秋天（2008年）开始发酵，伯南克下的美联储最终还是选择了积极地大幅扩张基础货币——但是还留了后路（考虑可能的货币价值稳定的未来）。美联储取得了国会立法机关的批准，开始按市场利率对准备金支付利息，而不是像之前那样钉在零的水平。［其实早在2006年的《金融服务监管救济法案》（*Financial Services Regulatory Relief Act*）中美联储就已经获得了这个权力，但是到2011年才生效。在2008年的《紧急经济稳定法案》（*Emergency Economic Stabilization Act*）下，提前生效了。］

既然明知市场利率还会保持为零一段时间，为什么要现在就急着将准备金利率改为市场利率呢？（顺带一提，自从欧洲中央银行于1998年成立以来，它就一直在为准备金支付利息——和之前德国中央银行从来不给利息的政策截然相反，日本也开始在2008年为准备金支付利息了。）

一旦中央银行开始按市场利率为准备金支付利息，那么基础货币在实际上就已经不再是货币系统的支点之一了。货币当局再也不能在某些程度上模仿在金本位制度下的政策规则，从而在为基础货币的增长设置路径的同时还能允许利率自由浮动了。抛弃货币主义的体制转型已成必然，而短期利率得以由中央银行决策者控制并保持稳定（很大程度上是基于计量经

---

① Bernanke Put，见上文 Yellen Put。——译者注

② 指对过去已经发生的事实进行否定而重新表征，以建构一种可能性假设的思维活动典型表现为"如果当时，就会（不会）……"（百度百科）。

济学）。长期利率则会响应人们对利率决策预期的变化而变化，后者能够随着时间的推移被逐步引导。

对于伯南克主席而言，仅仅通过剥夺基础货币的支点地位来清剿掉剩下的货币主义者还不够。这个新的利息支付制度还配套了一个大幅扩张基础货币的政策项目，包括让美联储长期（有些人说永久）持有一个由国债和住房政府支持实体（housing government – sponsored entities，GSEs）所发出的债券构成的长期组合（Selgin，2018）。其意图当然是为操纵长期利率提供更多的工具（同时也筑起了壁垒，以防止任何货币主义的反对势力企图使基础货币重新回到支点地位的意图）。

伯南克下的美联储的政策纲领并非是在货币供给的大幅收缩从而加剧经济下行之前才紧急扩充基础货币，而是进行主动的实验并彻底控制短期和长期利率，让长短期利率服从于美联储的操纵，并且美联储的资产负债表的大幅扩张也服务着一个非货币性质的目标——为抵押贷款进行补贴（Pollock，2017）。

详细地说，米尔顿·弗里德曼［本·伯南克自称是其学生（Bernanke，2002）］在他的著作《美国货币史》（1960年）中提出，如果美联储曾采取激进的行为来防止货币供给在1930年到1932/1933年的过程中发生紧缩，美国其实是可以避免大萧条的。那么弗里德曼觉得什么样的行动是合适的呢？他曾经赞扬过1932年春季旨在扩张基础货币的公开市场操作，虽然有点迟。所以，可以推测他肯定会采取比这个规模还要大好几倍的行动。对于弗里德曼来说，他认为存在一个难以描述的黑箱机制，能将激进的基础货币扩张转变为有力的反通缩措施，来影响更为广口径的货币供给。一旦经济扩张到来，货币供给面临增长压力，那么紧急的基础货币扩张应该假设会被突然反转，且不会对整体金融或经济稳定造成太大影响。

这种假设从根本上讲就是不可靠的。无论如何，在1930—1933年这种想法并未付诸实践。固然美联储可能大幅扩张基础货币，并且这也有可能阻止了其他银行资产（如贷款）的下降，但它本身是否能预先阻止1931

年德国经济危机背景下的衰退，以及随后陷入经济闭关自足并对全球信贷市场产生巨大冲击的结局[1]？

答案是我们永远不会知道，尽管我们有很充分的理由担心，本杰明·斯特朗下的美联储所引发的巨大资产价格膨胀仍然会以悲惨的结局收尾。Rothbard（2005）认为，经济自我恢复能力的失灵与胡佛政府在劳工市场引入黏性，以及限制价格竞争有关。即使激进的基础货币扩张当时能产生立竿见影的效果，但退出问题还在远方等着——如何才能在不引发又一场危机的情况下控制住基础货币的扩张，尤其是当资产价格膨胀已经扩散开来的时候（如 1935—1937 年罗斯福政府采取的量化宽松（QE），虽然当时不叫 QE，但实际上内涵一致）。更广泛地说，一旦基础货币在某段时期内受到了人为造成的大幅变化（在金本位制度下绝对不可能发生的事情），任何回归正常化的措施都不能是突然的，必须在一定的时间内继续进行人为控制，而在这期间会有很多"陷阱"在前方等着。

伯南克摆脱基础货币

无论如何，即使伯南克主席当时下定了决心（在 2008 年以后）采取美联储在 1930—1932 年没能做到[2]的基础货币的扩张政策，也没必要为超额准备金支付利息。美联储在快速扩张基础货币的阶段，为超额准备金设置了 0.25% 的最低利率，实际上表现出了一个清晰的纲领（来自米尔顿·弗里德曼的构想）。即使是在接下来的经济扩张中，在伯南克纲领领导下的美联储依旧会继续扩张其臃肿的资产负债表，而并不会想要突然将其正常化（像在弗里德曼的计划里面暗示的那样）。在伯南克的计划中，美联储会逐步增加它在超额准备金上支付的利率，作为其操纵短期利率的手段。通过持有一个巨大的由长期债券构成的组合，以及对短期利率的逐步调整，美联储希

---

[1]　德国当时作为世界第二大经济体，在 1924—1928 年的繁荣中吸引了全球大量的资本流入。

[2]　弗里德曼认为是这样。

望能更加持久地影响长期利率的水平（这种控制要比不给准备金付利息，并在经济和信贷水平上行时突然缩水基础货币的情况下要强很多）。

在金本位制度下，或者是货币主义者提出的仿金本位制度下，高能货币的供给（无利息）是由采矿上的限制，或者法令来决定的，而对高能货币的需求会不断波动，从而造成短期利率不断上下波动，有时其波动幅度会非常大。对于一个希望能对长短期利率都可以进行操纵的美联储主席来说，他会更想要另外一种制度，即能自己决定短期利率水平，并公开描绘其在接下来几年可能的走势，任何变动都很可能只会影响未来的利率而不是现在的利率水平。

在完全的金本位制度（基础货币由地表黄金供给来决定）或者仿金本位制度（严格的货币主义）下，长期利率会无视短期利率水平的剧烈波动。但是在另外的货币制度下，人们必然会密切关注短期利率的决定，或者更广泛地说会关注官方公布的，中央银行已经消除其波动的短期利率水平，即使该水平可以"灵活地"跟随基础货币增长的一些目标的变动而变动。有些"关注"本质上是不理性的——它是一种心理学家所称为"锚定"的东西［一个例子是"询价"（Quoted Asking Price）可能会影响对价值的评估（Kahneman，2012）］。

一些量化宽松和非常规性货币政策工具的支持者拒绝承认其意图是为了操纵长短期利率。他们的论据是，美联储最大也仅仅持有过20%左右的长期利率债券总额（从多方角度来看，包括国债也包括非国债）。美联储之外的巨量票据的持有者将会根据他们对未来通胀、增长的预期等来调整他们的投资组合。固然也许美联储的大额持有意味着期限风险溢价的向下调整，但它肯定不会降到零以下。并且，短期利率锚早在美联储通过调整准备金供给（不付息）来调整货币政策走向的时候就已经被用于实践了。

固然，这些观点听起来还是有一定可信度的，但其中有很多漏洞。通胀目标制以及伴随着的非常规性货币政策工具的使用强化了本书之前所描述的非理性力量。"追猎收益"的一个体现是规模巨大的套利交易，包括期限套利交易（投资者指望在长期债券中获取更高收益，并且对任何有利于这些交易的假说深信不疑——无论是持久的滞胀，看似强大但实际并没有什么作用的新货币政策工具，还是在欧洲和日本负利率荒漠中无尽的对于期限套期交易的需求）。

最终，那些曾经寄希望于从最后的彻底解放——包括商品和劳务市场中高通货膨胀的爆发中获得利润的守望者，也开始有所顾虑，因为在资产价格膨胀的最后阶段，高风险资产持有者的仓皇撤退可能会导致他们的组合净值向不利的方向移动。而且由于这个政策框架所导致的资产价格的严重膨胀——以及对这个情况的普遍了解——导致了投资倾向的下滑，尤其是长期项目。所以，极低的长期利率就成了一个扭曲的缺乏正常活力的经济体的症状。

更广泛地说，非常规性货币政策，尤其是伴随通胀目标而出现的 QE，本身就是一个绝佳的投机故事的主题。即使在原则上我们有理由质疑中央银行购买长期债券到底会不会对它们或者与之相关的资产价格（包括汇率）产生长期和持久性的影响，但很多不顾一切去寻求收益的投资者会选择相信它们，并以此作为他们策略的基础。正如剧作家亚瑟·米勒所调侃的，在市场中，比如今天是星期三，但如果有足够的人说今天是星期四，那今天就是星期四（至少会持续很长一段时间——可能会非常长）。这个故事也可以扩展到使用非常规货币政策工具的货币性影响上来。如果 QE 工具的使用被广泛认为对某一种货币具有重大影响，那么其反应也会很大，即使理论家会很有根据地表示，从任何的长期角度来说，它带来的冲击都不会太大。确实，正是因为这些工具能造成巨大的货币性冲击，他们选择使用的。

一旦中央银行开始大规模地扩张其资产负债表，我们就有必要特别担心在未来货币政策将会恢复正常化——其中一部分是对于资产价格突然下跌的担忧。在非常规货币政策实施期间，市场的信号机制会遭到损坏，资产负债表每扩张一点点，都增加了为之担忧的理由。因此通常来说，伴随着量化宽松出现的货币价值的大幅下跌是完全能够理解的——除非所有的中央银行都采取了同一行为。

总体来说，QE 和其他非常规性政策工具（包括负利率）的使用，为未来不利于稳定和不好的货币政策决定创造了更大的空间。而如果这些工具不被使用，这些问题是不会存在的。

长期利率市场功能失灵所造成的损失

那么，长期利率市场失灵的经济后果都有哪些？要评估这些后果，我们需要考虑在这些情况下我们所忽视的一些内容。

以一个强势货币体系制度（无对长期利率的操纵，且长短期利率均在实际上是自由浮动的）作为例子，在这种制度下，短期利率可能会频繁波动，每天变动的幅度都会很大，以平衡对于高能货币的供给与需求状况。短期利率的变动会引致净需求的调整。比如，短期利率的一个上升意味着银行和非银行金融部门会更加精打细算地规划其持有的高能货币，尤其是在减少持有货币的时候，银行会进行更加严格的现金流控制，以减少它们对在中央银行存放的准备金或等价品（不付息）的需求。

在这种环境下，长期利率会由大量的个人借贷决策总和来决定，一个个项目、公司、家庭等，共同绘制出了一片巨大规模的分散信息集。比如，一个考虑今天长期利率水平的企业会权衡某一特定项目是否会有正的净现值。本质上对于很多公司来说，这个决定是在考虑资本市场定价的基础上作出的，但在更多的情况下并没有直接的报价——尤其是在单独评估这些项目的时候（公开股权的价格是由所有潜在和公开的项目共同形成的）。作为替代，决策者在做资本预算的时候，会利用长期利率的报价，并在这个基础上加一个假想的权益风险溢价。在经济中的一些领域中，即使可能有一系列关于权益市场表现的"财富效应"（Wealth Effects），但帮助决策的相关权益资本成本的信息是不存在的——比如住房和消费者支出。固然，一些人基于对宏观经济和经济周期进行评估并判断长期利率走势，从而可能会有一些投机性的建仓，但他们肯定不会从大幅波动的短期利率走势中捕捉信号。

在这种建设蓝图下，平均来说由上述机制得出的长期利率，相对那些由耍杂一样的中央银行货币政策所主导的长期利率而言会更接近理论中性水平（意味着与强势货币一致）。并且，我们确信，在长期利率市场中的交易会保证价格与现实更加一致，而不是仅仅由狂热的投机或者孤注一掷来决定。一个货币部门官僚及其政治主人所一手操控的货币制度，相对一个长期利率市场能够合理地反映所有微观部门中分散信息的货币制度，会更容易出现暴涨的资产价格和规模巨大的不良投资，并陷入深度的不平衡。最终，股票市场在从错误定价的债券市场中得到信号后，将会成为一个长期错误的驱动源。

长期债券市场信号机制的崩溃可能确实会通过资本市场（股权、信贷、房地产等）普遍的错误定价造成非常严重的危害。且伴随着这个错误定价的一般是个别领域中投机故事（其中很大部分是非理性的）的广泛传播。

"再进入"问题：债券市场如何回归正常的信号机制

在 21 世纪的第二个十年将要结束之时，美国的长期利率市场的不正常运作已经持续了很久，我们可以将 2000 年和 2001 年纳斯达克泡沫的破灭和衰退所造成的直接后果作为其不正常运作的起点。格林斯潘领导的美联储通过表示联邦基金利率将在更长的一段时间内缓慢地增长（被中央银行观察家们解读为一个给定利率路径走势的预先承诺），从而在当时的长期利率中设置了一个不同寻常的减速器——事后看来这是 2% 通胀率标准下人为操纵的开始，也是那个时期逐渐形成的资产价格膨胀的巨大推手。很多市场时事评论家，包括一些资深的货币部门官员，是不会将如此低的长期利率归因于其在短期利率市场中的操纵行为的，而是归罪于"亚洲储蓄过剩"。确实，美联储官员还会进一步刺激那些被套利交易者所广泛相信的投机故事（尤其是也包括"亚洲储蓄过剩"），这些交易者会进一步搜寻期限风险溢价，来吃光货币市场中的最后一点贫瘠的回报。（也有可能在此时，唯一受到控制的长期利率上涨反映了大家对两件事情的普遍担忧，一个是现在的资产价格膨胀会以泡沫的破裂为终点，另一个是这一系列的加息安排会在对投机的过度抑制中暂停。）

即便如此，在 21 世纪初长期利率市场信号机制的失灵，与在 2010 年以后非常规性货币政策工具的使用所造成的后果而言，就显得小很多了。中央银行的决策者们会用极低的长期利率来说明所谓的中性利率水平已经下滑，从而进一步加剧了这种失灵。确实，人们无从得知为何如此低的长期利率并未引起资本支出的强势增长，然而，有一个显而易见的答案是中央银行决策者们所不愿意承认的：正是他们对货币政策的操纵导致了如此巨大的不确定性，减少了人们进行长期投资的意愿。如果大部分人都能意识到大范围的资产价格——尤其是股权价格——是由于对货币政策的操纵所引起的，并且很有可能在未来几年内崩溃，那他们必然会减少资本支出，尤其是对长期项目的资本支出会降到一定水平以下，如果价格一直很高，那么支出萎靡可能会一直持续下去。

所以时兴的中央银行观点就变成了长期利率和自然水平基本一致。固然，对于中央银行来说，逐步缩小其在 QE 的活跃期间所累积的长期债券巨大组合看似是合理的，但是它们也应当特别注意不要触发滚雪球式的长期利率增长和资产价格下滑。这个过程应当是非常小心和缓慢的。与之匹配的，在货币当局严格控制下的短期利率的增长也应当极其谨慎地进行。

相对虚假地进行货币正常化，还有另外一种选择，但走这条路则可能随时内爆，我们需要回到在给准备金支付利息的时点（再度回到 2008 年以前为零的水平），同时将基础货币恢复到广义货币的正常比例水平。固然，如果这样长期利率可能会跳涨，且资产价格可能会有所下滑（与资产价格膨胀的顶点相比）。但是可靠的信号机制的回归可能会开启新一轮的支出增长，尤其是资本支出，因为"人工"的资本价格衰退在任何时点爆发的可能已经不复存在了。

货币政策正常化——其定义是停止对非常规性货币政策的使用，并恢复债券市场中价格信号机制的正常运作——实际上是多维度的，它在最基本的层面上要求放弃2%的通胀率标准——主要是因为该标准无视物价随时间自动下行趋势。第二个维度是恢复基础货币在货币系统中的支点地位。这意味着不在准备金上付息，且基础货币的供给要与需求能够对应，与非通胀的路径一致。第三个维度是要将长期政府债券在总负债（包括中央银行）中的比例降到正常水平，这可能要花好几年的时间。

第二个维度的行动可能会发生得很快。中央银行决策者把他们长期债券的仓位带到财政部并换成短期国库券（T－bills）。中央银行通过短期国库券开展公开市场操作来将基础货币缩小至"正常"水平。当然，"正常"是什么水平的定义非常模糊，所以这一维度的货币政策正常化可能会伴随相当程度的货币体系动荡。这是开展大型实验的不可避免的结局。

第三个维度的货币政策正常化开始于这样一种情形，财政部门在看过自己和中央银行的合并报表后，承认实行QE的几年时间实质上意味着政府债券的相当比例是以短期浮动利率债券的形式存在的。从传统上来说，如此高比例的浮动利率意味着中央银行受制于巨大的政治压力之下而不能抬高短期利率（主要是出于预算赤字方面直接融资成本的考虑）——即使中央银行已经嗅到了货币通胀的苗头。如果中央银行屈服于这样的压力，那它就确实变成了政府征税的一个重要来源——以通胀税的形式。一种形式是压制财政票据的利息率（到稳定币值制度之下的水平），另一种是通胀侵蚀下的政府债券和基础货币上的（按真实水平计算）资本税。

2%通胀率制度下货币政策的失效

基础货币彻底失去其支点地位后，2%通胀率目标制度下的货币政策状况变动与以前尤其是金本位制度和货币主义系统下的货币政策状况有很大的不同。如今在美联储领导下的中央银行决策者们试图麻醉这个体系（经济和金融系统），让它不再受到货币政策变动造成的影响，他们不顾一切地通过避免任何货币政策状况的突变来实现这一点。相反地，他们会让市场准备好迎接未来一段时间内可能出现的政策变动，同时则继续他们习惯性的做法（控制官方的短期利率水平）。其主要手段是"咬文嚼字"：中央银行决策者的很大一部分精力都花在了仔细挑选日常的措辞上——无论是在会议结束总结还是不久以后流出的会议纪要上。但如果现行官方利率突然出现了较大幅度的变动，或中央银行暗示可能会在短期内大幅调整利率（与之前相比）的时候，这些麻醉剂也会失效。突然出现的是不管导致通胀还是衰退的坏消息都可能是导火索。

与之相对的，在金本位制度或货币主义秩序下，货币政策的立场取决于基础货币的行为。立场的转移需要基础货币市场中供给需求情况的快速改变，这既有可能是影响供或需的自动机制的结果，或者是影响供给的中央银行操控的结果。这种改变很可能导致短期利率的大幅波动，且对商品价格有十分迅速的影响（在紧缩的情况下是下滑），或者也会影响货币（可能会在黄金输送点或汇率平价的限制内波动）。相对而言，长期利率可能根本不会变动。

关键点在于，在货币价值保持稳定的体系下，货币价值的修正是迅速的，且对短期利率等在内的即期市场有显著的影响。相对而言，在2%的通胀率目标下，中央银行走的则是完全不同的道路。货币政策的变动首先由中央银行传达出来，着重强调几个季度之后的变动，而短期利率则纹丝不动。那么问题就来了，这个不同点到底会不会造成脆弱——很可能意味着在修正行为发生前，货币不均衡会愈演愈烈？

如今基础货币已经完全脱离了货币体系的支点地位，2%通胀率标准的管理者和设计者们肯定也不清楚基础货币的走向是否需要修正。即便如此，我们也能想象得到，货币价值的调整必然会在即期价格（包括货币利率）同样的快速反应中出现，也会出现在官员们试图玩"爱丽丝梦游仙境"（开出各种明天或者昨天的药方，但绝不开出今天的药方）来进行"皇帝的新装"的货币实验的时候。

仿金本位制度的设计者会试图复制在金本位制度的自动规则下，短期利率对货币环境走向的反应。当今和下一代的法定货币稳定实验的设计者可能不会去选择一个仿金本位制度。如果通过改变短期利率的走向而不是基础货币（现在调整基础货币已经不可能了，因为其已经脱位）来调整货币政策的立场，那么过去货币价值稳定的时代的标准是这些利率的变动将会是非常快速而大幅的，而不是无尽且迟缓的（每次 25 个基点）。

然而，当代货币政策官员似乎并不认为通过研究在过去货币稳定体系下利率调整如何发生是有价值的。他们中的一些人会相信利率操纵，尤其是在 2% 通胀率标准下的强操纵，可以摆脱经济的周期反复。如果名义利率被锁定在零附近，甚至为负的状态，那么经济下行还怎么可能会发生呢？固然这种操纵意味着利率的顺周期波动将在经济周期的动态中不复存在，但相对应的，包括资产价格和流动性在内的其他变量将扮演更重要的角色。

参考文献

［1］Bernanke, B. S.（2003, March 25）. *A Perspective on Inflation Targeting*（A Federal Reserve Board Speech）.

［2］Bernanke, B. S., & Mishkin, F. S.（1997）. Inflation Targeting: A New Fraemwork for Monetary Policy. *Journal of Economic Perspectives*, 11（Spring）, 97 – 117.

［3］Brown, B.（2013）. *The Global Curse of the Federal Reserve*. Basingstoke: Palgrave.

［4］Friedman, M., & Schwartz, A.（1963）. *A Monetary History of the United States*. Princeton: Princeton University Press.

［5］Kahneman, D.（2012）. *Thinking Fast and Slow*. New York: Farrar, Straus & Giroux.

［6］Pollock, A. J.（2017, June 28）. Testimony to the Subcommittee on Monetary Policy and Trade of the Committee on Financial Services, House of Representatives. *The Fed Should Be Required to Provide Congress a Regular Savers Impact Analysis*.

［7］Rothbard, M.（2005）. *A History of Money and Banking in the United States*. Auburn: Mises Institute.

［8］Selgin, G.（2018, March 1）. *FLOORED! How a Misguided Fed Experiment Deepened and Prolonged the Great Recession*（Cato Institute Working Paper No. 50）.

第五章

美国分权制衡的失灵

1996 年 7 月，在决定命运的 FOMC 会议上，艾伦·格林斯潘详细阐述了是否要采取每年 2% 的通胀率目标或进一步压低通胀，他表明了这是一个国会应当在之上采取立场的决定：国会是否应当接受永久性的每年 2% 的通货膨胀率，即使说这与其在 1977 年修订的《美联储法案》中的目标——"以保持信贷和货币总额的增长与经济长期潜力相匹配，以有效实现最大就业的目标，稳定价格，以及温和的长期利率"——相悖？或者说当格林斯潘的美联储决定实现稳定价格的目标的时候，国会是否能够忍受可能出现的短期经济损失？

事实上，在 2% 通胀率目标实施的近四分之一个世纪以来，国会并没有在这些事情上表明反对意见。当然，美联储近年来一直在遭受批评，尤其是针对其在 2008—2009 年泡沫的破灭、直接或非直接地帮助大型金融机构摆脱困境，以及接下来采取一系列压垮小储蓄者而偏袒大借款人（包括联邦政府）这几件事情中所扮演的角色，但是针对 2% 通胀率目标的批评并没有在国会证词和争论中出现过。

国会对 2% 通胀率目标的默许

我们该如何解释国会对 2% 通胀率的不闻不问呢？

艾伦·格林斯潘的评论尤为恰当："我们将会达到这样的价格稳定状态，即家庭和企业不需要将平均价格水平变动的预期纳入决策的考量中。"国会对美联储的监管者们似乎认为 2% 对价格稳定而言确实已经足够低了。

固然 2% 的通货膨胀率意味着美元货币每十年都会失去 20% 左右的购买力，但是大多数人并不会把他们的资金藏在金库里或压在枕头底下，而且他们通常会认为即使是最安全的投资也应当产生高于通胀率的名义回报。还有，任何读过国会和美联储历史的人都知道，政客们非常欢迎"价格稳定"的概念（其定义随时间一直在变——比如在 1920 年前后意味着"价格水平不变"，而不像现在是每年 2% 的通胀率），来作为一个货币政策表现的指导，而完全不顾维持稳定货币价值的支持者们对这种简化目标中蕴含的风险所提出的警告。

对于那些力求实际的议员们来说，因将价格稳定的含义由通胀率为零改为到2%而失去很多选票的话，肯定是不可行的。所以，如果这是美联储的专家们所选择的目标（考虑到有关零利率边界和不正确价格衡量的那些难懂的术语），那为什么还要反对呢？

当然，在货币政策的执行中有很多应该反对的地方，但是这些批评者该如何让自己的声音传达到国会里面去？只要看一下研究2007—2010年金融危机原因的金融危机调查委员会报告，我们就会发现货币政策的批评者们在国会中根本没有任何影响力。众议院议长和参议院多数党领袖在当时都是民主党人，两个人在委员会中各任命了三名委员，而他们的共和党对手们则各任命了两名。在2011年1月公布的向国会提交的报告甚至没有将存在缺陷的货币政策列为原因之一，更不用说深入探究2%通胀率标准的细节了。

而且，在多数报告中列出的原因包括失效的金融监管和公司治理，透明度缺失，政府反应前后不一致，责任制度的系统性崩溃，抵押借贷标准的崩塌，场外衍生品，以及评级机构的失效。即使是观点最不一致的报告也没能提到货币政策的失效。格林斯潘—伯南克的美联储在2001—2005年率先采取的"吸入通胀"（反通缩）政策，以及这场危机更根本的原因，即从1996年FOMC开始的2%通胀率目标制度，没能进入任何主流甚至是非主流的观点中。

20世纪20年代国会未能认识到美联储政策是危机发生的罪魁祸首

未能认识到有缺陷的货币政策其实是泡沫破裂以及后续大萧条的罪魁祸首，在历史上是有先例的，即深入调查1929—1932年金融崩盘和萧条原因的所谓"佩科拉委员会报告"（Pecora Commission Report，1934年出版，该委员会是由共和党控制的参议院在 1932 年建立的）。报告根本没有提到导致这次资产价格的巨大膨胀以及最后崩盘的主要原因，即美联储对金汇兑本位制的病态追求——尤其是对先令－美元平价的支持和对稳定价格的过度关注（在当时价格的走势是明显向下的）。然而实际上有人指出了真正的原因，且确实在很多方面，强调这种说法的经济学家们是占上风的（哈耶克、罗宾斯、罗伯特）。纽约联储行长本杰明·斯特朗在 20 世纪 20 年代一直反对（但有一次明显的例外）一些经济学家和他们在国会中的盟友实施价格稳定规则的企图，尽管实际上货币政策已经在暗中向那个方向倾斜了。Meltzer（2003）写道：

国会在 1922 年 3 月、1926 年 7 月和 1928 年针对将价格稳定作为目标立法举行听证会，所有的美联储官员和员工反对这项立法，除了本杰明·斯特朗在 1928 年表明过一次重要的支持。这项立法最终失败。支持将价格稳定作为法条的包括欧文·费雪（他在 1922 年 3 月的委员会中进行了长篇大论的佐证）。

1926—1927 年和 1928 年，国会召开了针对稳定政策的听证会，讨论一项美联储法案的修正案，这项修正案使价格稳定成为一个明确的政策目标。这项立法由国会议员詹姆斯·斯特朗（James Strong）带领，他是堪萨斯州的一位共和党人，曾受 1920—1921 年大萧条和通缩，以及费雪文章的影响。这项法案提出的"避免以任何'机械性的公式'来制定政策"在美联储内部取得了一致同意，但是在那之上就没有什么有关政策应当如何实施的共识了。

斯特朗行长提出了反对斯特朗法案的三个主要原因。第一，这项法案将会很难准确执行，因为货币流通速度（Monetary Velocity）是极不稳定的；第二，货币或者信贷水平的变动只是影响价格水平的储多因素之一；第三，他担心价格稳定会被解释为个别价格的稳定，尤其是农业价格。但在他的证词中，他也表示可以和国会一起改进一项拟议的指导方针。

作为一个很实际的问题，且在稳定价格的众多观点的交织之下，斯特朗行长最终还是调整货币政策以逆转价格的下跌。而如果他不这么做的话，在当时生产力大幅发展（大规模的电气化，尤其是大规模的组装线的出现）的背景下，价格下跌是会大规模发生的。从他在国会中的遭遇中，他意识到人们普遍对价格下跌持敌意态度，尽管这个价格下跌是在1920—1921年大萧条而不是经济繁荣的背景下产生的。

尽管如此，斯特朗行长的总体倾向还是反对价格稳定规则或其他任何强制性的货币政策标准。他向国会表示，回归国际金本位标准对他们所关心的问题来说是个更好的解决办法。"我发自内心地相信，当今美联储系统在这件事情中能够起到的最大的作用，就是去加速遭受战争洗礼的国家的货币改革，我们没法等到每个国家的时机都成熟以后再做。"

实际上斯特朗行长的目的是实行金汇兑本位标准的实验。他没有意识到这个实验离1914年之前的国际金本位制度实际上相距甚远，也就因此为以后的货币系统动荡埋下了重要的伏笔。事实上，新的货币霸主美国在金汇兑本位标准下，有巨大的权力来对自己的基础货币增长进行相机抉择式的控制。如果这位货币霸主（美国）的指导性的货币准则变成了价格稳定（在生产力大幅增长的时期）并支撑虚弱的英镑，而英镑当局并未准备好运作能够使价格下行并提供反周期驱动的自动货币机制，那么就容易导致经济和金融上的不稳定。

国会第一次于 20 世纪 70 年代中期采取价格稳定机制规则

斯特朗行长提出的反对价格稳定规则的观点非常有力——和平时期最严重的通货膨胀（1965—1975年）使国会愿意考虑选出一位有意愿的总统（吉米·卡特），并集中多数派一起在这个问题上立法。

缺乏稳定货币流通速度意味着美联储在控制选定货币供给（最可行的是基础货币）的时候，无法准确地预测在中短期对价格造成的影响。因此对价格设置目标会出现很多问题。价格变化由包括货币数量在内的很多因素决定的观点可能会被解读为承认价格是存在自然趋势的——在货币价值稳定的情况下也是如此，价格会在生产力急速发展、资源充足、全球化等时期自行下跌。试图控制货币供给来建立固定的价格目标将会反复失败。不过有意思的是，在斯特朗的观点中可以看出，他并没有抓住关键，即这些失败可能导致反复周期变动，资产价格不断膨胀和缩水。确实，整个资产价格膨胀的问题在这些关于货币政策的早期的证词和辩论中几乎没有出现过——这些都很不幸地在几十年后成为现实。

如果国会下定决心采取立法行动，比如让美联储走上保持币值稳定的道路，那么一个比价格目标（或通胀目标）更好的办法是通过决议使美联储的目标原则变为坚挺货币。在那之后，就会有一整套法条来定义坚挺货币是什么含义（如价格在长期有回归均值的趋势但可以在中短期上下浮动；遵循行为准则，不去干涉长短期利率的市场决定机制；使基础货币的增长率保持在低水平，比如能与没有货币通胀相兼容，加固基础货币在货币体系中的支点地位，等等）。但是这种立法缺乏政治上的吸引力，比如在国会选举中获得支持——除非它能得到强大的"审计"美联储政策体系的支撑，并让美联储官员负责，且能获得一个完全理解并支持坚挺货币原则的国会调查者小组（能够接触到所有的美联储文章和会议转录）的支持。

让我们回到现实情况，国会确实在 20 世纪 70 年代中期作出了行动，通过了国会决议第 133 号（1975 年 3 月），以针对当时美联储主席亚瑟·伯恩斯对美联储每季度向众议院和参议院银行业委员会汇报计划货币增长率的要求的强烈反对。就本身而言，这份决议并不是那么令人讨厌，且不包含任何具体的价格或通胀目标。在其之下的假设是货币控制意味着操纵货币的增长，但立法者并未明确基础货币的这种用途或任何强化其支点地位的方法（以抑制流通速度的波动性），且他们并未引用任何坚挺货币的原则到决议中。两年后这份决议便形成了一个新的《美联储法案》，更准确地说是《1977 年美联储改革法案》。在 1976 年的大选中，吉米·卡特总统签署其进入法律，并攻击"共和党货币政策"应当为 1974—1975 年的大通胀和大萧条负全部责任。

　　这份改革法案明确了美联储的目标，并提高了其透明度和对国会的负责程度。美联储在 1913 年刚建立的时候，国会对其的要求是"提供一种有弹性的货币，以作为再贴现商业票据的手段"并"在美国建立一个更有效的银行业监管机制"。原版的法案将持续采用金本位制度作为前提假设。在大萧条和第二次世界大战以后，国会通过了《1946 年就业法案》，宣告联邦政府政策的目的是"促进最大的就业、生产力和购买力"。以该立法为目的的美联储可以被认为是政府的一部分，但实际上这项法案并没有特别地向货币政策和美联储倾斜。布雷顿森林体系（非美国居民能够将以固定汇率将美元换为黄金）的崩溃以及和平时期最严重的通胀代表了国会针对美联储的新推动力的先例。

　　在改革法案之下，美联储被要求"保持信贷和货币总额的增长与提高产出的经济长期潜力相匹配，以有效实现最大就业的目标，稳定价格，以及温和的长期利率"。这后来被人们称为"双重使命"（Dual Mandate）（Steelman，2012）。

　　保持货币价值稳定的支持者们可以说对坚挺货币的追求是包含在所有这些目标之中的，在这样的体制下经济体会比其他任何的制度设计都要繁荣，且长期利率平均而言会更低，而且价格在长期会有趋势回归均值。但是这项立法并没有指向这个方向，且当代在其周围的国会讨论和辩论并没有突出这个潜在的解读。对于坚挺货币支持者的立法的一个好消息则是货币（引导一个货币供给）作为美联储（不钉住利率）的中心功能，而价格稳定的目标可以被解读为与货币稳定原则相一致，即使很多其他的解读也是可能的。

　　从 1985 年到 20 世纪 90 年代初，逐步边缘化最终丢弃货币供给目标的行为实际上与这项立法是不一致的，即使国会对其没有提出任何挑战。1993 年 7 月 22 日，美联储主席艾伦·格林斯潘告知参议院银行业委员会，美联储将会停止依靠货币供给作为其政策目标，并换成利率控制（实际上意味着钉住短期利率）。格林斯潘指出其原因在于金融创新和去监管化使货币供给和经济增长（以及通胀）之间的关系已经"彻底断裂"。"数百万美国人正在将他们的钱从储蓄账户中移到共同基金，尤其是很多人都在用的货币市场基金中，比如储蓄和支票账户。"

在所谓的《1978 年汉弗莱—霍金斯法案》下，美联储仍然需要将货币供给目标范围汇报给国会，但那以后就会变成一堆废纸。[这项法案修正了 1946 年的《就业法案》并立法称"20 岁以后的劳动力失业率不应当超过 3%；在不影响就业目标的情况下，通胀率应当被减少到 3% 以下，并且在 1988 年以前通胀率应当为零。"当格林斯潘当选美联储主席的时候（1987 年），已经没人记得零通胀率目标了。之后耶伦的文章进一步论证了为什么通胀率为零会危及就业，这意味着与法案保持一致的同时，通胀率应当保持在一个较低的大于零的水平，且最终对货币供给目标的丢弃，甚至在向国会的报告中将其剔除，与法案中美联储"每年向国会递交两次货币政策报告"来表明货币政策的表述也是一致的。]

国会对美联储放弃货币供给目标的沉默

总体来说，从货币主义到通胀目标制度（由保罗·沃尔克于 20 世纪 80 年代中期开始，并由格林斯潘和伯南克最终完成）的旅程没有遇到来自国会的任何阻力，尽管在立法上遭遇了一些阻挠，原则上可能断送这段旅程。一些人可能总结说检查应当在宪法中进行，而不是在立法中，但这个说法站不住脚。通常来说，国会会在货币体系灾难后推动监管。确实，在和平时期最严重的通货膨胀后，保罗·沃尔克获得了一个难得的机会来建立一个保持货币价值稳定的制度，但他出于对大额美国贸易赤字的担忧（政府及其新的财政部部长詹姆斯·贝克尔同样有这个担忧），回到了贬值美元的政策，浪费了这个机会。

当美联储主席格林斯潘放弃 1975—1978 年立法中设计的货币控制，完全抛弃货币供给目标并转向实施通货膨胀目标时，为什么国会未能有效干预？答案很简单，首先形势一片大好，即使是纳斯达克崩盘和 2001—2002 年的 IT 业萧条也没有引起国会的激烈反应，因为 2000—2002 年的萧条并不算太严重，而且 2003—2004 年的"吸入通胀政策"似乎开始取得成效。

固然当时在国会中有一些批评格林斯潘的人——无论是众议院的罗恩·保罗还是参议院的前棒球投手吉姆·班宁，他们都不喜欢格林斯潘为自己建立起来的玩弄货币魔术的"大师"形象，以及其对规则的蔑视。保罗一直以来都是回归金本位的狂热信徒和美联储的反对者，参议员班宁没有什么思想上的依据，只是单纯地不信任。当然看起来，他在 2005 年拒绝投票赞成伯南克就任美联储主席的时候，是因为格林斯潘在 2002 年上任行长的时候他没能起到任何制衡作用，但他主要的批评是他没能投票反对 2004—2005 年的任何加息，而不是因为他想出了一个新的严格的通货目标制（以及"吸入通胀政策"），而且确实，格林斯潘在 2003 年乔治·W. 布什指派其继续连任的两年，很可能是在他表明愿意接受这位普林斯顿大学教授的指导的前提下才实现的。

班宁是唯一一个反对格林斯潘于 2003 年连任美联储主席的参议员。在他于 2005 年末给参议院银行业委员会的评论中，解释了他对任命伯南克的反对：

虽然我相信伯南克博士具有资质担任美联储的主席，但我必须反对这项任命。当我和伯南克博士会面的时候，他还是美联储董事会的提名人选，他向我承诺他将不会变成格林斯潘主席的傀儡，而是会在其相信格林斯潘犯错的时候勇于站起来反抗他。可惜的是，伯南克博士从来没有投过一次反对票。

参议员班宁曾批评美联储在 2004 年和 2005 年"适量"抬高短期利率以对抗通货膨胀的做法，他指出，当时并没有足够严重的通胀压力来证明 2003 年以来连续 11 个季度的加息是合理的。他的批评的根据并不是说在 2003—2004 年货币政策是宽松的，从而激发了极其严重的资产价格膨胀。早期，班宁做了很多关于格林斯潘的批评，经常就货币政策之外的很大范围的经济问题发声。班宁并没有明确指出除了伯南克外，他更赞同谁来担任美联储主席，但他告诉 CNBC 说："光我知道的就有 20 来个经济学家可以担任这个职位。"

在国会里，对伯南克美联储及之后的耶伦美联储的批评，在2007—2008年的恐慌和之后的大萧条后更加广泛和深入。民主党左翼的批评者们主要是无法忍受在过去10年美联储去监管的力度之大（20世纪90年代中期到21世纪初），导致了泡沫的出现。比如参议员伊丽莎白·沃伦，在党内领导了一场反抗运动，反对奥巴马总统在2013年对拉里·萨默斯担任美联储主席（因其之前任财政部次长和财政部部长期间对金融去监管的努力）的任命。左右翼当时都对"大而不能倒"的银行和其他金融机构的救市行动非常不满。大部分共和党都投票反对奥巴马总统于2009年再任命伯南克作为美联储主席（尤其是反对其对银行的救市行为以及他和奥巴马政府及其经济团队的亲密关系），但他赢得了民主党的支持，部分是出于他对一些新的金融监管（《多德—弗兰克法案》）的支持。

美联储资产负债表的扩张及其不断积累的房贷抵押证券和长期政府债券确实引致了共和党内部的愤恨。但是这些积聚起来的反对并没有形成坚固的对2%通胀率标准及其对新货币制度的反对。确实，共和党人所求助的学术专家很大程度上是2%通胀率目标制度的承办商，尽管他们可能会反对一些伯南克和耶伦所引入的非常规性货币政策工具。

共和党反对"奥巴马美联储"的失败

约翰·泰勒教授曾担任第一个乔治·W.布什政府下的财政部次长（处理国际金融），当时非常受欢迎，无论是货币政策改革的制定者还是时下美联储政策的批评者都会寻求他的建议，但他很难称得上是一个革命者。他有着纯正的新凯恩斯主义血统，他支持美联储应当严格制定短期利率的长期走势（而不回归对基础货币的控制），尽管这个控制应当由一系列计量方程来决定，而不是个人评判。但为什么那些头脑清醒的人会相信这些方程的预测，特别是当它们还是建立在"期望菲利普斯曲线分析"这种有问题的假设之上的？要将知名的泰勒规则运用于实际，美联储必须设置一个通胀目标，并清楚所谓自然失业率和自然利率的水平，以及生产力的潜在增长率。

在众议院中，得克萨斯州人凯文·布莱迪推动了货币体系改革的立法，而并未明确支持泰勒规则，但它并没有明确或暗示支持通胀目标制。比如，最初于 2012 年（R1174）发布并在 2015 年重新制定的《稳定美元价值法案》的草稿中提出替换美联储的双重使命，变为单一使命，即实现"价格稳定"，并要求美联储使用通胀目标制来实现这个目标。这项法案同样要求美联储"监控一个大范围内的资产——不仅限于商品和劳务——包括黄金和美元的外汇价值，以避免未来的资产泡沫"。

认为美联储可以提前发现泡沫的观点，或者泡沫应当是美联储关注的重心，这一想法对于那些国会之外的担心通胀目标制会导致资产价格膨胀的人来说，已经偏离了惯常的道路。资产价格膨胀一般不会发展成为大泡沫，尽管全球资产市场里面可能会有一小部分在每轮周期中都会过度狂热（如 20 世纪 20 年代中期的佛罗里达房地产泡沫，20 世纪 80 年代末期的日本，21 世纪初的冰岛，以及一些人可能会说 21 世纪初的比特币泡沫）。中央银行决策者们肯定不会比其他人更早地注意到不良投资或者过度投资，一般都会在资产价格膨胀的最后一个阶段才发现。

与其认为中央银行能够最先发现潜在的不良投资和泡沫，显然还不如让它们一开始就遵循一个货币政策的道路，在其中资产价格膨胀或者通胀（包括商品和劳务市场）发生的概率总体上讲比 2% 通胀率目标制度下要更低。但那并不是共和党和它们的学术顾问的想法。

国会议员布莱迪确实支持了一份法案（HR 2912）来建立一个委员会以审查美国货币政策，评估其他可能的货币制度，并提出货币政策向前发展的道路。这个委员会的任务首先是审查美国货币政策，自 1913 年美联储的建立起是如何影响美国经济表现的，其次是评估不同的可选制度，在其中美联储可以就实现长期最大化产出、就业和价格稳定采取货币政策，包括（a）完全自行裁定而不依靠制度框架，（b）价格水平目标，（c）通胀率目标，（d）名义 GDP 目标。但这个委员会不会比其贡献则更加聪明，

且这项法案的发起人似乎对稳定货币价值的激进思想者并没有什么特别的
观点。

审查美联储

在危机后的几年里，共和党对货币改革的最后一轮行动是在所谓的
"审查美联储"立法的框架下进行的。当时的想法是格林斯潘，尤其是伯
南克和接下来耶伦的美联储已经脱离了"正统货币"的道路，经常向国会
和其他人给出非常肤浅和自大的论证。现在是时候让美联储的决策过程受
到国会细致且顺利的检查了。一个永久的审查委员会应当被建立起来，以
审查美联储的表现，也包括其犯过的很多错误，且细致程度应当比美联储
主席每半年向国会作证的时候高得多。

正如阿历克斯·波洛克（2015）写的那样，呼吁对美联储的"审查"
并不是单纯仅仅审查机构的资产负债表。审查的目标是更加根本性的：确
保民主政府分权制衡的原则也能够应用到中央银行中去。这意味着搞清楚
选举出来的代表如何能够有效地监管非选举出来的货币"专家"。历史表
明，这些所谓的专家容易犯愚蠢的错误，导致毁灭性的通胀或通缩。在20
世纪，美联储的行为代表了世界上任何金融机构所能造成的最大的系统性
风险。自大萧条结束以后，美联储一直在超速运转，它正在进行一个前所
未有的巨大的货币政策实验。这个实验包括持续数年的负真实利率，巨大
资产价格膨胀的产生，以及房地产抵押债券和长期债券的货币化。在没有
有效监管的情况下，我们应当允许美联储或任何人进行如此巨大且极度危
险的货币政策实验吗？正确答案显然是不。

不过有一个很严重的问题，就是审查员们可能彼此之间持严重的不同
意态度，除非他们都是从同一个经济学派里挑出来的，那样的话那些被批
判为无能或者恶意的人就可以在舆论的法庭上以"政治审判"的理由反对
这些指控。时间的流逝也无法抹平这些分歧，一个由著名经济学家组成的
小组也会对本杰明·斯特朗（以及1922—1928年的美联储）在大萧条期

间造成的全球信贷泡沫及其破裂的罪责有非常不同的评判。

但即使如此，美联储到底是仔细注意并且考虑到了某个决定（包括货币政策实验的实施）所应当涉及的所有关键方面，还是趾高气扬，刻意欺诈，缺乏适当的对其他观点的探索，审查小组在这方面还是可以达成一致意见的。美联储如果知道这种审查机制的存在，可能就会更加谨慎和明智。

一个对于伯南克或耶伦领导的美联储的国会审查小组，理论上会考虑流传在外的广泛的思考意见。比如，在2012年4月针对伯南克的亚特兰大社论中，作者们表示："左翼不喜欢他，右翼更不喜欢他，但本·伯南克拯救了经济——并且他娴熟地应对并克服了那些最艰难的时日。"一个有正常判断力的审查小组尽管内部可能会有一些学派之争，但一定会将这种观点撕成碎片。尤其是，这个小组将会调查伯南克主席在打开他的非常规性货币政策箱子时所做的承诺。他指出，一般金融危机后会出现过于缓慢的经济扩张，采取非常规性货币政策会解决这个问题。但实际上所发生的是自大萧条以来史上最慢的经济扩张。并且对于伯南克及其继任者一直以来吹嘘他们的行为带来了就业的持续上升，这个小组可以提出异议，在当下的经济周期结束前，在还未充分了解金融危机的严重程度以及在最后所暴露出来的不良投资的情况下，怎么能够作出这种判断？

这假想的审查委员会对于通胀目标的调查所提出的一个主要的指控是2002—2005年的"吸入通胀"政策导致了资产价格的膨胀（以及随后的破裂），这很可能也确实引发了一系列不同的观点。比如，在国际清算银行组织的一个研讨会上，迈克尔·杜利提出并证明，无论是美国的宽松货币政策还是国际收支不平衡，都与随后2007—2008年的危机没有任何直接或重要的联系。这个观点的核心在于美联储并不可能7年来都将真实利率压制到很低的水平，一定有一些其他的因素在起作用。但是他未考虑到的反对意见说资产价格膨胀的萌芽及其生长可能发生得非常迅速，并且一旦资产价格膨胀发展到一定程度，就不可能将其无痛且温和地去除了——所以就任由它继续发展。在一个审查小组中，这些不同的意见很可能会通过讨论来解决并得出结论。

指派审查员的众议院和参议院成员需要慎重地考虑他们的选择。在挑选那些有天赋的批判家时，一些诸如"保守派经济学家"以及"美联储批评家"的标签可能非常具有误导性。比如，近年来共和党保守派一直将"影子公开市场委员会"视为一个批判观点的不错的来源，但实际上这个委员会是被新凯恩斯主义经济学家所主导的，他们中的很多人对于"通胀目标"实验持同情态度。

比如，马尔文·古德弗兰德在 2017 年 5 月 5 日向影子公开市场委员会提交的文章中写道："自从保罗·沃尔克在 20 世纪 80 年代早期终结了大通胀的几十年间，全世界的中央银行已经开始理解，健全的货币政策需要对于价格稳定的可信承诺，在实际中这意味着一个通胀目标。"2012 年 1 月，FOMC 在《长期目标和货币政策声明》（*Statement of Longer - Run Goals and Monetary Policy Strategy*）中表明采取了 2% 的通胀率目标，标志着美联储最终跟随了全球性的趋势。

相对那些基于与本章所描述的类似理由将该稳定实验视为一个巨大错误的人，如果作为一个被指派的审查员，古德弗兰德对于决策者将会如何在 2% 通胀率目标的 20 多年里做出行动这个问题，会给出一个完全不同的观点。

强势货币改革的联合战线

2016 年 11 月，共和党在国会和总统选举中的胜利本可以成为新一轮货币政策改革的开端——从 2% 通胀率目标制改回强势货币的方案。但是正如我们所看到的，国会中的共和党并没有培养一个已经拥有成熟计划的领导者。

固然，曾经是有一些关于审查美联储的提案，但事实证明它们站不住脚，而且在服务更宏伟的目标时是无效的，尽管在某种程度上是进步；原则上国会中的共和党本可以起草一份美联储改革法案，但他们在参议院仅稍稍占多数，抵挡不住阻挠议事①（Filibuster）。所以如果要取得进展，就需要一些跨党派之间的合作，且如果白宫能够支持这些议案，对议案通过也会是一个巨大的帮助。但事实并非如此，特朗普总统确实在竞选后期中说过一些关于美联储主席耶伦制造了泡沫经济的话，且也做过一些竞选广告，攻击美联储和华尔街大亨之间的密谋。但是所有这些事后证明是其首席策略师史蒂夫·班农的手段罢了，特朗普总统及其内阁没有作出任何可行的后续行动。在国会里，批评耶伦的美联储的共和党人也把目标转为他们所认为的更重要的税收改革。

原则上，新总统本来是可以在不出台一部新的美联储法案的情况下，实施货币政策改革的，只要他能够让那些支持强势货币的改革者加入他的决策团队。但事实也并不是这样的，看起来接替珍妮特·耶伦的下一位美联储主席是由财政部部长根据其偏好决定的，一位能和他保持良好关系的人。这在那些警告未来通胀的人群中激起了一种危机感，尤其是在经济周期后期美联储预算赤字（在减税的情况下）规模增速远超 GDP 的时候。考虑到当下政府将股票市场的暴涨视为其政绩的衡量方式，指望他能支持一个支撑币值的计划并任用能确保其实施的官员，是不太现实的。

在 2018 年 1 月末的达沃斯世界经济论坛上，美国财政部部长姆努钦暗示了其对弱势美元的偏好，称尽管长期而言强势美元对美国经济更有利，但在短期这将有利于出口。特朗普总统表达了同样的意愿，但他确实也表明了对未来币值上升的更大的热情。这确实是一个令人费解的问题。

如果特朗普总统的政策是促进美国经济的复苏，使美元资产对全球投资者而言更具吸引力，那么美元早就应当更强一些了。伴随着更强的美元，与在美国活跃的资本投资和逐步增加的外国投资相并行的将会是持续多年的巨大经常账户逆差。最终资本流入会减弱，对非美国权益持有人所支付的利润，包括股利也会增加。目前情况下，强势美元的失败（实际上

---

① 指少数派议员通过不停地发表演说，阻止议案交付表决。但该议员不能在此期间离开会议大厅，否则视为交回发言权。

美元还在不断贬值）与不断增长的货币通胀（不断上调的官方利率未能与经济复苏和上涨的通胀预期保持一致）是相吻合的。通货膨胀在商品劳务市场中被数字化和全球化所掩盖起来了，但依旧和愈发强大的全球资产价格的膨胀保持一致。

在这种资产价格膨胀的过程中，国会里面对硬通货的任何审查都崩塌了。就在达沃斯世界经济论坛举办的那一周里，特朗普总统任命的美联储主席杰罗米·鲍威尔，在参议院赢得了全面的支持。他是财政部部长特别看好的候选人（财长预见到了两人将来不错的工作关系），明确反对审查美联储计划，且一直是耶伦政策的追随者。只有四个共和党人投票反对他（泰德·克鲁兹、马尔科·卢比奥、兰德·保罗及迈克·李）。当经济正在膨胀，且华尔街正不断创造历史新高的时候，谁会因为鲍威尔是美联储的追随者而反对他呢？还有一些民主党人批评鲍威尔对伯南克在 2012 年和 2013 年阶段的 QE 政策不是那么热情（尽管并没有反对）。且在那一周，马尔文·古德弗兰德在参议院里的一个考虑其任命作为美联储主席的小组委员会中，被一些民主党人猛烈抨击，因为他在那个时候没有同意伯南克的激进货币政策实验（古德弗兰德同时也因其支持负利率作为反抗衰退的工具，受到了来自参议院的保罗的攻击）。

对于这些反对伯南克主义的批评家们，有一个简单的答案，即如果没有伯南克和耶伦所实施的货币政策实验，美国经济在大萧条之后的复苏本应当更加强势。价格在萧条期间会下降，在那之后我们可以期望一个（价格）的强势反弹。而且，由于不需要担心日益膨胀的资产市场的最终崩溃，企业的长期投资计划不会受到影响；公司也不会诉求于利用财务操纵（一般涉及增加杠杆）来增加其股东的利润，而是会寻求新的投资机会。美联储主席一职的候选者本可以指出，在尚未明晰大崩溃和接下来的大萧条的最终成本时，仅凭最近一个季度的增长数据和当前的股价就能评判近期美联储政策的成功与否，太过于肤浅和具有误导性了。尤其是到底有多少不良投资还没被揭露出来？但是在资产市场泡沫的光环下，谁会在乎这些事情呢？在资产价格暴涨的阶段，2% 的通胀率目标制把不管来自国会还是外界的批评全部扫到了一边——这是另一个非常严重的危险。

杰罗米·鲍威尔，作为特朗普总统任命来接替耶伦的美联储主席，虽然对伯南克的 QE 计划做过一些谨慎的言论，但还是顺利过了参议院这一关。他作为耶伦政策的追随者和温和派的身份广为人知，这帮助他赢得了一些民主党人的支持；并且他之前作为私募股权大亨的身份，以及他对于减税政策的支持立场赢得了参议院里整个共和党核心小组的支持，除了四个反对者。他在国会所做的第一份证词（2 月 27 日，星期二的众议院金融服务委员会）表明了对美国经济乐观前景的很大的信心，这份信心很大程度上来自共和党的减税政策。他并没有提到，也没有任何国会议员问他，有没有可能是他过度乐观了，有没有可能经济周期已经或马上就要开始下滑（正如一些领先性的货币供给指标所预示出来的）。

很多国会议员恳求特朗普总统的被提名人（鲍威尔——译者注）谨慎地采取先发制人的行动来防止通胀超出目标范围，因为这将意味着挫败人们最终在经济繁荣时真实工资上涨的希望。显而易见，货币通胀并不能使真实工资上涨。其实从更大的角度来看，通胀还会加剧不确定性，阻止商业投资和承担长期风险——这些都是生产力和真实工资增长的引擎——从而阻碍了真实工资的上涨。且没有人质疑他或者美联储之前采取的货币政策（推动了过去和现在的资产价格膨胀，且鼓励企业杠杆上升而不是投资）才是导致工资滞胀的罪魁祸首。而且无论是鲍威尔主席还是他的质疑者，都没有提到不断增大的垄断力量导致了工资的低下。

所有这些都不禁使人们怀疑，美国到最后还能不能成功地走向强势货币的终点？如果不能，那要等到什么时候？结论是这趟旅程很可能只会在商品劳务市场的高通胀阶段开始，一般大众是不会喜欢的。但这还不够，白宫必须也参与其中。被任命改变货币政策系统的官员必须有相当的决心，且能够有力地阻止故态复萌。不幸的是，正如我们所看到的，上一次沃尔克解决高通胀的时候，也并不是这样的（见第一章）。

从实际的角度来讲，强势货币的改革者必须找到一个能够在其中组成强大结盟的政党。他们永远不可能仅凭货币政策改革这一项议题来赢得选举。强势货币支持者的天然盟友是反托拉斯斗士（反大金融、大科技），确实这些力量能够相处得很好（见第五章），另一组不错的盟友是那些支持"开放政府"（全面透明）和持自由原则的人。这些都不是什么大问题，组建联盟更难办的问题是与那些对实现更大目标不利的人打交道。

强势货币的支持者们在组建联盟的时候必须要明确如何阻止外国势力利用强势美元来满足他们自己的国家利益——尤其是操纵他们的货币到特别低廉的价格。构建强势美元的时机太过于珍贵，以至于根本没有时间浪费在贬值美元上面，比如伴随着1985—1986年"沃尔克大撤退"（见第一章）的那段时间。确实，强势货币的支持者们应当考虑当2%通胀率制度在美国崩溃的时候（意味着基于要实现通胀目标而进行贬值的借口将不再可用）再宣布其不可行的可能性。

国际货币基金组织作为全球2%通胀率制度的机构支柱而存在，在华盛顿支持强势货币的联盟将必然会对这个机构的资助进行审查，且因为预算的持续紧张，应当能够在国会找到很多盟友。比如，2018年3月，就在瑞士已经被美国财政部列为外汇操纵国的时候，IMF赞扬了瑞士的负利率政策，或者更广泛地说是货币和汇率政策。最近IMF也赞扬了欧洲和日本所进行的猖獗的长短期利率操纵行为，本质上是对美元汇率的操纵行为。总体来说，如果要强势货币在美国最终能够获胜，对于贬值货币的制衡就决不能停止。

参考文献

［1］Pollock, Alex, J. (2015, March 22). Pollock It's High Time to "Audit" the Federal Reserve. *Wall Street Journal*.

［2］Centennial Monetary Commission Act of 2015 (HR2912).

［3］Dooley, M. (2010, March). *Central Bank Responses to Financial Crises* (BIS Paper No. 51).

［4］Federal Reserve, Transcript of Meeting of the Federal Reserve Open Market Committee.

(1996, July 2 – 3).

[5] Federal Reserve Reform Act 1977 et. Pub. L. 95 – 188, 91 Stat. 1387 (1977).

[6] Goodfriend, M. *The Fed Needs a Credible Commitment to Price Stability*. E21 Manhattan Institute.

[7] Lowenstein, R. (2012, April). The Villain. *The Atlantic*.

[8] Meltzer, A. (1970 – 1986). *A History of the Federal Reserve*, Vol. 2, Book 2.

[9] Meltzer, A. (2003). *A History of the Federal Reserve*, Vol. 1 (1913 – 1951). University of Chicago.

[10] Pecora Report: The 1934 Report on the Practices of Stock Exchanges from the Pecora Commission (The US Senate Committee on Banking and Currency). Sound Dollar Act of 2012 (R1174).

[11] Steelman, A. (2012, November). *"The Federal Reserve's Dual Mandate"*: *The Evolution of an Idea* (Federal Reserve Bank of Richmond Economic Brief No. 11 – 12).

[12] The Financial Crisis Inquiry Report. (2011, February 25). Final Report of the National Commission on the Causes of the Financial and Economic Crisis in the United States.

第六章

数字化，通缩的假象，
以及货币通胀[①]

---

① 在本章中作者虽未有明确说明，但应主要描述的是所谓的"亚马逊效应"，即类似电商的发展对经济造成了巨大影响，降低了通货膨胀。

　　商品和劳务市场中的通货膨胀可以通过"真实的反通胀"力量从人们的视野中被掩盖（至少是从官方统计数据的角度），这个观点对于本书的读者而言肯定不会陌生。读者也必然会很熟悉，这种在商品和劳务市场中被掩盖下来的通货膨胀也可以和已经很严重的资产市场通货膨胀的症状共存。读者们到现在也应当清楚，即使真实情况是通胀，中央银行决策者们还是以刺激政策回应表面上的低通胀或者商品劳务市场的通缩，将最终会造成很大的混乱，尤其是在资产市场的定价方面。

被掩盖的通货膨胀

　　实际通胀被掩盖的观点在奥地利学派中已经有过记录（Bagus，2000）。真实的去通胀力量可能会掩盖商品和劳务市场中的通货膨胀，它可能包括总体生产力增长的突然提高，一些关键自然资源的暂时性充裕，全球化程度的加深，顺周期的价格趋势（萧条或早期复苏阶段的下滑），等等。当然，这些真实的去通胀力量可能是互相依赖的，比如全球化可能会促进生产力的增长。

　　这些"奥地利人"所考虑的可能是商品市场中出现的通缩，但实际上货币供给没有减少；或者是价格看上去稳定，但实际上货币通胀已经出现了。在他们对金本位制度的分析中，奥地利学派很清楚从"去通胀"（Disinflation，比如生产力的突然增长）到货币通胀的因果传导链条。更重要的是，他们将重点放在去通胀的一些力量上，通胀的下降意味着掘金业的利润会不断增长，这将会导致货币黄金供给的缓慢增长，因此尽管在商品和劳务市场中，货币通胀被掩盖住了，但在某些程度上它还是会发生的。

　　按理说，在过去一个或两个阶段的资产价格膨胀（以及伴随的全面货币通胀）中，一种新的去通胀力量是数字化带来的"价格透明效应"。这个时期数字化的程度及其发展一直很难用量化手段具体衡量估计。美国经济分析局发布的工作论文（Barefoot 等，2018）估计表明，美国的数字经济（按实际增加值计算）从 2006 年到 2016 年实现了每年 5.6% 的增长，远快于整体美国经济的平均年度增长率 1.5%，并且最终，数字经济占据了当前美元总产出的 6.2%。但这里的重点不是数字经济的规模，而是其对价格自然趋势的冲击。

对于家庭和企业来说，数字化使价格比对和价格发现都更加容易了。这就是现在经济文献中流行起来的"明星公司"概念的根源（Autor，2017）。在每个行业中，最有效率的公司有着很大的潜力攫取市场份额，其边际利润要比其竞争者更有利。虽然这个"明星公司"观点催生了很多资本市场大牛，但很可能它是有缺陷的，明星公司的高利润和巨大的每股收益增长很可能反映的是财务操纵的结果。

这些结果包括巨大的通胀税收收入，可能通过压制利率和利差的形式实现，是权益持有人从债券持有人那里获得的。对这些收入的追猎导致了杠杆的增加，而杠杆的增加可能在资产通胀的繁荣期被权益估值的上涨掩盖（以市场价值计算的负债权益比可能实际上有所下降，尽管大量的权益被换成债务），大型股权置换计划的热情不断高涨（尤其是大市值公司），但这些从公司基本面的角度来说，除非放松对现金储备准则的管理，否则并不会促进整体投资机会的增长（无论是当前的还是未来的）。股票回购确实在账面上提高了股权资本的回报率，但是只要这个提升反映的是杠杆的增加（或者是负杠杆的下降，指公司持有现金高于负债，但减持了现金），就不能证明公司地位或者股价的升高是合理的。

在资产价格膨胀期间，财务操纵非常普遍，展示了如何掩盖杠杆以提高现在或将来的每股收益的艺术。理性的投资者（在这种情况下不太占主导地位）并不会为这种增长多花一分钱，因为显然他们可以通过减少其投资组合中安全资产的比重或增加它们的杠杆来达到相同的效果。更普遍地说，无论是信用风险、期限风险、流动性风险还是汇率风险，参与正在蓬勃发展的这些套利交易的公司都有得到利润的空间。由于这些所谓的明星公司是大市值股票指数的一部分（如 S&P 500），或者是在资产价格膨胀期间极受欢迎的被动型指数 ETF 基金的一部分（反映的是"追猎收益"或"非理性繁荣"），它们可能享有非常低的权益资本成本。反过来低廉的资本成本又赋予其准垄断权。不过我们暂时把这种批评放到一边，先继续谈明星公司的问题。

最有效率的公司或提供商攫取到了更多的市场份额，它们的盈利能力一开始就很强——并且也正因此，它们的扩张意味着整个行业边际利润的提高。这些有着巨大能力的明星公司可能不会因为受到市场压力而提高工资或薪水，除非人力资本（应该指员工——译者注）本身拥有明星品质（或者与公司有一些特殊关系）。而且它们可能还会因为谈判力的增加而削减工资，其谈判力来自可以在更大的范围内寻找其他成本更低的人力资源选择，还有这种公司岗位带来的吸引力（从劳动力的角度来看是这样的）。那些不是很有效率的公司必须削减成本以能够存活下来，这就可能涉及削减工资和其他成本。

所有这些的整体效果就是商品和劳务价格的向下移动，即使生产力并未出现明显的增长。边际利润的上升往往与明星公司的出现并存，最终赢家通吃，也获得了更高的垄断力量。相应的整体工资水平会有下调的压力，全球化与这个说法也契合，因为数字化提高了全球价格的透明性。同样，全球化可能并不会表现为生产力的突进，尽管根据相对优势理论，贸易潜力的增长可能会带来经济利益。

总体来说，在最近的经济周期中出现的对货币通胀的掩盖，一个独特的方面是日益增长的价格比对的透明化，而不是生产力的提高，这与经济繁荣缺乏证据的事实一致。确实，人们对经济福利水平的缓慢增长失望透顶。更令人失望的是，长期资本支出还被货币政策的不确定性所抑制（担忧资产价格的膨胀会在项目结束前变为通缩），意味着生产力发展被遏制。

在币值稳定制度之下，由于价格对比的扩大和明星公司的出现所导致的价格下跌，本应伴随着官方物价的下跌，它本不应成为货币通胀的导火索，即商品市场价格看似保持稳定或者低通胀，但实际上货币通胀被掩盖住了。在全球化背景下，价格发现机制的增强导致了通胀的降低，但实际利率显然不应当因此而下降。也许在期限分布的短期部分，名义利率可以更低一些——从而使实际利率不变。整体价格的下跌会被视为与币值稳定下价格的自然下跌相一致。且在未来的某个时点，这些去通胀的力量将会失去势能，价格下跌会自己停止。毕竟价格对比的发展，以及相关的竞争必然会有一个停止的自然临界点，只不过没人能准确知道在什么时候罢了。

数字化革命为货币通胀主义者提供了机会

事实上，我们可以猜到，数字化革命使货币成为当下经济周期中的一种阻挠。借用米尔顿·弗里德曼使穆勒成名的一句话："在大多数时候，货币机器的重要性没那么大。但当它不受控制的时候，就会对其他经济机器造成破坏。"（Friedman，2005）

数字化通过引发一波价格透明和全球化风潮，掩盖了商品和劳务市场中的货币通胀。因此中央银行决策者能够继续他们的疯狂实验，用非常规性货币工具箱来实现其2%的通胀率目标（或者其他可能的目标，它们并不总是被披露的，包括"不计一切代价拯救货币联盟"，"帮助那些高负债的房屋持有人，尤其是那些第一次进入房市的人"，"为政府提供廉价融资渠道，以避免他们砍掉高成本的项目"）。显而易见的影响目前集中在资产市场中。

在货币主义或金本位制度下，结局本不应该是这样。固然价格和工资的下滑意味着对名义基础货币需求的减少，但大家对近期价格的预期会使名义利率比正常水平低一些（如果实际利率不变的话），对基础货币的需求在低利率水平下会更高。（理论上说，名义利率的中性水平会下降，但是实际利率的中性水平不变。）所以一个稳定的基础货币扩张速率并不会滋生货币通胀（在上述资产市场中的解释中这个结论更为可靠）。如果决定基础货币的增长的"章程规范"（Constitutional Rules）将价格的自然趋势纳入考量，这个结论会被进一步增强，只不过由于自由裁量的货币政策管理的一些缺陷，这并不是一个最好的实践制度。

散播资产价格膨胀的一个关键导体是那些投机神话，直接突破投资者的理性防线，这个导体也不经意间从数字化那里获得了力量。"大科技"公司（主要指的是 GAFA——谷歌、亚马逊、脸书和苹果）都有着足够吸引人的故事，以及把这个故事讲好的强大力量。

被投机神话煽动起来的资本投资进一步挤出了数字化的经济潜力，延展了商品和劳务市场中货币通胀的掩饰。但在这一切中，总的经济繁荣所带来的利益可能要比之前的几次"技术革命"要少得多（Gordon，2016）。

我们不可能知道究竟一共有多少不良投资出现在 2010 年开始的大货币通胀里，但我们可以猜测，有很大一部分不良投资隐藏在大科技公司及其相关行业中，任何对最终损失的估计都不应当局限在经济计算中，而是应当考虑更广的政治和社会经济方面。

斯科特·加洛维（2017）生动形象地描述了大科技公司故事的力量，普通评论家大多认为他的言辞过激，货币方面的评论家则能够指出一个更大的问题——他没能将大科技公司故事的广泛传播与时下货币体系的混乱关联在一起。

如果中央银行一开始没有压低利率收入，这四大科技公司肯定不会像现在这样吸引那么多的投资者来倾听它们的故事。追猎收益意味着投资者宁愿进行赢面不大的赌博（期望收益是负的，但有巨大回报的可能性），而不愿意在货币资产上承担一定的损失。这就是丹尼尔·卡尼曼（Daniel Kahneman）关于投资者心理缺陷的开创性研究中所发现的"损失规避"的一个例子，它在行为金融理论中非常突出。

投机神话让赔钱的赌注看上去很好

在行为金融学中存在一个尚未被探索的假说，但看起来很适合当下和前几例资产价格膨胀的蔓延（事实上指的是第三章所描述的萧条型资产价格膨胀），说的是在货币通胀的情况下，投资者并不愿意承认他们为避免在"安全资产"中受到损失，而选择孤注一掷地下坏赌注。他们在下注的同时，不理性地将很高的成功概率赋予这些投机神话，从而将坏的赌注

"变成"好的，初始资本收益带来的正反馈循环则让它们对这个改变更加满意。

加洛维（2017）将四大科技公司的成功归因于他们能够通过描绘宏伟且易懂的未来，从而吸引廉价的资本。这本书不包括货币分析，但正如本卷所描述的那样，这些愿景能够被用于资产价格膨胀的判断，它们不过是投机性的神话罢了。

对亚马逊来说，这个神话就是建立地球上最大的商店。其战略是——对消费者利益的巨大投资，且能经得起时间的考验——更低的成本，更好的选择，以及更快的物流。谷歌的愿景是组织全世界的信息，在这个战略之上——以及它有着足够令人信服的理由驱使投资者购买其股票——谷歌能够空出来更多的资金去投资工程师，而不是历史上的任何媒体公司。脸书的愿景是连接全世界。其战略与谷歌类似，它也可以下更多的赌注，提供更慷慨的亲子假，雇佣能够接你上班的大巴车，把你工作的地方的屋顶改造成一个公园，并让你全身心投入一个看起来对人类极具意义的事业上来——连接整个世界。

正如加洛维所评论的：

有远见的资本的力量会创造出竞争优势，为什么呢？因为你可以更耐心地培育资产，并将更多的赌注放在创新上。当然，你最终必须向股东们展示你朝着愿景作出了确确实实的进步。然而，当你最终实现愿景，市场奉你为创新者的时候，回报却是被夸大的估值，以及一些廉价资本所作的实现了的预言。在我们这个数字化时代的最终礼物，是一个善于讲故事的CEO，他能抓住市场的想象力，且拥有一批人，每天都能作出实现愿景的一点进步。

加洛维在这里暗示了一些投机神话的"救世主"本质。这些CEO或者创始人被市场奉为迈达斯国王——他们所触碰的任何事物都会变成金子，至少在投机气氛高涨的时候投资者是这样认为的。并且投资者很耐心，即使今天没有点石成金，这救世主魔咒也会让他们确信明天就会有金子。

所有的故事都无法掩盖这样一个事实，即数字化革命已经不能带来像之前技术革命那样的经济繁荣了。这些故事都很迷人，货币体系的混乱和由此产生的对收益的追猎使人们失去了正常怀疑的能力，讲述者发现其听众变得异常容易受骗。心怀逆反精神的人不由得注意到，除了处于顶端的人（尤其是包括在四大科技公司工作的那些人），大部分人的生活水平正在停滞不前甚至有所下降。人们越来越怀疑，为大科技公司股东创造的巨大财富依赖于一个故事，即垄断力量的不断增长，以及肉眼可见的变革效应，后者本身并不一定是生产力奇迹的根源。另一个故事有时狡黠地隐藏在主流投机神话的魅力背后——裙带资本主义。

出于显然的原因，四大科技公司本身在任何时候都不会去宣扬垄断租金的故事，但是我们可以很轻易地在大众媒体中找到这条故事线。举个例子，对于谷歌和脸书来说，随着它们在广告界的主导地位不断增强，大家在股权市场都会关注其巨大且不断增长的垄断租金。反之，其他企业发现自己需要支付更高的广告费用。

我们来列举一些数据。在美国经济中，广告收入在 2017 年是 1% 的GDP，到 21 世纪 20 年代中期可能会上涨到 1.8%（自 1980 年起平均值为1.3%）。科技平台在劝说小公司把钱用于针对目标客户上做得非常出色。通过利用收集到的大量数据来预测消费者的需求，广告在发现潜在客群并引诱他们消费方面可能会变得更加有效。在某些程度上，随着商业交易逐渐线上化，公司会逐渐消减传统的营销手段。脸书和谷歌能够从广告中攫取垄断租金（以谷歌为例，它是通过拍卖关键搜索词旁的最顶端空间来实现的）。

在资产价格膨胀中普遍存在的高估价的光辉下，人们很容易忽略对这些神话值得怀疑的地方。比如，如果所有企业都在向脸书和谷歌支付不断增长的垄断租金，也许最终会达到 1% 的 GDP，这很可能会被转嫁给消费者。所以对消费者来说，有很强的动机去进行反垄断诉讼。更广泛地说，消费者很有可能会变得抵触广告，愈发对操纵并干预他们上网和在线社交体验的行为感到愤怒。这意味着另外一种方法应当是能够实现竞争利益

（使用突破性的技术）。广告拦截技术很可能会变得更加强大，在商业上也会更加可行。最终人们很可能会对数据隐私的滥用而感到反感，这让基于区块链的一项新技术，身份集中系统（Sovereign Identity System）在商业上变得可行，且确实十分成功，并因此移除了在这个例子中垄断势力对社交平台的控制。

脸书和谷歌能够获得巨大广告收入的可行性，取决于这些公司在使用或滥用私人数据的时候，不会受到监管或法律的攻击。而在面对这些潜在的法律威胁时，脸书和谷歌会发现并没有人会帮助他们。固然，很多企业可能会公开宣称他们依赖于这些大科技公司的算法和对隐私的"侵犯"，来影响到消费者购买他们的产品和服务，但是总体来说，在很多情况下，这是一个大型的负和博弈。广告公司必须能够渗透平台用户以实现自卫目的——防止竞争者抢占其市场份额，但当它们都想要占据每个消费者做选择的内心时刻时，从整体来看它们并不能赢得新的业务（在所有的平台和其以外的世界）。

固然，数字平台可能非常善于进行作秀，在这种作秀中，竞争对手以创新的方式，利用广告中介的专业能力，来展示它们的产品（和服务）。越来越多的最终购买的决定可能主要来源于这些作秀，且无论是在消费者最脆弱的心理时刻单独安排一场作秀，还是在总体上安排，卖家都绝不能缺席这些作秀。但是总体业务量，不管有没有作秀，并没有上升。我们也有理由怀疑，就算广告费用花得更加密集且巨额，消费者自己可能也不会作出更好的决定。

大部分卖家和受众在看到能够削弱脸书或谷歌收取广告垄断租金能力的事件时，可能会松一口气，并且他们绝不会帮助这些公司抵抗立法或监管的攻击。固然，脸书和谷歌的消费者可能会喜欢这些网站的免费使用，但即使在立法改革大幅削减平台所有者的垄断或双头垄断租金的情况下（通过限制私人数据的滥用并强化反垄断监管机构的能力），这种情况也肯定会持续下去。也确实可能有一小部分生活在高度异质性世界中的卖家，确实能够从谷歌和脸书运营的大科技平台的广告潜力中获益，甚至他们在平台之外的销售活动（包括传统实体商铺）也是如此。他们能够利用平台将其广告在特定的时段向全球展示，精心调整过以针对具体类别的个人，最终可能会非常成功，尤其是在没有其他竞争替代品，且他们无法从传统媒体中获益的时候。他们的利益最终是由他人来补偿的。

对垄断租金的投机不仅仅局限于脸书和谷歌，尽管如此，资产管理行业没有任何人愿意公开向媒体承认。这正如在庞氏骗局中，很多储蓄者可能暗地里有所怀疑一样，这与垄断滥用可能带来的巨大利润有关。精明的人可能在算计着垄断租金和垄断滥用的增长，但不承认事实如此。施特尔策（2018）写道：

亚马逊有能力也有动机去将竞争者扼杀在摇篮里，表明我们可能在与一个试图通过建立进入壁垒来扭曲竞争的公司打交道的一个标志是产品预发布的实施。比如，一个新公司想卖一款更好的捕鼠器，它的质量表明这个公司很有可能在消费者的内心和钱包中占据一席之地，且能够募集资本，成为目前这些市场中的在位主导者的一个竞争对手。所以主导公司就发表声明称，他们也在考虑进入这个市场，也许不是明天，但足够快到说服风险投资者和其他投资者不要冒风险去投资那个新公司。如果司法部的反垄断部门没能仔细调查事实，那他们就永远不可能知道亚马逊有时是否采取了这个策略。

在这个周期中，我们重新认识到，在全面货币通胀的条件下，导致资产价格膨胀的投机神话并不总是依赖于经济繁荣和生产力的激增。相反，它们可以在生活方式的变革性重组中茁壮成长，这种生活方式的变化会引发很多骚动和兴奋，同时也会带来巨大垄断利润的隐性承诺。除此之外，可能还有与大政府机构的交易带来的实际或潜在的财富。在资产价格膨胀的白热化阶段，垄断交易和大政府交易的潜在利润受到政治抵制的可能性在估值中被严重低估，这是在该时期很典型的对有益怀疑主义进行非理性压制的例子。

在亚马逊的案例中，与大政府部门所谓"共同工作"的一个主要的背景没有在主流投机神话中被发现，但确实存在，那就是亚马逊声称和美国邮政局（United States Postal Service，USPS）在奥巴马政府时期达成的见不得人的交易。评论家（Sandbite，2017）称这"最后一英里"① 本质上是送给亚马逊的一份大礼——每单投递减免 1.46 美元的礼品券。亚马逊的辩护人声称根本没有什么大礼，他们还说，公司确实为美国邮政在任何情况下执行其任务所需的总体成本作出了巨大贡献（到全美任何一个邮编地址只需要递送 6 天）。

对这个"辩护"的反对意见是，如果没有亚马逊的贡献，USPS 早就屈服于政治引发的改革地震了。10 年来，部分由于邮政联盟的特权地位对它所造成的巨额亏损将使其无法发动根本性的变革，包括更轻的职责（如每周只送两天货），或者对抗邮政联盟的特权等，即使是国会中的盟友也爱莫能助。亚马逊和其的交易使它一直亏损的情况得以持续（否则这个损失会变得非常大），并且无论是线上还是线下，亚马逊与竞争者相比为自己赢得了补贴优势。评论家们认为亚马逊正寻求一种类似的，目的在于获得竞争优势的"搭便车"战略，公共部门发起城市间的竞标以赢得亚马逊所能给予的一系列特权，来换取亚马逊在那个城市建立新总部的决定。

除了与大政府部门的交易这种最主流的说法，在股权市场中关于亚马逊及其 CEO 的另外一种说法是与大金融部门的合作。固然，媒体上宣传的都是亚马逊和超大银行在医疗方面的合作将如何掀起一场"革命"，就像亚马逊在零售业所做的那样。股权投资者此时似乎又开始相信迈达斯之手的力量了。但是一个更平凡的故事是两者（亚马逊和大银行）在消灭现金支付和推动银行卡支付的共同兴趣。正如在接下来的章节所要讨论的，对在线商铺来说，成功的一个关键组件是现金的支付不应当带来经济学所提倡的交易成本优势。另外一个关键组件则是防止银行卡提供商从商人（如在这里指的是亚马逊）那里拿太多提成，我们就可以想象到大银行到底是如何与亚马逊合作以取得利益了。亚马逊和那些大银行可以组建一个"对现金发动战争"的共同战线（见第十章），但是心存疑虑的股权投资人自

---

① "最后一英里"（Last Mile Delivery）是指商品从中转站到最终目的地的递送过程。

然会质疑这种合作带来的巨大利润是否能够在长期持续。

亚马逊的这个垄断规律同样适用于其他领域，包括一些很恼人（同样也被法律专家们争论）的问题，比如最大的手机制造商和最大的搜索引擎联手，后者给前者支付一笔费用从而让其产品成为手机的默认浏览器（这也能够极大地增加其广告的受众规模）。然而，在货币通胀的大背景下，那些质疑大科技公司的投机神话的大量观点还是处在被半压制的情况，即使如此，怀疑的观点仍然可能意外地爆发，尤其是在当事件进展到一定程度的时候。

正如我们所看到的，这些令人眼花缭乱的观点叙述部分取决于这四大科技巨头到底在多大程度上主导了我们日常生活环境的重组——使用网络搜索而不是百科全书和图书馆；即时通信而不是传真；送货上门而不是开车去商店；交易公司以几毫秒的速度获取最新信息而不是几秒。这些对生活方式的重组不好的一面还未显现，网络侵入行为、老大哥（Big Brother，指政府）的赋权，对私人信息的滥用（尤其是对数据将会被"安全保护"的这一承诺的漠视），大量人力资本的商品化，雇主对雇员的监视、控制和剥削能力的增强，尤其是在不断增长的垄断力量下。这些至少在充满泡沫的金融市场中尚未显现。

资产价格的膨胀中含有很多垄断的成分，其历史可以一直回溯到 17 世纪 30 年代荷兰的货币大通胀时期，但无论是什么原因，这些都忽略了垄断的生命周期的因素。确实 17 世纪早期到中叶的荷兰货币大通胀表现出了一个特点，即郁金香泡沫和东印度公司泡沫（后者有荷兰国赋予的在贸易上的垄断权力，其不断扩张的业务边界迷惑了投资者，使它们选择性地忽视了其过度使用奴隶等恶行）几乎同时同步在 1637 年达到高潮并破灭（荷兰货币大通胀也横跨商品市场，阿姆斯特丹银行本质在银行存款服务和黄金自由铸造上的创新推动了通胀。对于这段历史，见 French，2006）。

对垄断权力的热情，以及在目前通胀中物价的自然下行趋势，可能会比在许多市场上人们想象的要短暂得多。一项技术革命，促进了透明度的增加以及降低了信息成本，将彻底地对物价和工资造成下行的影响，但这种影响可能会需要几年时间来传播出去，这与明星公司利润的增长相一致。上述去通胀力量在时间和范围上都是自我限制的，随着它们逐渐失去力量，以及货币体系混乱的不断加剧，商品和服务市场中对通胀的掩盖逐渐消失。同时，在滥用垄断的故事和消费者的反感中，投机神话逐渐变得俗不可耐。我们可以发现官方报告中的商品通胀会在资产价格膨胀进入最后阶段的时候不断飙升。

数字化革命和中性利率

近年来，中央银行显然在达到其2%通胀率目标的过程中遇到了困难，这使很多评论家和中央银行官员总结认为，在这轮周期中，中性利率已经下降到了极端低下的水平。毫无疑问，根据评论员们的说法，中性利率指的是能使通胀保持在目标水平周围的一个值。但假设价格的自然下降趋势将持续几年——无论是由于生产力的突进、全球化、数字化，或三者的某种组合，保持2%的通货膨胀率将不符合币值稳定和金融稳定的原则（两者必然是相互联系的）。没有人真的知道中性水平到底是多少，任何估计都是不可信任的。如果实际中性利率水平保持不变，那么很可能在短期内中性利率会随着价格的下跌而下行（在币值稳定的情况下，货币当局和货币规则将不会试图反转这个趋势）。

有一种观点认为，数字化推动了经济中垄断利润的增长，从而导致收入分配不平等的加剧。富人更多地进行储蓄，储蓄富余逐渐增加。而且，随着资本投资的重心逐渐从重工业机器转向 IT 设备，其成本也在不断下降。但如果货币不确定性没有这么严重（人们普遍担心在资产价格膨胀的终点将是另一场崩盘和大范围的萧条），肯定会有更加活跃的资本支出和更多的投资机会，这意味着中性利率可能会比一般情况更高。

另外一个支持低利率（不是中性利率）的观点认为，更好的通胀测算方式表明旧的通胀率被高估了。因此，如果根据新的测量方式得出的通胀率目标是 2%，根据旧的方式测量的通胀率很可能已经超过了 2%。假设旧的通胀率每年都高估 0.5% 左右，意味着 2% 的通胀率实际上应该是 1.5%，那么货币政策就应当宽松一段时间（把利率降到长期中性水平之下），使通胀率能够从 1.5% 上升到 2%，虽然这种加速可能会意味着一段时间的资产价格膨胀，不过就任由它去吧。

当下周期中已经有很多文献在讨论这种测量问题了（Groschen 等，2017 年做了很好的总结）。相关的一个子主题认为，由于离岸利润转移造成的测量问题，官方经济数据低估了真实的生产率和经济增长（Guvenen 等，2017），原则上这些将会指向一个比一般水平更高的实际中性利率，而不是名义中性利率。

Gavyn Davies（2017）等对这个问题持不同的观点。这位经济学家认为，2017 年春季美国公布的一系列通胀数据有些低于预期，很可能是因为劳工统计局（BLS）测量方式上的改进。这个观点中的论点在于，新科技的出现导致以旧方法测量的官方统计数据比历史上任何一个时候都要高。劳工统计局对计算方法作出了一些调整，虽然有些迟，使官方通胀率现在相对更低一些。而如果一直是以正确的方式来衡量的话，通胀率应该会在目前的水平上保持不变。Davies 认为，美联储应当实施宽松的货币政策，以使新的通胀率能够达到旧的水平，而不是以新的更低的通胀率作为新目标。而这最终也成为了事实，2017 年中段通胀率的下滑使耶伦下的美联储暂停了其一系列小幅的加息计划。就本身而言，少一次 25 基点的加息并不是什么大事，但它表明货币政策的正常化比之前所认为的要虚假很多。这也就不难理解在"全球经济的协调复苏"和"美国大企业减税"的新的投机观点的推动下，许多资产市场的投机情绪会上升了。

对于报告通胀率的降低应当以货币政策的宽松来应对这一观点，最有力的反对意见（Gavyn Davies 所没有提到的）认为美联储不应当抗拒价格自然下行的趋势，而是应当接受它，强行反转这一趋势将导致前所未有的严重的资产价格膨胀的问题。

差不多在这个时候，马丁·费尔德斯坦（2017）在《经济展望》

（*Journal of Economic Perspectives*）上发表了文章，参与到了这场政策辩论中。尽管对于这个话题的关注已经持续了数年之久（包括 the Stigler Commission 1961，the Boskin Commission 1996，and Schultze Commission 2002），费尔德斯坦一直认为：

　　我发现，尽管统计方法在这几年间得到了各种各样的改进，官方数据依旧低估了实际产出和生产率的变化。随着服务在私人部门 GDP 中的比重从 1950 年的 50% 上升到现在的 70%，测量已经变得越来越困难。考虑到这些问题，我一直在思考，经济增长的官方数据和人们如何判断其自身经济情况是否有所提升之间的差异。根据官方数据，1995—2013 年，普通家庭的实际收入一点都没有增长，但根据 2014 年美联储所做的一项家庭态度调查显示，2/3 的家庭认为他们生活得还行，或者比过去 5 年要更好，他们要么生活得很舒适，要么就是还可以。

　　评论家们反驳道，2014 年的调查只考虑到了家庭在 2014 年相对 2008—2010 年的那场大恐慌和大萧条而言，感觉更好了。无论如何，费尔德斯坦关于货币政策做了如下总结。

　　第一，"真实的通胀率低于测量值的证据可能表明，真实的通胀率在零以下。而且，实际利率水平要比传统方式衡量的要高得多。"

　　事实确实如此，比如，在 1914 年之前的金本位制度下，官方指数或私人指数的计算没有考虑到占非常重要部分的产品升级（火车替代马匹，公共卫生等）。因此，如果利用现在广泛应用的享乐定价法（Hedonic Price Accounting）①，2% 的名义利率将意味着很高的实际利率。在金本位制度下，我们无法得出实际利率一般会"过高"的结论，毕竟它经历了两个十年的快速发展（19 世纪 70 年代和 80 年代的镀金时代），即使是未经调整

---

　　① 享乐定价法：又称作享乐成本估价法、内涵资产定价法，是根据人们为优质环境的享受所支付的价格来推算环境质量价值的一种估价方法，即将享受某种产品由于环境的不同产生的差价，作为环境差别的价值。此种方法的出发点是某一财产的价值包含了它所处的环境质量的价值。如果人们为某一地方与其他地方相同的房屋和土地支付更高的价格，且其他各种可能造成价格差别的非环境因素都加以考虑后，剩余的价格差别可以归结为环境因素。——摘自百度百科

的价格数据也在下降——在极长期之后，价格才开始回到平均值。

第二，对于真实通胀水平的不确定性应当影响到最优的货币政策，当真实的通胀率具有很大不确定性的时候，制定一个精确的通胀目标看起来毫无意义。如果真实的通货膨胀显著小于零，而测量的通胀率保持很低但大于零，那么价格稳定的目标也就具有了新的含义。是不是像美联储现在这样设置一个测量通胀率的目标范围会更好？或者说我们如果意识到真实通胀率会显著低于官方衡量值，那么是否可以设置一个测量通胀率的目标范围，让它显著高于零边界？或者重新声明货币政策中的通胀目标，让它在测量通胀率大幅波动的时候能够作出反应？

在过去的几年中，支持美联储采取极低利率的观点中经常会提到极慢的实际增长，但是如果实际增长率其实更高（或者实际增长率并没有官方统计数据表明的下降得那么严重），那么美联储的极低利率政策除了增加潜在金融不稳定性的风险，就并没有起到任何作用。

在看过本章一开始的那些内容以后，我们如何回应费尔德斯坦提出的第二组问题呢？

那些认为没人知道真实的通胀率是否能够被准确衡量，从而反对采取准确通胀目标的观点已经存在了很久，且并不是反对通胀目标制的最有力观点了，但它仍旧是大部分人们无法反驳的一个观点。

如果我们考虑到在萧条情况下给予中央银行追求刺激性政策的选择，从而将偏差值设为大概每年1%，那么通胀目标是否应当是3%？答案是否定的。顺周期性价格波动是币值稳定的制度下，资本主义经济体得以从衰退走向复苏，或者从繁荣走向周期下行的方式。赋予中央银行更多的能力以采取非常规性货币政策，进行扩张性的货币政策实验以实现通胀目标，而置资产价格膨胀的问题于不顾，肯定是不值得推荐的。而且，在经济下行或衰退的阶段，市场预期是否能够维持在每年3%左右还是个问题；在价格自然下行的时候，人们会不会广泛质疑通胀目标到底能不能实现？让中央银行对通胀的突然爆发或骤降作出应对的观点，带有对经济人为调整的影子，这种人为调整在美联储一个多世纪的历史中一直是有害的。

最后，如果确实过去十多年的经济在生产力情况和繁荣程度上一直是快速增长的（虽然它们被匮乏的数据所掩盖了），那么必然在币值稳定制度下，由市场决定的实际利率会远高于钉住通胀的中央银行在基于有缺陷的数据（实际 GDP、生产率、价格）上所设定的利率。这个分歧会是严重通胀的根源，资产市场相对商品市场而言已经出现了严重通胀的现象，而商品市场通胀不显著的原因不仅是价格自然向下的趋势，还有存在缺陷的统计数据。

2016—2017 年被掩盖的货币通胀加速

在上述分析的基础上，让我们回顾一下耶伦执掌下的美联储的关键两年（2016—2017 年）。

美联储在这个期间将货币政策推进到了全新且更强的通胀区，但是货币通胀在商品和劳务市场中被进一步掩盖住了，这意味着日趋严重的货币体系动荡仍然主要体现在资产市场中，而且也并不是所有人都能看到的，因为就资产价格膨胀的含义及症状而言，专家们内部还存在巨大的分歧。

特朗普政府非常引以为豪的从 2017 年春季开始并贯穿全年的 3% 年化经济增长率，可能实际上主要还是和 2016—2017 年经济刺激政策的强化有关。

正如米尔顿·弗里德曼很久之前就观察到的，不断上升的名义利率并不意味着货币情况在收紧，但把这句话倒过来则一般是真的。固然，耶伦美联储在两年内加了三次息，但如果经济情况正在变好，且未知的中性利率水平也在随之升高，那么象征性的官方名义利率上涨可能就会逐渐落后于形势。

实际上，美联储在 2016—2017 年步入逐渐通胀式的货币政策，有两个阶段。

第一个阶段是美联储在 2015 年末到 2016 年初为了应对"中国股灾"（China Shock）所伴随的全球股市下跌而采取的行动。这是一次典型的格林斯潘式行动（可以直接追溯到 1927 年本杰明·斯特朗执掌下的美联储），美联储退出已经计划好的官方加息序列，以向看似病态的股票市场注入"威士忌一击"（coup de whiskey）。在这个时候，它确实取得了成功，多亏欧洲中央银行、日本银行还有中国当局采取了激进的货币宽松政策。

2017 年初，耶伦美联储觉得这一剂威士忌已经足够强大，已经可以从 2016 年的宽松货币政策中退出，但事实并非如此。

数字化革命和官方统计通胀的方法的变化（考虑到了服务部门产品升级的影响）表明，官方通胀数据已经开始严重不及美联储的官方目标（在欧洲和日本也是一样的情况）。因此，美联储（和海外中央银行）如坐针毡，并且推迟了所谓的货币正常化程序，结果就是再一次向全球资产通胀注入了新的威士忌。

注意，在一个币值稳定的制度下，货币情况是不会应对数字化的出现而进行宽松的，数字化会对价格和一些工资造成下行压力，也不会对官方统计数据计算方法的迟来的调整作出宽松反应。价格会反之一路下行，不会遇到任何货币上的阻拦。名义利率虽然会随着弱价格预期而存在下行压力，但总体上反映出一种健康积极的经济情况。严格来说，对基础货币的需求可能不会有变化，虽然下降的价格和名义工资可能减少了低收入家庭的需求，但高收入家庭和公司部门对基础货币的需求可能会弥补这一空缺，部分是因为名义利率下跌了。因此如果基础货币的供给继续保持不变，就不会导致货币通胀进程（主要体现在资产市场中）的开始。

中短期名义利率可能会有些许下行以反映未来价格上涨可能性的下降，但是实际利率不会受到影响（注意官方计算方法的变动对名义或实际利率不会有任何影响，除非其变动给市场参与者带来了他们所不知道的关于通胀的新信息——而这一般是不太可能的）。

在全球 2% 通胀率标准下的奇幻且不稳定的世界中，所有结果都变得不一样了。

基础假设开始发生变化——中央银行会施行宽松的政策，意味着更低的实际中短期利率，以扫清回到 2% 通胀率的道路。结果很可能会是更严重的资产价格膨胀，正如我们在 2017 年所看到的那样。在这种情况下，黄金价格的上涨（2018 年上半年每盎司 1 280 ~ 1 350 美元，而 2016 年初是1 040美元，2017 年初是 1 180 美元）就说得通了。价格的上涨与激化的货币通胀相一致（即使在商品和劳务市场中被掩盖住了），反映了耶伦方法（应对 2015 年末和 2016 年初的股市下跌）和美联储对大胆行动的谨慎态度。在未来，也存在商品和劳务市场中通胀最终爆发的危险。

在这种情况下，对于长期政府债券市场来说，我们应当考虑到由货币体系混乱所滋生的非理性的强大力量（寻求收益的行为），尤其是日本和欧洲的负利率政策。

从广义上来讲，由于目前商品和劳务市场中的通胀保持"可控"，主流预期表明中央银行应当持续实施低名义利率政策。对价格的遏制来自数字化的掩盖和官方统计方法的升级，同时货币不确定性（尤其是到底什么时候泡沫会破裂）会阻碍长期资本支出，所以一个可持续的经济繁荣将不会出现。

参考文献

［1］Autor, D.（2017, May 1）. *The Fall of the Labor Share and the Rise of Superstar Firms*. NBER.

［2］Bagus.（2000）. Deflation：When Austrians Become Interventionists. *Quarterly Journal of Austrian Economics*, 6（4）, 19 – 35.

［3］Barefoot, K., et al.（2018, March 15）. *Defining and Measuring the Digital Economy* (US Bureau of Economic Analysis Working Paper).

［4］Davies, G.（2017, May 26）. The Fed's Lowflation Dilemma. *Financial Times*.

［5］Feldstein, M.（2017）. Underestimating the Real Growth of GDP, Personal Income and Productivity. *Journal of Economic Perspectives*, 31（2）, 145 – 164.

［6］French, D.（2006）. The Dutch Monetary Environment During Tulipmania. *Quarterly Journal of Austrian Economics*, 9（1）, 3 – 14.

［7］Friedman, M.（2005）. *The Optimum Quantity of Money*. Piscataway：Transaction

Publishers.

[8] Galloway, S. (2017). *The Four: The Hidden DNA of Amazon, Apple, Facebook and Google.* New York: Random House.

[9] Gordon, R. J. (2016). *The Rise and Fall of American Growth: The US Standard of Living Since the Civil War.* Princeton: Princeton University Press.

[10] Groschen, E. L., Moyer, B. C., Aizcorbe, A. M., Bradley, R., & Friedman, D. M. (2017). How Government Statistics Adjust for Potential Biases from Quality Change in an Age of Digital Technologies: a View from the Trenches. *Journal of Economic Perspectives*, 31 (2), 187 – 210.

[11] Guvenen, F., Raymond, J. M., Jr., Rassler, D. G., & Ruhl, M. J. (2017). *Offshore Profit Shifting and Domestic Productivity Measurement.* Cambridge, MA: National Bureau of Economic Research.

[12] Sandbite, J. (2017, July 13). Shy the Post Office Gives Amazon Special Delivery. *Wall Street Journal.*

[13] Stelzer, I. M. (2018, January 26). A High – Stakes Game of Monopoly. *Weekly Standard.*

第七章

日本多灾多难的 2% 旅程

在美国革命战争中，英国的战败使人们普遍持悲观情绪。但亚当·斯密则对此作出了一句非常著名的评论："任何国家都有大片废墟。"① 这与日本有很大关系。尽管在日本银行和其政治领导所主导的通向2%通胀率的道路上有着各种各样的不幸，但这个国家一直非常富饶，并且如果计算没问题（尤其是当再考虑到不断降低的工作时间总和时），这个国家过去20年的经济增长创下了纪录，在发达经济体的名单中也保持领先地位。不过日本躲过了很多毁灭，也失去了很多机会成本。

日本过去40年间的货币史（尤其是过去25年）对于那些在构建全球2%通胀率标准中起到重要作用乃至领导角色的美国货币经济学家来说，有着巨大的吸引力。虽然为时已晚，但日本的一些前货币系统官员还是表达了对这些经济学家的怨恨，也十分懊悔让他们参与到日本货币政策的演变进程中去，他们抱怨这些美国的专家并不明白日本经济的特点和精妙之处——比如东亚和东南亚的一体化进程掩盖了商品和劳务市场中的货币通胀、数字化、劳工市场的变迁（大公司中工龄工资的下滑）或者一系列的社会人口学的因素。这些前官员们认为，日本的政治领袖过于接受这些美国顶级学界的观点了——尤其是那些有着尊贵门第的经济学家——而不去深究他们究竟怀着怎样的意识形态，以及他们是否有着不可告人的动机（至少不是出于对日本人本身的利益考量）。

但是，我们的目的并不是责备日本经济学界、政治系统及媒体内部缺乏批判性的反对意见。要探究全球2%通胀率标准到底是如何散播和被加强的，日本史仅仅是一个方面。本书的意图在于探索日本究竟是如何采取2%的通胀率标准，以及这个标准的实施是否严重增加了这个国家面临的危险。固然，从商品和劳务市场的角度来看，长期的货币通胀很大程度上被掩盖住了，但在任何一个领域，隐藏风险并不意味着消灭风险。

并且，当我们回顾历史，到2%通胀率旅程开始之前，20世纪80年代

---

① 原文"there is a great deal of ruin in a nation"，本意为："不要慌张，在任何国家，很多事情都有可能出大问题，但一般都不会导致国家的毁灭。"

末期日本泡沫经济的严重程度，对于任何主流货币或经济理论来说都是巨大的挑战。这些理论能够解释日本经济到底哪里出问题了吗？在日本通缩时期（相对事实，它更像是一个谜），我们也需要检验任何这些理论的适用性。深受奥地利经济学派影响的币值稳定理论者也加入了这场论战，他们认为如果会有一些价格下跌的时期，日本乃至世界的经济都会更好。

我们可以把日本描述为货币理论者相互交锋的战场。2%通胀率标准的设计师们可以把日本当做一块试验田，近年来，日本部署了最为强力的非常规性货币政策。安倍政府在政治领域中取得了成功，无论是批准使用这些工具，还是最终引导日本走上2%通胀率标准。在这篇文章写作的同时，这个世界正沉浸在股票市场的繁荣以及全球经济复苏的过程中，日本也享受其中。如果日本的案例最终也证明2%的全球通胀率标准对经济繁荣是有害的，那么这场看似的胜利实际上可能是代价惨重的。

本章将收集的材料和证据进一步进行整理，将从1965年开始的历史划分为几个子时期。

终结于大通胀的辉煌时期

日本将近两位数的经济增长奇迹贯穿于20世纪60年代到70年代早期。其实，早在20世纪60年代中后期，这个奇迹很可能就已经停止了，但在巨大的货币通胀的影响下，直到1973年高速增长还能持续（Brown，2002）。在20世纪60年代的前半段（经济增长奇迹仍在进行的时期），日本通胀率已经比美国要高很多了（约平均每年高出4个百分点）。这就意味着日元兑美元的实际汇率的不断升高，而这又与日本贸易商品板块的奇迹相一致（其生产率的增长要比非贸易商品板块生产率的增长快得多）。

当美国的通胀在20世纪60年代突然加速的时候，日本货币当局开始不愿继续这套游戏规则，即以超额通胀来抵消生产率的相对提升（在贸易商品板块），从而将出口价格与美国当地价格保持相对稳定。因为这将导致日本的通货膨胀率达到两位数的水平。但是，由于通胀上行的趋势被限制住，日元的实际汇率开始下滑（相对其基本面的均衡水平），意味着日元相对美元的实际价值开始下滑，相应地，日本的贸易顺差开始膨胀。这反过来又点燃了美国的保护主义情绪。1971年，尼克松总统彻底放弃金本位制度，并施加了进口关税。

日本最终只能选择浮动日元汇率作为回应，但同时引进美国的货币通胀政策（这与当时日本首相田中角荣巨大的经济扩张野心是一致的——Babb，2001）。通胀率随后飙升，在1973—1975年大幅超越了美国。对日元的投机泡沫走向了终点，并开启了反向走势。日元的实际外在价值原本从1971—1973年春天是暴涨的，随后也开始暴跌。

这是日本在随后几十年的货币政策制定中，重建日本模式的第一个实例。最初东京试图避免重蹈华盛顿新的通胀货币政策实验的覆辙，但结果日本的出口板块受到了不同形式的威胁，无论是美国的保护主义（如20世纪60年代末）还是日元的过高估值（如1986年、2003年和2010—2012年的情况一样），或者说是二者的共同出现。到最后，东京认为最好的办法是复制美国的通胀性货币政策。结果，一场通胀风暴打击了日本的经济繁荣——也包括最终阶段的巨大资产价格泡沫的破裂。

日本曾站在货币主义实验的边缘：1977—1984/1985年

在20世纪70年代中期通胀危机抬头的情况下，日本开始着手施行较弱形态的货币主义实验——加入欧洲的坚挺货币国家队列，但不是特别坚定（不像德国或者瑞士那样把基础货币作为基点）。日本银行隐含地遵循一个货币供给的目标，但并不直接设置基础货币的目标，且在设定利率方面继续使用相机抉择的政策。美国在经历了短暂的货币主义实验之后（1980—1983/1984年），美元兑日元和欧洲内部货币汇率大幅走高。对美元货币的全球需求显然使大部分投资者和分析师们感到意外。

极强的美元和美国贸易逆差的扩大引发了美国政治系统中保护主义势力的抬头。1985年，里根总统任命詹姆斯·贝克为财政部部长，后者随即组织了一场美元的贬值。时任美联储主席保罗·沃尔克再次显露出了他的本性，他在尼克松总统时期担任过财政次官（时任财政部部长约翰·康纳利和沃尔克一样，都是民主党人），是一个名副其实的贬值外交官。沃尔克同样对巨额的贸易逆差忧心忡忡，把它视为一种不可持续和不可接受的现象，而并不认为它是一种国际支付的良性特征，即反映了美国投资机会的增加，以及强势美元在全球的吸引力的增加。他也加入了新美元贬值的战役中，大幅采用宽松货币政策以应对经济增速的下行，这也是 1985 年夏末签署的广场协议的一个关键组成部分。

日本 1985—1989 年广场协议后被掩盖的货币通胀

因为上述所提到的原因，尽管沃尔克作为一个通胀斗士为人熟知，但他还是使（可以说是"无意地"）美国进入了新一轮的货币通胀中，这轮通胀也导致了世界范围内的商品劳务价格的通胀，以及资产价格的膨胀。日元和德国马克币值大幅飙升，导致了非常动荡的后果。在欧洲，德国中央银行甚至比日本中央银行还不愿宽松货币政策以刹住货币升值的猛势，但是德国马克对其欧洲邻居货币的大幅波动推动了国内政坛组建欧洲货币联盟（European Monetary Union，EMU）的意愿。这本来对欧洲来说是大势所趋，然而导火索却是如此负面（James，2012）。在日本，货币当局希望采取扩张式的方法以应对"日元冲击"，这确实与广场协议的精神相一致，即呼吁全球协同采取宽松的货币政策（以应对可预见的全球经济活动的下行）。货币宽松还有一个理由就是日本通胀的同时消失，部分是因为过强的日元，但部分也是因为生产率的爆发。

从现代观点的角度来说，20 世纪 80 年代（在 1981 年和 1982 年的大萧条之后）是日本经济复兴的时期——它似乎开始进入服务业快速增长（在东京周围）的时期，同时伴随着自由化，尤其是在金融业。生产力增长加速，从广义上说，在这种情况下如果要维持币值稳定，那就意味着价格的广泛下滑。然而，日本中央银行开启了一轮有力的货币通胀，开始应对在 1896 年中期日元的过度强势（1985 年 9 月广场协议的后果），但这基本上主要反映在资产价格的膨胀中，而不是商品货物的通胀。生产率的大幅增长和日元的升值在商品市场中掩盖住了通货膨胀。日本的流行投机观点与开始浮现出来的"新经济"有很大关系——而且确实，对城市中心空间需求的大幅增长，尤其是东京，使这些故事越来越令人信服。这促进了房地产行业的投机情绪，甚至狂热——主要体现在高尔夫俱乐部的会员身份上。

历史记载表明，日本中央银行的官员们对其宽松政策是抱有疑虑的（Itoh, 2015）。但直到 1989 年春天，日本中央银行才开始改弦易辙，此时经济增长正处于强劲时期，几乎没有通胀的迹象，资产市场极其繁荣（很多评论员称其为泡沫），最关键的是，格林斯潘的美联储为应对周期末端商品劳务通胀的大幅上涨，开始支持美元的币值。

当时（1988 年末和 1989 年初）一直笼罩在日本政策制定者们心头的问题是，在如此晚的阶段开始货币政策的正常化，是否会造成过于危险的资产市场价格修正？也许他们已经达到了米尔顿·弗里德曼所设想的"无法回头的时刻"（见第十一章）——意思是对高度投机情绪的过晚的货币政策回应（包括监管行动）可能会造成更多的伤害，对泡沫来说过于无力，但却足以使经济进入衰退。也许在如此晚的阶段，最好的方法是让泡沫从内部自己爆开，而中央银行则集中于应对任何可能的价格下滑，并避免可能导致衰退的政策行动。

这种不安并没有阻挡三重野康下的日本中央银行（1989 年 12 月起）骤然紧缩货币政策并一直持续到 1990 年初。他将刺破资产市场泡沫视为自己的使命。三重野康曾在战后日本的废墟中挨家挨户兜售黑市商品，以帮助他的父母和生病的兄弟姐妹（Peterson 和 Jameson, 1990），对他来说，对抗泡沫更是一种道德上的斗争，他无疑受到了黑手党在高度投机性市场中的参与的影响，包括房地产。

经济衰退和从未出现的快速复苏：1990—1997 年

日本中央银行在接下来的两年里维持了高水平的利率，在 1991—1992 年衰退开始之后也没有刻意或突然进行货币政策的宽松，对于日本为何不愿大幅度地宽松货币政策，一个经常提到的原因是与美国的贸易对峙（一开始是与布什政府，然后是与克林顿政府）。三重野康认为，强势的日元是降低贸易顺差的关键，而且将日元币值的坚挺本身作为一个目标。有观点认为，日本储蓄和经常账户的盈余必然会伴随泡沫经济的余烬出现，但这对三重野康和另一头的美国经济外交家来说，都很奇怪。

然而奇怪的是，商品和劳务的价格并未出现下行的趋势，而是和工资一起在 1990—1992 年和 1993 年继续上涨。确实 Ueda（2012）将其视为日本经济在这一期间未能正常运行的症状，价格和工资极度缺乏灵活性。等到美国对日本贸易争端攻势于 1995 年春季结束的时候，日本国内的价格不再上涨，且确实在某些时候有所下降，并在 1997 年经济衰退的时候变得明显起来，这一年也见证了迟来的国际金融危机的爆发，当年秋季的一个焦点事件是拯救山口证券（Yamaichi Securities）的行动，前日本中央银行行长白川（Shirakawa, 2014）将其描述为日本版的雷曼测试，所幸日本得以避免。

激进的货币政策实验造就了规模巨大的日元套利交易：1998—2007 年

实际上，在 1997 年下半年和 1998 年，日本在很大程度上帮助美国掀起了一阵科技狂潮，但日本中央银行继续将隔夜贷款利率维持在 0.5% 左右（自从 1995 年起就如此）。与美联储和刚刚建立起来的欧洲中央银行不同，日本中央银行无论是在明面上还是暗地里都没有采用 2% 通胀率目标制度。即便如此，1999 年 2 月，日本中央银行继续下调其隔夜贷款利率到几乎为零的水平，无疑是受到了 1998 年秋天在俄罗斯乃至全球市场爆发的流动性危机的影响，在那段期间套利交易头寸被突然清算后，日元汇率大幅上涨（Ueda 和 Nobuyuki，2005）。最终日本中央银行在 2000 年秋季进行了小幅度的加息，不过当然从事后诸葛亮的角度来看，20 世纪 90 年代晚期的资产价格膨胀在那个时候早已进入了去通胀的晚期阶段。

为了应对当时的经济下行（在美国以及全球，包括日本），日本中央银行在 2001—2002 年率先启动了量化宽松（Quantitative Easing）进程。货币政策的操作目标从隔夜贷款利率变为金融机构在日本中央银行所持有的经常账户余额。最初的目标是 5 万亿日元的经常账户余额，日本中央银行之后也在缓慢地抬高这个目标，最终经常账户的余额达到了 30 万 ~ 35 万亿日元，几乎是法定准备金总额的 5 倍，构成了 7% 的名义 GDP（相比之下，美联储在 2014 年施行的 QE 政策为 25% ~ 30%）。

量化宽松政策的启动及其深化，反映了日本对美国史无前例的货币宽松导致日元升值极不稳定，并且美国从 2003 年初就非常重视对抗通缩的危险，正如美联储主席格林斯潘描述的那样，将"温和的通胀"重新吸入美国的经济中。日本中央银行在第一轮量化宽松实验中，并未大规模地购买日本政府债券，而是关注于对短期国库券的操作。它引入了一种所谓的银行券原则，即为了促进货币市场操作而购买的日本政府债券是有上限的，在中央银行持有的政府债券头寸不应当超过流通中的银行券数量。日本中央银行明确指出，这类购买是为了执行货币政策，而不是为了给财政赤字融资，它还宣称，如果 CPI 的变化能在零以上保持几个月，且有着明显的趋势时，才会结束量化宽松。

总体来说，量化宽松政策首先在日本施行，但并不是为了实现 2% 通胀率标准政策的一个非常规性工具，日本甚至没有加入 2% 通胀率目标的队列，而是作为一个对抗"通缩"和抵抗美国贸易争端攻势的策略。当时商品和劳务的价格正在下滑，但如果币值是稳定的，那么对于一个商业周期的下行阶段来说，这是完全正常的。因此，日本中央银行完全加入了决策者们的通缩恐惧俱乐部中。总体来说，相对 20 世纪 90 年代早期的严重衰退而言，工资和价格的下行要灵活得多，这其实是一种可喜的情况，通过增强自我恢复的力量，可能会缩短经济衰退的周期。无须担忧此时价格下降的另外一个原因，是中日之间急速增长的经济一体化程度。这意味着日本经济体内的价格实际上是自然下行的（Beacon Reports，2012）。日本中央银行试图稳定价格，从而抵抗这个自然趋势的行动，导致了严重的资产价格膨胀（货币不均衡导致的非理性力量的崛起——见第三章），其典型的表现就是将日元兑换为外币的套利交易规模日渐增长。日本中央银行虽然意识到了套利交易中显而易见的危险（尤其是，人们把手头被低估了的日元换成未来更昂贵的日元，但实际上贸易萧条会导致经济资源被极大地浪费，最终会因对出口板块的过度不良投资从而损害经济繁荣），但依旧一意孤行，认为不足以转变货币政策的风向。

尽管经济开始从 2003 年起强势复苏，但量化宽松政策还是持续了很长一段时间。即使这样，价格还是稍微下滑了一些。2006 年 3 月，日本中央银行认为价格上涨的势头已经形成，才开始决定停止实施量化宽松政策。在这段期间，全球范围内针对日元的套利交易规模不断增长，资本外流的动力极其强烈，导致日元一路走低，从量化宽松初始阶段的最高点已经有了很大程度的贬值。因此，日本中央银行宣布将改变货币政策的操作目标，从经常账户余额变回到无抵押隔夜贷款利率。他们也决定会在一开始指导隔夜利率到实际为零的水平。日本中央银行持续下调超额准备金存量，意图重新获得隔夜货币利率的控制权，以便在未来某个时点能将其重新上调到零以上的水平。由于这些超额准备金主要用于购买国库券，因此中央银行的操作就能够在不扰乱债券市场的前提下快速进行，不会造成预期效应。

将利率从零上调的过程异常坎坷。到 2007 年 2 月，隔夜利率达到了0.5% 的水平并一直保持不变，直到 2008 年秋天，雷曼兄弟的倒闭才迫使日本中央银行作出回应。2006—2007 年，日元套利交易的投机情绪达到新高，日元持续大幅贬值，但就算这样利率也没有明显上调。所谓日元套利交易，实际上是这些年（2002—2007 年）全球资产价格膨胀的一个重大表现，资产价格的膨胀如同传染病一样从一类资产转移到另一类资产。比如，日元套利交易推动了欧亚很多房地产市场中的投机情绪，且经常混杂着各种形式的信用和流动性套利交易。瑞士法郎的套利交易规模虽然比较小，但在货币套利交易中也有着非常显著的份额。

日元和瑞士法郎在套利交易中的吸引力主要在于其相对欧元、英镑和美元而言极低的利率。随着交易规模的增大，日元的贬值压力不断增加，也助长了获得更高利润的非理性预期。如果不是因为在 2003—2007 年的全球资产价格膨胀中日元和瑞士法郎套利交易的兴盛，这两种货币在当时的价值应当会高更多。

套利交易的泡沫在 2008 年恐慌后破灭，随后瑞士和日本政府进行了大规模的外汇市场干预，来控制其货币的突然升值。这个对于可能出现混乱状况的外汇市场情况的反应，与保持外汇市场良好行为的原则一致。但随后未能有效控制大额储备金的积累，就将这种行为等同于严重的外汇市场操纵（在几年之后的欧洲货币联盟主权债务危机中，瑞士未能处理积累起来的储备金，也是同样的情况）。这两个政府都可以保持这种不处理的状态，以实现 2% 的通胀率目标（因为货币升值将意味着在中短期里通胀率下降）——这也正说明了该制度的缺陷（包括激励外汇操纵的行为）。

白川方明对美国领导的货币通胀的抵抗：2008—2012 年

一些反事实的历史学家会思考，在 21 世纪初全球资产价格膨胀的时期，假设日本中央银行不把重心放在对价格的中短期预测上（对抗通缩），而是在币值稳定的框架下实施货币政策，那样的话会发生什么。在日本，那个期间更高的利率必然会抑制套利交易。固然这将意味着更为昂贵的日元，但那只是相对目前过于低廉的价格来说的。从实际有效汇率的角度来说，2007 年日元要比 10 年前日本银行业危机和东南亚债务危机的时候低 5% 以上。

我们可以提一些更宏观的问题。美国之外的国家该如何在面临美国货币通胀冲击的时候，能够保全币值稳定的原则？这些国家除加入美国并跟随美国进入严重的货币不平衡状态之外别无他法，也不能选择忍受国家货币暂时过度升值的痛苦，即对出口部门产生一定的脱位影响（Dislocating Effect），他们失去这种选择具体是在什么时候？在这些方面，日本可以被看做一个案例分析，尽管它是一个巨大且先进的经济体。

原则上来说，日本本可以拒绝加入中央银行决策者们的共识以及华盛顿的决定，放任价格在一些时段显著下滑，比如2002—2005年，并且允许其汇率被暂时高估。在出口板块，工资水平将随着奖金的暂时削减有所下滑。家庭部门会有更强的动机去购买更便宜的进口商品来节约开销，且在国内，贸易商品板块的价格会随之降低。这些价格和工资的下降绝不是通缩进程的开始。恰恰相反，人们会预期到，在更长期价格水平将回升（如果基础货币遵循价格回归均值的原则，则该预期会进一步加强）。这个预期将使家庭和企业部门提前消费，以利用当前较为便宜的价格。

日本投资者们本有可能遇到"一生只有一次"的绝好机会来收购廉价的外国资产，即使这些资产可能用美元计算的价格有些虚高（资产价格膨胀的结果），但日元在未来大幅贬值的可能性足以缓冲任何损失。作为一种国际投资货币，日元作为唯一一种坚挺的货币将广受欢迎，外资持有规模的增加将足以弥补资本的大幅外流，即使考虑到经常账户的余额的缩水趋势也是如此。另外，日本政府和中央银行本可以告知国民当下正在进行的货币危机的本质，即从美国发源，触发了未知但很可能非常危险的货币政策实验。日本作为地球村中的一个中等规模的经济体，将无法独善其身，但如果日本能够坚持币值稳定政策，并使劳工和产品市场尽可能地保持灵活，后果可能就不会那么严重。

在现实中，这些都没有发生，而且出现了一个非常特殊的问题。日本的基础货币从来不是货币系统中特别强的支点，对其的需求并不稳定——正如在货币主义体系下的德国马克一样（见第八章）。固然，日本当局本可以去人为创造这些条件——而且确实日本家庭对现金作为支付中介的偏爱在这一方面本是有帮助的。确实，日本中央银行在2008年11月开始在准备金上按市场利率支付利息，与美联储的时点一致。利息的支付意味着基础货币实际上已经被逐出了货币系统的支点地位（Bowman 等，2010）。

总体来说，日本并没有做好准备抵御下一场从美国来的大规模货币通胀冲击——2009 年和 2010 年以来，伯南克下的美联储开启了一系列扩张性的量化宽松政策，并一同打开了非常规性货币政策工具箱，包括人为操纵长期利率水平。时任日本中央银行行长白川方明（芝加哥大学出身的经济学家，在 2008 年前行长受到不当指控突然主动辞职后被任命）非常怀疑伯南克的经济理念。当时主要的反对党，即后来的日本民主党（DPJ），在上议院中对人事任命有着决定权，这种情况并不多见，他们可以阻止财政部门爪牙的上任，而这是白川方明的机会。

白川方明行长极不情愿认输，不愿引入美国的货币政策实验来抑制日元的升值压力。日本民主党政府于 2009 年组建，形成了一个针对日本自民党（LDP）的反对党同盟，并没有逼迫日本中央银行这样做。前财政高级官员榊原，也是日本民主党的经济顾问，反对日本中央银行在美国学术界的影响下采取的吸入通胀的政策，并将价格下行的趋势视为良性的，主要反映了和中国的经济整合度的提高。即便如此，由于伯南克下的美联储扩大了量化宽松的规模，并在 2010—2012 年的欧债危机中进行利率操纵，使奥巴马政府期间的日元一直存在升值的压力，而这最终还是将日本中央银行的不情愿带到了日本政治关注的焦点中。

2011 年 3 月发生的三次自然灾害，进一步加重了日本中央银行的政治压力，而且尤其是民主党政府的处置不当导致其民众支持率下降。日本自民党领袖安倍晋三承诺消灭通货紧缩，加入全球 2% 通胀率标准的队列。所有人都知道这是一个日元贬值政策的暗号，确实，这个暗号并未被使用过。事实上，日本从来都没有进入过通缩，总体来说价格水平比较稳定。从广义上讲，消费者价格水平从 20 世纪 90 年代早期到 2012 年和 2013 年一直保持平稳，在一些经济衰退或生产率加速增长的时段会有所下滑，在周期性繁荣的阶段会有所上浮。固然价格有时候会极其僵硬（尤其是上文提到的 1990 年前后），日本在 2007 年的周期顶端时的 CPI 基本和在 1993 年泡沫破裂后的衰退阶段的水平相当，比 1989 年周期顶端的时候高几个百分点。2008—2012 年价格的持续下跌一方面是周期因素造成的，另一方面也是由于日元的不断攀升。

至于日本（和美国）量化宽松构建者们和安倍晋三所描述的"失去的十年"，当我们检查数据时就会发现，事实并不完全一样。只有在 1992—1997 年，日本经济发展速度落后于其他发达经济体（以人均 GDP 增长来衡量）。事实上，国际清算行最近的工作（BIS, 2015）表明，如果考虑到人口统计学的因素并进行一些适当调整，那么日本在 21 世纪初的第一个十年经济发展是大幅领先于美国的。尤其是，日本工龄人口人均实际 GDP 从 2000—2012 年累计增长了 20%，美国是 11%。2000—2007 年，这个数字分别是日本 15%、美国 8%（Borio 等，2015）。当时针对中央银行行长白川方明的政治压力与日俱增，要求他采取激进货币措施来治理"通缩"，有趣的是，他实际上已经多次提到这些数据和事实了。

安倍晋三政府接受 2% 通胀率目标

无论日本和全球中央银行俱乐部之外的专家意见如何看待，也无论白川方明如何反对，安倍晋三在 2012 年末，以"三支箭"的经济政策（2% 通货膨胀率，扩大赤字，经济改革）为自民党联盟赢得了压倒性的胜利，日本银行随后迎来了它的新领导班子——黑田东彦行长，由他设计执行巨大规模的量化宽松操作来实现 2% 的通货膨胀率目标，并在暗中使日元贬值。东京股市随之暴涨，这也是新政府宣布成功的重要功绩之一（Ueda, 2013）。

在接下来的 3 年里，日本量化宽松的规模进一步扩张并激化，远远超过了欧美的量化宽松规模（相对 GDP 而言），而且还包括一个重大股权购买计划作为其中的组成部分。2016 年 3 月，日本中央银行下调了隔夜利率到负水平，无疑是为了应对美联储同时取消全部的加息计划后，所导致的日元的回升。美联储政策的反复主要是由于全球股市的回撤、美国增长周期乏力（尤其是当时能源价格有所下跌），以及新兴经济体发展的减速和商品市场不景气的环境下，中国货币的贬值。但日本负利率政策引发的政治反弹是如此巨大（东京大银行股票的下跌也非常严重），以至于日本中央银行没有像欧洲那样实施大规模的负利率政策。

在一个完整的经济周期尚未结束前就评判任何货币政策的成功与否或者影响，都是非常片面的，因为我们无法完整地评估衰退的严重性，以及暴露出来的不良投资的规模。但通胀目标制的领头支持者和设计师们和他们的激进实验却无视这条规则，在中途就宣告了他们的胜利，在日本就是这种情况。当然，股票市场泡沫、东京房地产泡沫，以及随之而来的利率泡沫（尤其是出口商品）使安倍政府在民众中的很多重要区域极受欢迎。反对党的软弱与分歧促使安倍首相及其盟友在三周的竞选活动中就赢得了压倒性的胜利，财政政策的正常化在之前早已被承诺甚至立法，但安倍团队则在努力推迟它。批评家们认为这对日本民主是一个悲剧，而且当然，日本长期利率市场功能的异常，使财政政策正常化的推迟也变得可能。如果政府能够轻易获得免费的长期资金，那为什么要削减预算，还要费劲地去向选民们作出解释呢？

日本长期利率市场的功能异常在2016年秋天更加严重了，日本中央银行实施了一项政策，将10年期政府债券收益率锁定在接近零的水平。如果按照教科书上的说法，这种行为必定会导致严重的恶性通胀，随着长期债券的私人持有者（当时还是有40%左右的规模）纷纷甩卖其持有的头寸（因为担心通货膨胀爆发的可能），中央银行必然要发行更多的钱来控制利率（或者也可以发行短期国库券，但这也容易导致通货膨胀）。但在日本事实并非如此，日本政府债券的很多机构投资者更愿意继续持有这些债券并获得利息。固然随着债券接近到期日接近，其利息收入会被资本利得上的损失抵销，但这些计算将不会被计入晦涩难懂的损益会计报表中。当时本可以有较大规模的长期债权空头头寸（或者是长期日元利率互换市场的空头头寸），但这些头寸并没有形成规模，即使其维持成本是非常低的。

我们不应当完全把这种惰性归结于"体制问题"，而且当时在市场上也有广泛的预期认为，尽管安倍首相及其中央银行行长为实现2%通胀率目标作出了巨大努力，但日本的商品劳务价格仍会广泛保持稳定（Shirai，2017）。他们认为，在日本的投资机会将继续受限，因为人口社会的变化动态一直不利，而且货币环境的不稳定性非常大（安倍的货币通胀到底如何收尾？尤其是日元汇率、股票市场和公共财政几个方面），家庭部门仍然主要以储蓄为主（也许他们并不是那么顽固，但他们一定是理性的，因为他们对养老基金缺乏信心，且人均寿命也在不断延长）。另外，全球化和数字化所带来的去通胀的力量将继续保持强劲。日元的韧性（在安倍晋三上任后一开始曾大幅下降，但在之后有所回复）以及并无明显的资本外逃的情况，都更加使人们认为，安倍对2%通胀率的目标并不是认真的。

无人相信日本中央银行的2%通胀率承诺

固然，日本中央银行在每次的政策会议上，都会作一番长篇大论来说明他将如何继续实施货币政策，直到通胀率保持在每年2%以上，但似乎并没有投资者相信这将会是中短期的前景。当然，日本人一般都会希望币值能够保持稳定，不受印钞机的影响，因为后者总是想提高通胀率，在这个过程中，持有人应当看到，实际利率将在很长一段时间内保持为负。但这是所有主要法定货币都会面临的困境——无论是美元、欧元、日元还是瑞士法郎。2014—2015年，人们一度相信，美元正在回归正常化的路途上。

然而，特朗普总统一直鼓吹货币通胀在股票市场中的"胜利"，这使人们很难继续相信这一点，即美元的正常化之路。同样令人不安的还有新总统任了一个伯南克和耶伦的忠诚信徒作为美联储主席。为什么要任命鲍威尔？他显然和财政部部长的关系非常好，后者本身就是一个弱美元支持者，致力于证明共和党的减税政策将带来3%的增长。这表明就是在美国，要结束对利率的操纵似乎还有很长的路要走。并且美国财政赤字被广泛预测将在接下来的18个月内达到5%～6%的GDP水平，这是美国经济发展的新纪录，美联储必然要想办法控制公债成本（关键是利率的部分）。

如果日本通胀率突然开始攀升，超出了人们的预期，比如达到了每年

1% 的水平，就必然会出现一波投资者抛售和卖空日本政府债券的操作。这种意外最有可能反映在商品和劳务市场中。对货币通胀的掩盖的逐渐褪去——这个掩盖可能表现为和南亚或者东南亚的快速经济整合，数字化，或者超额薪酬的下降，尤其是日本大公司高管奖金的削减。日本中央银行会通过大额国库券发行或创造基础货币来支撑政府债券的价格，并使日元暴跌吗？更严重的是，这场行动也许会完全失败（鼓励了更多空头）。考虑到日本和美国之间战略联盟关系的重要性，安倍政府真的会采用一种有点操纵汇率意味的货币政策来冒险得罪美国政府吗？所以很显然，债券收益率和利率很可能还是会上升，尽管在通胀加速的早期阶段和达到 2% 的通胀率目标之前，对此存在很多抗议。另外一个考量是：如果日本中央银行在通胀上升的时候未能抬高短期利率，然后在政府债券市场中失去了对价格的控制，人们将会非常担心财政赤字的不断扩大，因为现在所有的新债发行都必须在更高的利率成本上融资了。

总体来说，日本经济在 2016 年末到 2017 年还是享受到了一轮强劲的全球经济上行周期。安倍政府的货币政策对出口部门和政府支出非常有利，但压制了私人消费（原理是：老年群体对价格上涨和日元贬值的担忧不断加深，抵消了资产价格上涨所带来的财富效应）。那么，如果日本没有采取 2% 的通胀率目标或者激进化的货币政策，日本经济会如何表现呢？也许消费会显著增长，特别是在人们预期价格不会再下降的水平。并且日本投资者（包括企业）将可以利用更强的日元去廉价购买外国资产，如果政府采取补救措施解决公共财政问题，可能面临更大的压力。

安倍政府所采取的货币政策道路存在诸多缺陷，有待在接下来的周期中进一步发掘和评估，这些缺陷包括煽动市场中的非理性力量，因为人们的收益来源有限，希望能在有风险的市场中获得利润。日本投资者成为日渐繁荣的套利交易（汇率、信用、流动性和期限溢价）的重要参与者，其中一些也包括外汇风险。比如在日本的投资品市场中，基于 FAANGs（脸书、亚马逊、苹果、奈飞、谷歌）的表现所构建的非流动结构性产品的销售逐渐兴盛起来，调查表明，至少 50% 的日本家庭认为这个全球市场正处于泡沫之中，但他们不管怎样还是会参与的。日本的机构投资者在对冲的基础上，逐渐作为长期美国固定利率票据的大额买家而出现，并获得非常微薄的名义期限溢价（很可能还会是负的，如果我们理性一些，把未来潜在的损失算上的话）。一些日本公司在讲投机故事的时候非常成功——一些公司使用了高杠杆，宣称自己选择海外高科技公司来进行投资的能力非常高超，其他一些公司可能认为自己面向世界市场，也具有国内发展的潜力（如机器人）。并且确实，日本经济的一个"老相好"重回人们的视野——东京房地产市场。

日本走向资产价格膨胀的末期

在本书写作的时候（2017 年和 2018 年之交的冬天），我们还未确切知道日本经济将如何在这场全球资产价格膨胀的周期中走向衰退。有很多值得我们关注的点，虽然它们并不是特别站得住脚。日本投资者大胆地参与了很多全球范围内非常不理性的战略，很多日本公司参与了日本国内的投资策略，也参与了国外的一些投资，但后者很可能会在未来被证明是不良投资，这还是在杠杆率极高的情况下进行的。

固然，反事实的分析师很可能会假想，如果日本采取了币值稳定政策，而不是使用席卷剩下世界的 2% 通胀率标准，日元汇率会更高一些，日本投资者还是会参与到其他地方的资产市场泡沫中。但高价值的日元意味着廉价的入场票，从日本与其他国家货币政策最不同的那个汇率高点开始，日元的长期下滑将为日后的损失起到缓冲作用。大量购买高价日元的外国投资者将会是这个缓冲作用的提供者，并且总体来说，日本在全球资产价格膨胀中的参与也不会很多，因为他们不会由于利率收益的减少而引发一系列的病态心理反应，包括对收益的极度渴望。日元的稳健，所导致其作为国际货币的升值，对日本本身来说也是一个优势，尤其是当日本步入老龄化社会，储蓄盈余最终下降，甚至进入赤字阶段的时候（老龄人会大额消费他们的资本）。

　　但这不是美联储前主席伯南克 2017 年 11 月在前川（Mayekawa）发表演讲时对日本局势的看法。他说：

　　我在日本问题上的很多文章主要是出于对日本中央银行所面临的独特挑战的兴趣，日本中央银行正在应对通货紧缩和短期利率的实际下限的问题，作为一个学者，我认为这些挑战是非常具有研究意义的。

　　（反对意见：哪有什么通缩？且如果价格可以灵活地上下波动，那么在币值稳定的制度下，一个运转良好的资本主义经济体的名义利率降到零以下完全是没有理由的。）

　　我确实并不是什么都对的，我早期的文章对于中央银行采取宽松政策能够征服通缩过于乐观，我认为日本中央银行并没有罗斯福那样的决心。

　　日本中央银行距离其 2% 通胀率的目标还有一定的距离，核心通胀率最近只在零以上波动，日本中央银行是不是就可以宣告胜利然后放弃了？有些人认为不需要再采取极端措施了，尽管日本经济增长非常缓慢，但那主要反映的是长期的一些力量，尤其是减少的劳动力和缓慢的生产率增长，所以为什么还要继续采取通胀率目标政策呢？

　　伯南克支持继续实施的一个论据是，这将减少一部分公共债务的压力。成功达到 2% 的通胀率目标，并同时抬高长期名义利率，能够减少约 21% 的 GDP 水平的公共债务。这是由于通胀相当于征收了一种通胀税，但它并不能起到决定性的作用，因为当前公共债务水平大概是 200% 的 GDP（通胀税的征收程度将很大程度上决定于中央银行之外的部门持有的固定利率债券的数量，以及当通胀率上升时，短期利率要多久才会相应上升）。

　　但是对我而言，达成 2% 通胀率目标的一个更重要的好处是，通过恢复货币政策应对衰退性冲击的能力，能够实现未来更加稳定的经济。在过去的 20 年里，这种能力因为短期利率过于接近其实际下限，从而被限制住了。

　　伯南克引用了一个基于泰勒规则（为日本经济特别定制的）的预测。预测表明，不仅是全球大萧条的阶段，而且还有日本经济长期萧条的年份（2000 年 9 月到 2003 年 3 月），日本的贷款利率很可能已经下降到了 −4%。

以一种可持续的方式达成通胀目标，这也可能将名义利率从现在的水平提高到2%以上，将不能解决这些问题，但可以有效地缓解它们。简言之，如果日本中央银行希望恢复应对未来经济冲击的能力，它就需要在实现通胀目标的道路上保持激进。

伯南克的演讲中，根本没有提到资产价格膨胀的问题。他作为美联储主席，以及他的继任的这种盲区似乎到现在都没有改正。伯南克的主要担忧在于，当下一场衰退和可能的大萧条来临时，刺激性货币政策还有足够的施展空间。

第一点是说，大萧条的可能性，是货币体系混乱程度的一个函数。如果币值稳定的体系占了上风，那么之后的巨型货币通胀走势，包括资产价格膨胀和紧缩，将会不复存在。如果美国使用的不是币值稳定的政策，那么日本将会不可避免地遭受周期性硬着陆，以及之后的大萧条。但如果日本不采取和美国一样的宽松政策，那么他所受到的损害就不会那么大。固然，在美国发动货币战争时，过强的日元会导致很多混乱，但这同样是个机会（正如上文所描述的）。有害的套利交易的规模减小了，在出口板块也不会有那么多的不良投资，而且日本股市和房地产市场也会在某些程度上被隔离保护起来（不会在泡沫期间上涨那么多）。

但无论如何，假设运行币值稳定政策的日本可能会受制于更为强大的美国，从而出现货币体系的动荡，意味着它最终陷入大萧条中。那是不是说日本如果适应并采取一种类似于美国的货币政策（指通胀目标）的话，会更好一些？伯南克认为，一个2%的通胀率目标会使日本中央银行可以采取更为强大的刺激政策来对抗衰退。但这是不太可信的，因为在任何严重的衰退过程中，有什么能使人们的通胀预期保持在每年2%？固然，中央银行决策者们可以一直把目标挂在嘴上，但为什么会有人相信在中短期这个目标可以达到呢？

正如我们已经看到的，2%通胀率目标代表的是"皇帝的新装"的标准（见第二章）。这也适用于伯南克在离开美联储以后，提出的另外一个观点——把通胀率目标抬高到每年3%将能够为中央银行在衰退中使用刺激政策提供更多的空间，只要进一步突破零利率下限就行。但在萧条中，如果经济主体们很难被说服2%通胀率目标的可行性，那他们更不可能接受3%的通胀率目标了。一个为零的名义利率，不可能仅仅因为日本中央银行和美联储宣扬3%的通胀率标准，就意味着−3%的实际利率了。在严重的经济下行周期中，最好的得到显著为负的实际利率的办法，应该是允许价格灵活地大幅下滑，直到人们认为它降无可降，应当反弹从而开启下一轮经济复苏的水平为止。

参考文献

［1］Babb, J. (2001). *Tanaka: The Making of Post – War Japan.* London: Routledge.

［2］Beacon reports. (2012, August 2). *Japan's Economic Integration with China.* Bernanke Ben, Mayekawa Lecture. (2017, November). Tokyo: Monetary and Economic Studies.

［3］Borio, C., Erdem, M., Filardo, A., & Hofmann, B. (2015, March 18). The Costs of Deflations: A Historical Perspective. *BIS Quarterly Review.*

［4］Bowman, D., Gagnon, E., & Leahy, M. (2010, March). *Interest on Excess Reserves as a Monetary Policy Instrument: The Experience of Foreign Central Banks.*

［5］Board of Governors of the Federal Reserve System, International Finance Discussion Papers No. 996.

［6］Brown, B. (2002). *The Yo – Yo Yen and the Future of the Japanese Economy.* Gordonsville: Palgrave.

［7］Itoh, M. (2015, November). Koike Ryoji and Shizumi Masato, "Bank of Japan's Monetary Policy in the 1980s: A View Perceived from Archives and Other Materials" Monetary and Economic Studies BoJ.

［8］James, H. (2012). *Making the European Monetary Union.* Basel: Bank for International Settlements.

［9］Peterson, J. & Jameson, S. (1990, March 16). The Banker Behind Japan's Rising Rates. *Los Angeles Times.*

［10］Shirai, S. (2017). *Mission Incomplete: Reflating Japan's Economy.* Tokyo: ADBI Institute.

[11] Shirakawa, M. (2014, October). *Is Inflation (or Deflation) "Always and Everywhere" a Monetary Phenomenon?* (BIS Paper No. 77e).

[12] Ueda, K. (2012). Deleveraging and Monetary Policy: Japan Since the 1990s and the United States Since 2007. *Journal of Economic Perspectives*, 26 (3), 177 – 202.

[13] Ueda, K. (2013). Response of Asset Prices to Monetary Policy Under Abenomics. *Asian Economic Policy Review*, 8 (2), 252 – 269.

[14] Ueda, K. & Nobuyuki, O. (2005, April). *The Effects of the Bank of Japan's Zero Interest Rate Commitment and Quantitative Monetary Easing on the Yield Curve: A Macro – Finance Approach* (Bank of Japan Working Paper Series No. 05 – E – 6).

第八章

德国走下坚挺货币的神坛

在过去的半个世纪中，美国庞大货币系统的频繁崩溃成为最为关键的导火索，欧洲国家时刻准备着建立一个稳定的新货币联盟，寻找一个旧货币体系的更好的替代方案。这或许并不是建立稳定的全球货币秩序的最好选择，但站在欧洲的角度，为了维持相对美元汇率的稳定，最好的方法便是效仿美国的宽松货币体系，或是钉住欧洲最大经济体（德国）的汇率，进而建立起比美国更为坚挺的货币体系。

欧洲货币联盟的创始人缺乏币值稳定的远见

在探索建立一个币值稳定联盟的外交谈判过程中，欧洲各国经历了诸多讨论，并最终制定了数条规则以确保能实现预期结果。在一个以美联储为主导，并很有可能在之后很长一段时间内继续推行的宽松货币政策的世界里，欧洲如何才能尽可能地坚持一条合理的路线？德国的坚挺货币支持者显然认为，1998 年底欧洲货币联盟的成立解决了这个问题。

毕竟，维持价格稳定和不允许用货币政策为政府赤字融资的法条被明文写入了《马斯特里赫特条约》，该条约是政治领域所无法染指的。因此，这部法律的优先级很可能会高于备受欢迎的德国马克（因为后者的法律基础并不牢靠，且实际上会受到德国议会的影响）。然而，未来仍然存在诸多隐患。

如果从 1987 年到 20 世纪 90 年代早期，币值的稳定一直是推动欧洲货币一体化的核心，那么对于如何实现这一目标肯定进行过密集的谈判。而德国作为欧洲的霸主和信奉坚挺货币的主权国家，将积极确保新成立的欧洲货币管理局不会成为整个欧盟弱势银行和主权国家随意进行货币融资的工具。

作为最后贷款人，欧洲货币管理局的操作空间并不存在很大的灰色地带：除非严格按照宪法规定对基础货币的增长进行指导，欧洲货币管理局不允许进行公开市场操作或其他形式的抵押贷款（见第十章和第十三章）；在支付清算实体中（目标 2），国家银行系统不允许存在未经黄金或美元担保的透支安排（以国家中央银行作为中介）；不允许国家中央银行通过自行在欧洲货币管理局提取无担保信贷的方式，向可能出现资本外逃的弱势国内金融机构提供紧急贷款；非特殊严格规定下不允许授权成员国中央银行发行紧急欧元钞票。

如果欧洲货币联盟通过从德国和其他财政实力雄厚的北欧国家转移巨额资金，从而进化成一个币值较为稳定的体系，那么欧洲中央银行的存在便失去了意义——毕竟它仅仅是一个引导基础货币增长的机构而已。而实际上，根据这些规定，即使没有任何强制性的准备金要求，银行对准备金（现金和中央银行存款）的需求也会很大，从而使基础货币成为总的货币体系中的一个强大支点。

如果德国坚持这样做，那么现在的大多数甚至所有欧洲货币联盟成员国当初都不会决定加入。他们更希望建立起一个宽松的货币联盟，在这个联盟中，政府和银行拥有极大的货币融资空间，而这其中大部分将以其他国家（尤其是德国）的纳税人为代价。当雅克·德洛尔（Jacques Delors）表示货币联盟将加快欧盟统一的步伐时，一切似乎都在他的预料之中。尽管所采取的格列佛式宪法政策宽松并存在缺陷，尽管曾经的坚挺货币（如今已不复存在）霸主会造成政府间控制权交叠问题（而这需要通过更深层次的经济政治一体化才能解决），欧洲中央银行还是在混乱的不兑现纸币体系中艰难运作，并且拥有巨大的自由裁量权。

从欧洲建设者的角度来看，欧盟的建设进程不允许出现任何倒退。问题在于，如果没有退出的机制，是无法建立一个稳固的货币联盟的。如果一个成员国出于某种原因遭受了资本外逃，并且不能获得货币融资，在这种情况下除退出货币联盟（哪怕只是暂时）之外别无选择。但是货币联盟的创始人显然不希望为如何退出联盟制定条款，没有成员国可以在建立统一货币联盟的历史潮流中逆流而行。只有宽松的货币联盟才能满足这些需求。因此，欧洲中央银行宣布放弃货币主义，转而通过采用以2%通胀率为导向的目标以实现宽松货币需求，这种走势在最开始是完全出乎意料的。

事实上，自20世纪70年代初以来，货币主义一直是德国中央银行的指导原则。从理论上来说，这意味着通过运行一套半自动化的机制管理基础货币的增长情况，并通过高储备金要求来维持对基础货币的高需求。但从 20 世纪 80 年代中期开始，德国货币联盟中的货币主义已经被高度侵蚀。用于支撑基础货币增长的高准备金要求，在银行游说团的压力以及卢森堡无准备金存款套利的行为下，已经呈现出逐步降低的趋势。[奥特玛·伊辛博士（Otmar Issing），后来的欧洲著名学者，在这个问题上站在改革者即银行游说团这一边，而不是站在所谓的"幕后黑手"德国中央银行一边。] 综观全球范围内，只有德国中央银行还保留着继续推行货币主义的假象。美联储在 20 世纪 80 年代中期的一次短期试验后便宣布退出，同样的还有几年后的日本银行，甚至瑞士国家银行从 20 世纪 70 年代后期开始便逐步退出了货币主义的阵营（Hildebrand，2004），对于大部分知情人士而言，以通货膨胀为导向的试验正在广泛传播。

在后德国马克时代，人们一直在思考德国中央银行是否真正应用了货币主义原则，或者它只是做做样子，实际上则是根据通胀导向政策下的类似考虑，进而指导短期名义利率走向？但是总而言之，货币主义仍然是实践的基石（Worms 等，2004）。我们能得到的结论是，德国中央银行在认真对待货币目标的同时，也对预期通胀和产出增长偏离目标的情况提出了应对措施。这一结论适用于很长一段时间（1971—1998 年），因此在"埃明格时代"（20 世纪 70 年代中后期），货币目标变得更加严格。[奥特玛·埃明格（Otmar Emminger）曾在德国货币主义实践的鼎盛时期担任过德国中央银行的副行长，后来担任行长，同时他也是一位货币主义政策的主要倡导者。]

欧洲货币联盟的创立者从未考虑过建立一个如前所述的只拥有中央货币管理局但没有中央银行的联盟。事实上，恰恰相反，他们从一开始就把所有的琐碎问题都留给了中央银行家——上至曾经起草货币联盟建设蓝图的中央银行家所属的拉姆弗卢西委员会，下至在货币联盟成立之前决定货币政策框架的欧洲中央银行非正式的"伊辛委员会"。科赫（Kohl）总理领导的德国政府也同意了这一切。到 1998 年底欧洲中央银行正式成立时，

"伊辛委员会"基本上已经放弃货币主义，转而为欧洲确立了2%的通胀率目标——尽管他肯定不会承认这一点（Brown，2015）。

委员会决定引入双支柱货币框架：第一个支柱是2%的通胀率目标，第二个支柱是广义货币供应量（M3）的长期指示范围。但没人知道什么样的范围才能达到新联盟下的货币稳定，并且高能货币（基础货币）也已不再是整个货币体系的基石。在德国马克币值强势的时代，这种基石地位一直由高准备金需求及不为准备金支付利率的制度所维持，而这些条件如今早在货币联盟成立之初便被排除在外。因此，所谓的双支柱体系看似牢固，然而实际上新货币框架只有一根支柱支撑，并且这根支柱并不稳固。

在2003年春天那场著名的新闻发布会上，伊辛教授为欧洲整体设立了2%的通胀率目标。他表明，无论通胀率是在2%之上还是之下，欧洲中央银行都将密切关注。而与此同时，美联储宣布所谓"吸入通胀"的政策，使通胀率上涨至每年2%，从而对抗可能面临的"通缩威胁"。

有些人会指责法国总统密特朗（Mitterrand），由于他的原罪导致无法建立币值稳定的货币体系。在推动建立欧洲货币联盟的进程中，这位精明的政治家预先警告说，如果你想要签署一份欧盟农业条约，那就要将农业部长预先排除在外。同样地，要想在联盟内缔结货币条约，意味着需要在谈判过程中排除各国的财政部部长（Brown，2015）。因此，各方一致认为，建立货币联盟的关键谈判应在当时由国际清算银行行长亚历山大·拉法卢西主持的中央银行委员会内进行（这位著名的比利时经济学家长期参与欧洲一体化进程，尤其是欧洲金融监管领域，但他在思想上并不支持币值稳定的货币原则）。

德国退出的具体情况

科赫政府为当时德国中央银行的首席经济学家奥特玛·伊辛在欧洲中央银行内安排了极其重要的职位，但他本人并不是一个币值稳定政策的支持者。人们最担心的是他会成为全球中央银行行长俱乐部的一员——通胀率目标就是由这个俱乐部提出的。

确实,《马斯特里赫特条约》中有这些货币条款,显然体现了中央银行独立于政府的原则和稳定物价的指导目标。然而,德国人过去的所作所为足以给人们敲响警钟。毕竟,魏玛共和国曾经有一部堪称模范的宪法,有互相制衡的条约和独立的法院。在"二战"后寻求赔偿的过程中,盟国要求德国中央银行独立于政府,然而,这种独立没能阻止德国不顾一切地无视赔款,并进一步加深国内的恶性通货膨胀。同谋的德国中央银行行长〔黑文斯坦(Rudolf von Havenstein)博士,最初是普鲁士的一名法官,后来成为普鲁士国家银行行长〕对发行钞票的效率感到十分自豪。在这个过程中,又有哪个法庭曾试图阻止魏玛的崩溃呢?

再回到现在,谁又真的相信2%的通胀率标准下的中央银行是独立于政治的?所谓的超国家中央银行,也就是欧洲中央银行,又该如何控制国家政治影响力?作为欧洲中央银行控制者的一位意大利国民(应该指的是现任欧洲中央银行行长马里奥·德拉吉。——译者注)起初倾向于增强意大利偿付能力和繁荣的政策,哪怕这些政策是由德国偿付的资金作为担保。同样,如果是一位法国国民控制着欧洲中央银行,难道不会受到来自法国财政部和外交部精英的强烈影响吗?尽管每一位高级货币政策官员都再三强调欧洲的超国家语言和独立原则,但国家政治影响中央银行政策的事件仍旧屡有发生。

固然,德国最高法院的红袍法官们确实收到了众多对欧洲中央银行的投诉,譬如其通过违反法律进行货币融资,并对联盟内的弱势政府暗中提供贷款。但他们总是得出同样蹩脚的解决办法——争议的内容首先应提交至欧洲法院进行裁定,鉴于后者对布鲁塞尔卑躬屈膝的态度,又有谁真的相信它能有作为呢?

如果德国总理和德国中央银行行长违背了《马斯特里赫特条约》,而不等待偏向布鲁塞尔的欧洲宪法法官来对此事进行审判,那么他们就可以无视欧洲中央银行的指控,并威胁拒绝将资金从德国中央银行转移到欧元清算系统。即使不做到这种地步,他们也可以通过煽动德国公众舆论,使之与欧洲货币联盟当前的发展趋势相抗衡。

法官们从未考虑2%的通货膨胀率制度是否与《马斯特里赫特条约》相悖的问题。与所谓的主权债务货币化相比，这种对法律的违反看起来并不是那么明显。除了欧洲中央银行对政府贷款的管制，《马斯特里赫特条约》并没有规定要遵循的币值稳定原则。固然稳定物价的目标非常明确，但如果奥特玛·伊辛用另一种方式曲解了这个目标，法官又该如何裁定呢？

抛开法院不谈，德国本身就拥有相当大的权力来影响货币框架的演变。否定2%的通货膨胀率目标的德国总理和财政部部长可以通过多种手段向民众大肆宣扬他们的观点。他们可以任命一位与他们观点相同的德国中央银行行长，总统也可以在演讲或者著作中公然反对欧洲中央银行的共识。德国总理和财政部部长在与欧洲中央银行行长举行峰会后可以向公众宣布他们在2%通胀率目标上的分歧，从而使其成为广泛讨论的话题。

任何稍有政治头脑的欧洲中央银行行长都会承认，如果没有德国民众的支持，欧洲货币联盟将陷入解体的困境中。从2018年春季的时点来看，德国领导欧洲货币联盟脱离2%通胀率机制的前景似乎依旧很遥远，但也许没有共和党或民主党把美国推上脱离之路那么遥不可及。这在很大程度上取决于德国和意大利两者的民族主义情绪即将在欧元区战场上爆发的冲突。

德国中央银行在欧洲货币联盟的形成中放弃币值稳定的原则

即使排除事后分析，我们也有足够的理由质疑，在货币联盟建立之初，德国公民及其他人到底能否指望当下或未来的官员能够维持德国财政的独立（防止堕入包括隐性贷款担保在内的潜在大额转移中），或者能否指望其货币原则能够使德国马克坚挺且受欢迎——毕竟德国中央银行行长的任命是一项政治行为。虽然特马尔·埃明格尔博士曾经担任过行长，但汉斯·蒂特梅尔博士（由德国总理科赫在欧洲货币联盟成立前的关键时刻任命，以从未加息而闻名）也曾担任过这一职位。

事实上，在德国马克保持坚挺的历史上，拒绝与尼克松一起助长货币通胀，并坚持让德国马克升值，而不是听从于在这方面落后于德国中央银行的其他主要官员（Beyer 等，2009）的，正是财政部部长卡尔·希勒［1969—1973 年关键时期的社民党（SPD）经济和财政部部长］。埃明格尔博士，是一位在德国马克坚挺的辉煌时期在任的著名德国中央银行行长，他的任命归功于当时在波恩的财政部部长和财政大臣（Emminger，1977）。然而，之后继任的财政部部长和大臣将欧洲一体化或其他政治目标凌驾于强化货币价值的目标之上。

毫无立场且软弱的中央银行行长本应将自己的决策限制在可预期的范围内。继汉斯·蒂特梅尔（1999 年 8 月退休）之后，恩斯特·韦尔特克继任了德国中央银行行长（由施罗德总理及其财政部部长汉斯·艾切尔于1999 年 5 月任命，艾切尔曾是黑森州的总理，而韦尔特克曾是该地区的地区性中央银行行长，并在此之前还担任过该地区的财政部部长）。韦尔特克的继任者埃克塞尔·韦伯（韦尔特克于 2004 年因为未支付一趟前往摩纳哥的费用的小事情而引咎辞职）也同样由汉斯·艾切尔任命，然而他明确表示了自己对欧元救助计划的不满，并于 2011 年 2 月辞职，转而在全球银行业里找到了一个领导职位。2003—2006 年，欧洲中央银行采取了极为严格的通胀目标，他并不是当时货币政策的反对者。在那段时间，所谓的来自"通货紧缩"的"威胁"似乎集中在德国，而不是欧盟其他地方。

即便如此，在全球化和技术变革自然导致的价格趋势向下的大环境下，德国中央银行忽视了 2% 的通胀率目标所带来的资产价格通胀对德国经济的巨大负担，这到底是如何发生的？在资产价格通胀期间（2003—2007 年），套利交易空前繁荣，大量投机资金流入疲软的欧洲主权债务市场，其中希腊、西班牙和意大利的政府债券在峰值时仅以略高于德国政府债券的收益率出售，最终却还是让德国纳税人来承担救市的责任。如果德国中央银行的专家们已经考虑了所有这些问题，那么他们最初就不会让伊辛教授带头引入 2% 的通胀率标准，现任联邦银行行长也应该提出异议。

他们的工作对德国来说，存在太多失职之处。

他们的支持者可能会狡辩说，尽管德国纳税人可能会背负沉重的负担（从假设负担转变为实际也需要一段漫长的过渡期），但德国的出口产业可以在这种情况下良好发展，与意大利、西班牙或法国的竞争对手相比，德国产业会获得更大的竞争优势，并在这些信贷规模增长迅速的国家享受活跃的市场。但总体而言，这肯定是虚假的繁荣——尽管当然也有个别的赢家和输家（鉴于大型出口企业与执政的基民盟关系密切，那些受政府政策影响较大的公司很可能成为市场上的赢家）。这些收益在最终的坏账以及在长期表现不佳的债务人经济体中，都会被对应的亏损抵销。

《马斯特里赫特条约》在默克尔执政下名存实亡

默克尔总理提名她的高级经济顾问延斯·魏德曼接替埃克塞尔·韦伯，并且没有反对 2011 年马里奥·德拉吉就任欧洲中央银行行长（尽管此前他曾表示韦伯将是她的首要人选）。魏德曼的确曾对德拉吉领导下的欧洲中央银行的暗地救市和印钞政策表示过反对，但许多批评人士认为他的反对过于无力。尤其是在 2016 年初基督教民主联盟的政治家们反对德拉吉的负利率和量化宽松政策的时候，魏德曼在一次关键演讲中表示自己支持德拉吉，并在这些问题上对欧洲中央银行表示了忠诚（Brown，2016年 4 月）。在他的领导下，德国中央银行并没有对 2% 的通胀率标准提出明确的反对，所有迹象都表明，德国中央银行的视野已经开始落后。

魏德曼对此有不同的看法。在 2016 年 4 月初接受英国《金融时报》采访时（12），他说：

政治家们对货币政策发表意见并不罕见，但我们是独立的。欧洲中央银行必须履行其维持价格稳定的使命（魏德曼在这里没有明确说明，但他显然指的是 2% 的通胀率目标），因此无论对中央银行施行的具体措施有何分歧，扩张货币政策的立场都是恰当的。

换言之，根据魏德曼的说法，目前面临的最重要的问题是给德国和其他中央银行保留完全独立的权力。出于实际需要考虑，德国总理默克尔也同意他的观点，他们都站在德拉吉和欧洲中央银行这一边，反对那些抨击欧洲中央银行进一步施行负利率和大规模资产负债表扩张的政治家们。

魏德曼博士坚信，欧洲货币系统的稳定取决于欧洲中央银行和其他中央银行的独立性，而不能受政治家的干预。但即便是这种最笃定的信仰也无法让想象变成现实。曾经坚挺的德国马克诞生并繁荣于德国中央银行与德国政府密切合作的时代，当时的德国中央银行准备挑战传统的中央银行家俱乐部的智慧，试图独自开创一个货币政策体系（严格限制基础货币增长，同时允许利率由市场自由决定）。

甚至那些对货币联盟表示怀疑的人也对伊辛教授迅速采用2%通胀率标准的举措感到惊讶——首先是1999—2002年，2%通胀率标准尚且较为宽松，从2003年春开始以更加强硬的形式执行（在此期间对通胀率目标的低估和高估都很严重）。从欧洲货币联盟筹备之初，该政策就开始执行，放弃了曾经以基础货币为核心的政策。特别是从欧洲中央银行启动之时起，就决定对银行储备金支付市场利率的利息（而不是像在币值坚挺的德国马克制度下，甚至到目前为止所有的货币制度下那样，采用零利率政策）。联邦银行的高储备金需求本用于刺激市场对高能货币的需求，并因此加强了其在德国马克币值强势时代下的基础地位。然而在20世纪90年代，面对来自银行游说团的压力，联邦银行已经逐步降低了高储备金要求，甚至在欧洲货币联盟成立前的谈判中废除了这项政策（当时还很有可能成为欧洲货币联盟成员的英国坚决反对高额的储备金要求）。

欧洲中央银行历任行长都是"国际主义者"——这是全球中央银行行长俱乐部共识的一部分，他们无意追求独立的道路。这里有一个中心悖论，欧洲货币联盟的主要创始人和倡导者表示，其根本目的是增强货币独立性，使欧洲免受美国不稳定货币政策的影响。这个目标在1985—1989年沃尔克—格林斯潘货币通胀时期占据主流，因为由于当时德国马克承担了其特有的避险角色，其汇率对欧洲邻国再次走高（事实上，德国中央银行有足够的决心拒绝像日本那样被美国货币政策的入侵，进而限制汇率过高）。然而，就在欧洲中央银行成立之初，人们就清楚地认识到，欧洲中央银行官员并不会对抗美国下一波货币通胀（2002—2003 年，为了应对信息技术行业和纳斯达克崩盘后的衰退和经济低迷）。相反，随着欧元开始走强，欧洲中央银行迅速效仿美国的货币政策，制造了一场有关"通缩危险"的恐慌，并在 2003 年春天与美联储共同强化了 2% 的通胀率目标。

欧洲中央银行完全接受 2% 的通胀率标准

即使在这时，欧洲中央银行仍有机会与美联储保持距离。只要澄清 2% 的通胀率标准不应当被看做一种精准的调节手段，相比对通胀的低估，它更担心高估所带来的风险就可以了。但在实践中，它却阐明了为什么通胀率是 2% 而不是其他值作为稳定物价的标准，国家经济层面的黏性价格和工资是欧洲中央银行提出的选择 2% 而不是 1% 的通胀率目标的原因之一。假设在国家层面上，存在大量工资和价格偏离正常水平的情况，在平均正通胀率为 2%（而不是在 1% 或零）的情况下，更容易在成员国之间重建均衡的相对价格水平。事实上，应该尽量避免出现绝对价格或工资下降的情况（尽管对于权重不高的小国来说可能并非如此）。

在美国，还有另一种 2% 通胀率标准拥护者使用的黏性价格或工资波动的版本。特殊的波动（或者增强）预示着在欧元地区的一个成员国中，价格和工资降低的需求普遍存在，而不是不均衡地分布在不同的地区（至少有几个大成员国）或子地区中，从而增加潜在的摩擦成本。以 2010 年的繁荣和随之而来的萧条的直接后果为例，当时人们普遍认为，意大利和西班牙在经济繁荣时期的物价和工资涨幅远远高于其可持续的长期水平。从理论上来说，这可以通过核心国家价格水平的快速下跌来纠正（尤其是在假设德国物价保持不变的情况下）。然而欧洲中央银行的决策者们似乎想要采取另外一种手段——德国物价在 5 ~ 10 年内以每年 2% 的速度上涨，而同时西班牙和意大利物价保持稳定。

但这种偏好是存在问题的。要使德国的通胀率达到 2%，就需要通过货币通胀来促进资产价格通胀和商品价格通胀。然而，商品价格通胀可能被生产率增长、全球化和数字化的飞速发展所抵销。2%的通胀率标准造成了人们对通胀率的惯性预期，然而这种预测可能并不准确。整体的货币通胀缓解了西班牙或意大利工资和物价的下行压力，但这可能导致欧盟整体相对价格的调整因通胀率的惯性预期而停滞，并且更为普遍的经济摩擦会比在非通胀环境下更加严重。具体地，通货膨胀对意大利来说是一件好事（通过欧洲中央银行的 Target - 2① 系统，德国中央银行为境况不佳的意大利银行提供了巨额的信用贷款，也间接为国家提供了便利），意大利的压力得到缓解，避免了价格和工资水平的降低，但也错过了更为深刻的结构性调整。这实际上是饮鸩止渴。

支持 2% 通胀率的欧洲中央银行官员还有另一个广为人知的理由：在低通胀率或零利率的情况下，利率可能无法达到平衡状态下的负实际利率水平。但欧洲中央银行的决策者和美联储的决策者一样，都未曾考虑负实际利率可以通过价格和工资的顺周期变化而产生。

在欧元区全球化和数字化革命的影响下，全球物价普遍有自然下跌的趋势，非常规性货币政策和对 2% 通胀率标准的追求对于一个"尽一切努力拯救欧元"的主席来说极具吸引力，尤其是拯救他的祖国意大利的财政状况，欧洲中央银行就是在这种情况下试图采用非常规的经济政策，并对 2% 通胀率水平实行更广泛的应用。马里奥·德拉吉并不想让自己的画像出现在名人堂的奥马尔·埃明格旁边——但放在卡沃尔伯爵和吉塞佩·马津旁边是完全有可能的！与过去 10 年一样，德国政府或德国中央银行完全没有意识到这些危险最终会对德国造成多么严重的影响。超低利率或像现在这样的负利率将加剧投资者对收益率的渴望情绪——以意大利为例，尽管其基本面要劣于美国，但意大利仍可以为其债务提供再融资。不景气的银行可以将资本吸引到权益型负债中，而在稳健的货币政策下，权益型

---

① Target - 2 是欧洲系统拥有和运营的实时总结算（Real - Time Gross Settlement，RTGS）系统。中央银行和商业银行可以向 Target - 2 提交欧元支付的指令，其中，它们以中央银行的货币（在中央银行的账户中持有的货币）进行处理和结算。——欧洲中央银行官网，译者注

负债融资的成本会高得离谱。现在，支持2%通胀率标准的激进货币政策选择采取一系列刺激性措施，如大幅扩张中央银行的资产负债表规模，这将是欧洲"不惜一切代价"挽救其货币局势的主要资金来源。

德拉吉与默克尔就大规模扩大基础货币规模达成协议

通过与欧洲中央银行以及柏林方面的合作，欧洲中央银行行长德拉吉在为实现2%的通胀率目标而推动量化宽松政策时，实际上是在为资产市场之后数年的大规模通胀开辟道路。这将推高疲软债务（包括许多意大利债务）的价格，从而允许这些债务进行再融资，同时德国纳税人也可以接手其中一些债务。货币通胀的整个过程对德国家庭的影响最为严重，这些家庭多年来忍受着其储蓄的负实际回报率（这反映了德国的物价上涨比其他地方更快，以及欧洲中央银行确定的零或负利率的政策）。与此同时，欧洲中央银行通过量化宽松政策，正悄悄将潜在的巨额债务强加给北欧纳税人（尤其是德国人）。德国中央银行和德国政府本可以对促成这一切的2%的通胀标准说"不"，但是他们却并没有这么做，而且这个沉默是致命的。

德国政界人士，包括默克尔总理和她周围的人在内，希望通过经济的普遍繁荣和富人们在房地产业与股票市场繁荣过程中所获得的利益作为筹码，进而在竞选中获得更多的支持，这听起来似乎很有道理。大型企业的出口商就是政治层面上所依赖的富人之一。与此同时，默克尔总理将不必面对或承认这样一个令人不快的事实，即她如此热心参与的货币联盟，实际上对她的公民而言是一个错误的命运转折点。

2016年初（就在欧洲中央银行启动量化宽松政策之前），德拉吉和默克尔在柏林进行会晤，然而考虑到中央银行行长的外交手段，我们并不清楚他们是否考虑过这些问题。德国中央银行起草了一份计划，旨在限制德国纳税人的潜在损失。该计划规定每个国家的中央银行只能购买本国政府发行的债券，这意味着意大利中央银行将是欧洲中央银行中唯一购买意大利政府债券的成员，这样德国纳税人就不会在货币印刷的过程中承担可能的新负债。

然而，事情的结果却截然不同。

那些将意大利政府债券出售给意大利中央银行的投资者，在很大程度上并不希望继续在意大利银行体系中持有现金，于是他们把存款转移到了德国，由此导致了德国银行体系的巨额资金盈余。这些巨额盈余通过中央银行清算机制（Target－2）转移到意大利进行再贷款，这意味着德国中央银行在所谓的 Target－2 体系中拥有巨大的信贷头寸，而意大利中央银行是与其匹配的大债务国。这实际上表明，德国中央银行已将意大利政府债务货币化，而德国纳税人将承担最终的所有损失（假如意大利脱离欧洲货币联盟的话）。

或许这一切的确造成了反欧元反移民党（德国右翼党派"另类选择党"①）在 2017 年 9 月出人意料的优异选举结果，但并不是广泛的公众都悉知危险的存在。德国中央银行行长魏德曼并不能让本国公民意识到欧洲中央银行管理委员会内部存在"意大利"式的或其他更广泛的阴谋。目前还不清楚他是否完全理解 2% 通胀率目标通过欧洲中央银行掩盖了转移巨额资源的严重性。

默克尔永远不会拒绝欧洲中央银行的要求——即使行长德拉吉试图拯救欧元的政策越发过分。在 2010 年 3 月布鲁塞尔那个重要的周六晚上，面对法国总统萨科齐的威胁，她没有妥协。当时萨科齐说，如果默克尔不同意欧洲中央银行为希腊（以及其他弱势的主权国家）的大规模纾困行动提供资金，法国就会退出欧洲货币联盟。当德拉吉请求默克尔同意在 2017 年采用大规模量化宽松政策时，她同样无法拒绝。《马斯特里赫特条约》的货币宪法本可以得到捍卫，但当时的德国总理和德国中央银行行长并没有勇气这么做。德国的政治法律体系也没有追究他们的责任。

讽刺的是，德国资助意大利或其他地方的巨额资金，对于建立一个可

---

① Alternative Fuer Deutschalnd，AFD，右翼至极右翼政党。——译者注

持续的欧洲货币和经济联盟并无帮助。事实上，这些资金更像是一种"货币鸦片"，给受援国的经济下了毒，麻痹了可以创造经济和政治复兴的"看不见的手"（市场力量）。以意大利为例，人为的低利率和量化宽松政策造成了情况的进一步恶化——政府部门、银行和"僵尸"私营企业在没有任何真正改革的情况下都实现了扭亏为盈，但价格和成本的大幅调整以及投资的繁荣（尤其是对新公司的投资）并没有发生。历史对马里奥·德拉吉及其德国的支持者的评判很可能是，他们和梅特涅总理一样，只是在努力维持一个已经从根本上崩溃的（包括意大利在内）欧洲秩序而已。

与 20 世纪 70 年代的全盛时期相比，德国实际上放弃了它的货币权力。当时，作为货币主义实践的先驱，德国成功坐稳了欧洲货币霸权的位置。尽管法国和其他地方的"欧元民族主义者"对此感到欣喜，但这对世界经济的稳定实际上是一种不幸。在布雷顿森林体系崩溃之后，坚挺的德国马克甚至限制了美国引发货币冲击的能力。阿瑟·伯恩斯领导的美联储当时发现，其大胆的货币扩张政策最终导致美元相对于世界第二大货币（德国马克）的崩盘，这种崩溃反过来又直接转化为美国经济通胀势头的增强动力。在当今世界，并没有竞争对手的货币可以与美元抗衡，美联储的通胀政策制定者在恶果真正出现之前，可以享受相当长时间的安逸。

德国还能引领世界回到硬通货时代吗？

这个问题非常重要。美国显然已经放弃走上硬通货这条道路，尽管奥巴马政府的共和党人提出了所谓"稳健货币法案"，但并没有任何进展。同时，我们还要考虑另一件事情：保罗·沃尔克曾在 20 世纪 70 年代末抨击高通胀率政策，并宣布支持一项货币主义实验。在 80 年代中期，沃尔克却放弃了这一尝试，转而推行由美国财政部部长贝克在第二届里根政府中精心策划的美元贬值政策。沃尔克签署了广场协议，承诺美联储将根据美元贬值的目标，推行宽松的货币政策。美国因此失去了一个历史性的重要机会。

1987 年初，在美国经济摆脱了增长衰退，通胀风险随之明显上升的情况下，沃尔克似乎有打退堂鼓的想法。但他的懊悔在白宫里没有支持者，詹姆斯·贝克打破了他连任美联储主席的希望，艾伦·格林斯潘在 1987 年夏接替了他的位置，并且这位新的美联储主席很快便暗示他并不会继续遵守早些时候签署的所谓的卢浮宫协议（而沃尔克曾热衷于提倡这项协议）——这项协议提议美国应与 7 国集团的合作伙伴合作，结束美元当前的下滑趋势。以波尔（Poehl）为首的德国中央银行并不赞同美国放松货币政策的立场，并且在初秋开始收紧了德国货币政策。美元走低引起市场对美国通胀风险上升的关注。据一位知名评论员（裴德·万尼斯基，一位反对贝克的保守派）称，这种通胀危险状态是导致 1987 年 10 月股市崩盘的一个关键因素。股票投资者并不相信通胀危险的前景，他们意识到美国可能会以各种形式增加征收的通胀税，而通胀加速通常以糟糕的结果收场。

有些人会认为这是硬德国马克最后的荣耀。美国政治领域普遍认为，德国中央银行要为大崩盘负不可推卸的责任，而在欧洲，德国马克相对其他欧洲货币的升势直接加速了欧洲货币联盟的成立（德国出口行业不喜欢德国马克对其主要欧洲邻国的汇率波动，而其他国家则对新的欧洲内部货币的紧张局势感到不满）。毋庸置疑，欧元并没有作为硬通货的优良历史。但在德国，币值稳定倡导者的前进道路尤为艰难。如果不揭露出德国公民迄今所付出的巨大隐性代价，这样一条币值稳定的道路是完全无法想象的。但无论如何，这些代价还是有可能暴露出来，那可能就是机会。

举个例子，下一轮的衰退危机很可能在欧洲货币联盟内部引发新的主权债务和银行业危机。然后德国总理和德国中央银行行长便会以德国继续支持欧洲货币联盟作为筹码进行要求，并发出最后通牒。首先就是否定过去 20 年发生的所有违宪事件——不再通过欧洲中央银行进行后门援助，以及重新定义所谓的币值稳定制度（而不是永远保持 2% 的通胀速率）。而且，如果欧洲货币联盟的成员国无法在没有外部补贴帮助的情况下维持目前的状况，就必须为它们的退出进行协定（或者只提供有限的帮助）。

如果这样的事情真的发生，德国总理和德国中央银行行长必然持有与现任官员截然不同的理念，这样的理念转变背后的政治潮流很大程度上是不可预测的。我们可以想象，基督教民主党转向右翼的战略目标是重新赢得反欧元反移民党（AFD）的选票，并与自由民主党（FDP）组成新政府。也可以猜测社会民主党将会采纳一项币值稳定计划，并在中产阶级普遍对因负利率和无休止的通货膨胀造成的储蓄骤降感到不满的情况下，成功地将其描绘为改善中产阶级经济状况的有效方式。他们会指出，在德国总理默克尔和欧洲中央银行行长德拉吉的领导下，通货膨胀和欧元货币整合（包括未来潜在的巨额缴税责任）的受益者会是大型企业出口商和富人。

参考文献

［1］Beyer, A., Gaspar, V., Gerberding, C., & Issing, O. (2009, March). *Opting Out of the Great Inflation：German Monetary Policy After the Break Down of Bretton Woods* (ECB Working Paper Series No. 1020).

［2］Brown, B. (2015). *Euro Crash*. Basingstoke：Palgrave.

［3］Brown, B. (2016, April 21). *Jens Weidmann's Disastrously Misplaced Loyalty to the Central Bankers Club*. Hudson Institute.

［4］Emminger, O. (1977, June). The D－Mark in the Conflict Between Internal and External Equilibrium 1948－1975：Essays in International Finance, No. 122.

［5］Geberding, C., Seitz, F., & Worms, A. (2005, December). How the Bundesbank Really Conducted Monetary Policy. *The North American Journal of Economics and Finance.*, 16 (3), 277－292.

［6］Hildebrand, P. (2004, November 23). *From Monetarism to the Inflation Forecast：30 Years of Swiss Monetary Policy*. Public lecture, University of Berne, Berne.

［7］Joerges, C. (2015, November 18). *What Is Left of the European Economic Constitution After the Gauweiler Litigation* (pp. 99－118). ZenTra Working Paper in Transnational Studies, No. 60.

［8］Weidmann, J. (2016, April 12). Interview with the *Financial Times*, Bundesbank's Weidmann Rebukes Draghi Critics in Berlin.

第九章

难以承受的房价和含水的货币

现代资本主义未能提供实现经济自由的两个先决条件：第一，低廉的房价且不断改善的住房质量；第二，货币在其三种功能（交换媒介、价值贮藏和价值尺度）方面的良好表现。这两方面的失败是密切相关的。

无论是美元、欧元还是日元，各国政府为追求自己的货币制度而进行的激进实验，已经损害了本国货币的整体质量。目前最好的情况顶多是商品和服务保持稳定的每年2%的通货膨胀率，而利率（尤其是长期利率）则保持稳定向下操纵的趋势，当然，也存在很多比这更糟糕的情况（如商品和服务市场进入新的高通胀率时代）。作为一种交易媒介，法定货币（现金除外）留下了大量可追踪的电子记录，这让许多崇尚自由主义的用户感到不满。尽管有大量的证据表明，大额纸币的提供有助于促进合法交易的需求，并且有助于打击信用卡和支付卡提供商之间的寡头垄断（见第十章）。但是几乎无一例外地，政府都未能做到。

这些实验一直是资产价格通胀病的根源（资产价格通胀是商品和劳务通胀的孪生兄弟，但有时会被全球化或更广泛的技术变革等"去通胀"因素掩盖）。长期利率市场由于目前的货币制度而功能失调，助长了这种"疾病"向住宅房地产市场的蔓延。

像瘟疫一样蔓延的高房价

在撰写本文时（2018年春季），大量的指数显示，美国全国范围内的房价比上一个峰值（2006/2007年）高出15%以上，或者说按实际价格计算要低10%不到。怎样才能停止这种货币贬值和房价飞速上涨交替的恶性循环呢？

这种现象是之前从未发生过的。正如罗伯特·席勒（Shiller，2016）所指出的："从长期来看，情况并非如此。"他指出，尽管过去几年房价稳步上涨，但实际上买土地和买房都不是什么好的投资。

席勒发现，从1915年到2015年的100年间，实际房价（根据S&P/Case–Shille美国全国房价指数计算）增长了1.8倍，每年平均增长率仅为 0.6%（而实际 GDP 增长率为 3.2%）。席勒认为，这种现象出现的原因来自供给的增加（随着价格的上涨，公司会建造更多的房屋，大量的市场供给压低了价格）。

当然，每栋房子的下面都是一片土地。"有时候，那一小块土地支配着房屋的价值，尤其是在人口密集的城市地区。"但正如席勒所解释的那样，这些地方的人们购买房子不是为了土地本身，而是为了之后能享受到后续的服务。这些服务得到了极大的发展，越来越多的高速公路、汽车、电话和各种设备使人们即使离开中心城市也能获得他们想要的住房服务。因此，从长远来看，这些发展大大缓解了城市房价上涨的压力。

纵使将 2007 年的经济崩盘考虑在内，席勒对过去 20 年的房价飙升也并不担心。"房价长期的缓慢上涨并不令人意外，这种趋势或许会持续到下个世纪，甚至造成更为极端的后果，就算土地的实际价值比现在更低，也是完全能够想象得到的。"

席勒没有提到，从 20 世纪 90 年代末到现在，美国房价的飙升与同时期采用的 2% 通胀率目标是有内在关系的。事实上在他过去的解释（或者更宽泛地说，是心理学解释）中从未提到过货币环境的问题，也没有过多地讨论地区限制这个棘手的话题。

从总体角度上来说，我们可以考虑进行几项基本改革，使人们能重新负担得起住房费用，而不用等待一个长期周期来重申这些改革的重要性。

硬通货促进廉价房源

货币制度的指导原则应该是产生公众愿意接受的硬通货（而不是像第十三章所讨论的那样新凯恩斯主义政策实施和以各种形式征收通货膨胀税的工具）。根据米塞斯的观点，硬通货原则有两个方面（Salerno，2015）。他肯定了市场对常用交易媒介的选择权力，在阻碍政府干预货币体系的倾向方面较为消极。

在现代，我们许多人可能会回忆起 20 世纪七八十年代流行的坚挺的德国马克或瑞士法郎。币值稳定理论学家会对他们的稳健程度提出质疑，因为管理这些货币制度的中央银行充其量遵循的是混合原则。事实上，他们认为，自 1918 年以来，美国乃至全球的货币体系整整一个世纪都受不坚挺货币瘟疫的影响——无论是欧文·费雪在 20 世纪 20 年代对稳定物价的劝诫，还是凯恩斯主义和新凯恩斯主义的宏观管理理论，都是如此。

　　再看这个"当代"出现的众多资产价格通胀事件，其中也涉及了众多住宅房地产的通胀案例（包括 1925—1928 年的繁荣期）。不过，总体而言，直到 21 世纪，美国住宅房地产市场还没有成为资产价格通胀的焦点。这是与过去 20 年发展趋势不同的一个领域，且在全球 2% 通胀率标准下，货币政策扭曲的程度和类型很可能发挥着主导作用。

　　无论究竟是否坚挺，20 世纪 70 年代和 80 年代的硬通货早已不复存在。取而代之的是美国、欧洲和日本继续遭受着资产价格暴涨和萧条、长期实施的负实际利率以及未来什么时候爆发还未知的高通货膨胀的威胁。对于普通公民来说，鲍威尔美元、德拉吉欧元和黑田日元是非常不受欢迎的法定货币，而不是人们更偏爱的硬通货。

　　2% 的通胀率标准已经在全球范围内存在了近 25 年。它为三次大规模资产通胀（1996—2000 年、2003—2007 年和 2011—?）奠定了基础，当时以美联储为首的各国中央银行一直在努力抵御快速全球化和技术变革（尤其是数字化）带来的价格下跌。从长远来看，疯狂的货币实验已促使人们在市场中寻求更高的收益率和安全性，进而抵御即将到来的通胀风暴。

市场情绪加剧了房地产业的价格膨胀

　　在安全性方面，人们对居住空间有着特殊的感情。随着对货币通胀的担忧加剧，需求激增，人们担心自己和家人未来无法拥有理想的住房条件。他们被富有的外国人不断增长的需求吓坏了，担心自己和孩子会被高房价排挤。即使偶尔下跌，但房价稳定上涨所带来的正反馈循环则增加了他们的胆量。

利他主义和家庭保护意识强化了从房价上涨到投机行为的潜在反馈循环。父母用自己的存款（也就是所谓的父母银行）为他们的孩子购置房产，从而避免会导致婚姻破裂的摩擦和不愉快。没有人能责怪人类帮助孩子的动机，但将其转化为高价房地产资产中的巨额头寸无疑是值得质疑的。父母送给子女的礼物无论如何也不应该是房产。

最终，从提供给年轻人的购房软贷款中获益的不是年轻人自己，而是房主或者土地所有者，他们会以更高的价格出售房屋。这与国家以各种形式帮助低收入家庭支付租金的做法效果是相同的；政府这一支持政策会推高"可负担"住房的租金，甚至还会推高房价，这些救助还不如花在一些收入相关的支付上，而不是与特定的商品绑在一起（在本例中是房子）。

在住宅房地产租赁市场的话题里，主要就是两件事情：公共政策选择和私人家庭直接购买还是租房的决定，人们普遍认为租赁市场是不完美的（这在很大程度上是正确的）。固然，租金的波动性比资本价格波动更小，且上涨的空间也相对更小，但租赁房屋的租期通常是高度不确定的，代理成本也很高（租户和房东之间可能存在纠纷，而且很难执行维修合同），租户在租赁合同中显然处于弱势地位。

因此，在不坚挺的货币环境，特别是2%的通胀率水平下，购买房产的好处是显而易见的。尽管根据经济预测，短期通胀前景似乎得到了控制，但人们普遍认为下一场高通胀时代正在逼近。专家的预测和中央银行的承诺都不同程度地基于惯性，而且有谁会相信和政治因素一起指引中央银行决策者的计量经济学模型呢？

长期利率市场失灵加剧了房地产市场的扭曲

正如我们在第四章中所分析的那样，在一个功能失调的市场中，长期利率被严重压制，失去了对长期高通胀危险的预警能力。不合理的货币制度也同样失去了晴雨表的作用。因此，在住宅房地产领域寻求安全感的个人便有强烈的动机通过巨额抵押贷款购买房产，这会形成一个自然的对冲，长期利率市场的利率恢复功能重新上涨，远高于当前水平。房地产价格则会大幅下跌，只要贷款利率固定，未偿还贷款的市场价值也会大幅下跌。因此，再融资的利润（在制度允许的情况下）将抵销基础房地产贬值的部分损失。

在不合理的长期利率的影响下，非理性行为还存在很大的影响。特别是许多准业主将住房成本看成是抵押贷款服务成本乘以房价。原则上，他们应将未偿还的大额贷款作为风险资产（这些特定风险和一般市场风险都是极难分散处理的）处理，因为未偿还贷款会成倍增加固有风险，所以其相应回报应包括可观的风险溢价以及未偿还贷款余额再乘以一个内在风险。但在非传统的2%通胀率标准的货币制度下，许多人认为极低的利率是提高住房负担能力（更低的月供）的一个重要因素。

在大多数资产（包括房地产）强劲增长的情况下，资本收益几乎是必然能够得到的，有很多投机背景可以支持这一说法（外国买家、父母银行①、超级大城市的出现）。在被各种形式的非理性畸形环境因素扭曲（如长期处于零利率或负利率的资本市场中，资金无处可去）的情况下，无杠杆房主和投资者也会得出类似的结果。

对房地产市场杠杆的补贴打击了购房能力

此外，在许多财政法案中，抵押贷款享有优惠的税收待遇（2017年12月出台的《共和党税收法案》尽管后来在某些方面有所削减，但没有终止补贴）。按揭利息的扣减实际上是对房地产市场杠杆的一种补贴。

然而，住房价格通常是由补贴推高的，补贴将需求推至一个更高的水平，除非住宅空间的供给对价格变化具有高度的弹性（就像在目前假如在固定价格情况下，新住宅用地可以无限供应）。但在严重限制供给的背景下（许多采取的是以州或市级区域法规限制的形式），补贴实际上使现有

---

① 可能出自 "Bank of Mum and Dad"，指某人将父母视为其资金的来源。

房主变得富有，加重了潜在的新购房者的负担。受影响最大的群体是谁？是未通过贷款购房从而未能得到杠杆补贴的现金买家。

而且，一些现金买家，尤其是在大都市中心的高端住宅房地产市场（由于扣除额受上限限制，抵押贷款的税收补贴的影响并不显著），可能会为税收优惠支付一些溢价，即使这些优惠并不是他们自己享受的。特别是某些高端住宅房地产还保留了其作为一种资产的价值角色，拥有匿名所有者的离岸公司可以毫无障碍地购买，因此来自这一来源的需求可能导致大量的溢价（除非土地供给具有高度的弹性）。

其他税收补贴降低了奢侈房源的规模，并推高了自有住房的价格。例如，美联储的资产购买计划（涉及积累大量抵押贷款）已经抑制了这些抵押贷款上的长期利率。房利美和房地美及其对债券持有人的有效半官方担保也有类似的影响。最终，给那些"大而不能倒"的银行的补贴鼓励了超越自由市场范畴的放贷行为，并起到了同样的作用：推高房价，但降低在其之上的杠杆成本。

亚历克斯·J. 波洛克在 2017 年的一篇文章中对美国补贴抵押贷款提出了一些尖锐的批评。他写道：

1967 年，美国的住房拥有率为 63.6%。如今，2017 年这一比例为 63.7%。政府付出了巨大的努力，对抵押信用贷款进行大力推广和担保，只带来了 0.1% 的增长。

据波洛克计算，美国近 60% 的未偿还抵押贷款最终都是由纳税人承担风险的，并且还没有考虑美联储其他抵押贷款购买计划的介入。

我们可以看到，美国现在有一个庞大的政府住房联合系统：美国财政部、美联储和房利美—房地美—吉利美，三个主要部门紧密相连。

政府对住房金融的大规模干预取得了什么成效？有两个较为重大的影响：推高房价，并在金融体系中引发更高的债务和杠杆。

面对这些不可避免的影响，一个政治派别总是要求更多的政府担保、更多的债务和更多的杠杆。这将导致更高的房价和更低的负担能力，直到繁荣周期以惨淡结束告终。另外一个更好的解决办法是减少政府的干预，转向培养一个具有更大私人市场的住房金融部门。

如果利用财政刺激来降低房价，那么这些措施应该与增加住宅用地供应紧密相关，而不是影响人们的需求。还有另一种方法是将开支抵税，这样资本支出会增加有效居住空间的供给（例如，将仓库或办公室改建为居住空间或建造比以前更高层的住宅楼）。这些激励措施与第三个领域的改革有关——放松监管。

放松监管和去分区化

政府常用的主要监管限制手段是土地分区。以东京为例，东京的某些地区基本上已经解除了管制，这意味着把仓储空间改建为住宅或高层建筑将不受限制。因此，尽管人口流入（没错，尽管日本人口稳步下降，但仍有源源不断的人口流入东京）的规模类似，东京的住宅建设规模远远超过欧洲和美国的大城市。有趣的是，尽管安倍经济学实施了疯狂的货币政策，但房价上涨的速度还是较为缓慢的。

除土地分区以外，改革还应当消除租赁合同的创新和灵活性方面的障碍，同时消除偏向房屋所有权而非租赁的不正当税收激励。最终，普通公民将能够有更大的自由来选择如何获取居住空间，无论是作为购买者还是租房者，他们都不必受各类监管和税务机构安排和摆布。

不动产税：税收中性、负担和豁免

总体而言，尽管住宅房地产有一些税收优惠，但在大多数辖区，它仍是一种税负很高的资产。就高税收抑制居住空间供给而言（土地供应具有价格弹性的原理就是如此），它们增加了人们的负担。作为一种固定资产，房地产很容易征税——最能获益的就是地方和州政府。与其他许多投资形式相比，在房地产上避税和逃税的可能性相对较小。中央政府或联邦政府也可能在遗产税和资本利得税上进行介入（不过在通常情况下，业主至少在转入新房时不会受到后者的影响）。

原则上，在税收中性①的制度下，无论是以销售税还是增值税的形式征收，房地产服务消费（包括空间可用性）的税率与其他消费品和服务的税率相似。如果不是这样，房地产消费税率相对较低，税收制度会实际上引发对居住空间的"过度消费"，这在低供给弹性下，意味着价格明显更高；在高供给弹性下，比如住宅用地供应不受限制的情况下，较低的消费税应该意味着更高的对住宅房地产的购买力。实际上，房地产消费税是由地方或州政府向租户和业主征收的。

从住宅不动产得到的收入，无论是以从承租人处收取的净租金或业主买房的虚拟租金的形式，在扣除包括折旧和维护在内的所有成本后，都将按与其他资产类型相似的税率征税（在中性制度下）。尽管如下文所述，房地产流转税作为所得税的替代品并不完美，但在世界各地的税收制度下，虚拟租金并不直接计入应税收入中。如果来自住宅房地产收入的所得税较低（相对于其他资产的所得税），特别是在某些管辖区，业主自用住房的虚拟租金很低，那么只要土地供给是具有弹性的，就会促进房地产的额外开发建设（部分是由于价格反映了收入税的一些优势）。

在实践中，尽管联邦联盟（Federal Unions）中的国家之间与主权国家之间都存在巨大差异，但住宅房地产的税收中性既不存在于支出侧，也不存在于收入侧。与"租赁价值"相关的地方年度税收，原则上相当于销售税；在美国，不可能就这些税收是否高于或低于相关销售税进行衡量。在一些地方，税收是递减的（没有完全与租金水平同步上涨，所以超豪华住房相对来说税率较低）。在欧洲，尤其是英国，以占租金的比例计算的地方税收有明显低于增值税率的趋势，尤其是在高档房地产区，但同样，不可能一概而论（租金税在英国相对较低）。在一些管辖区，地方政府或联

---

① 税收中性是针对税收的超额负担提出的一个概念，一般包含两种含义：一是国家征税使社会所付出的代价以税款为限，尽可能不给纳税人或社会带来其他的额外损失或负担；二是国家征税应避免对市场经济的正常运行进行干扰，特别是不能使税收超越市场机制而成为资源配置的决定因素。——百度百科，译者注

邦政府对住宅地产征收资本税或流转税，显然是作为对虚拟租金（并未实际征收）征税的替代品，但这样做会对市场造成很大的扭曲，甚至导致市场混乱。

这在流转税方面可能尤其如此。由于管理和征税成本较低，它受到政府的欢迎。从政治的角度来看，它们似乎比向房主征收虚拟房租税更容易让人接受，而且确实是它的替代品，但事实上，它们是完全不同的。他们实质上对那些只打算在短时间内保留指定空间的房主征收罚款，或者更不好的是，对那些突然改变主意或情况的房主征收罚款。

例如，新房主可能会发现，他们搬进新家后不久，就并不像他们想象的那么喜欢新房子了；或者他们可能会发现，由于工作或其他个人原因，他们不得不搬到其他地方。这种税收制度可能给那些改变主意或发现自己处于这种变化的环境中的个人造成巨大损失，怎么可能还指望他们遵守这样的税收系统呢？房屋所有权就成了那些敢于长期持有房产的人的权利。如果他们事先知道自己不会住太久，那么尽管租房会带来种种不便（如代理成本），他们也会尝试选择租房。对于流转税的极端副作用，有一些可能的补救措施，比如在卖房时对之前上缴的部分税款进行逐年递减的退税，但这些补救措施并没有应用到实践中。

举例来说，在租金占资本价值约4%，且自住业主的平均持有期为10年的市场中，对住宅地产征收5%的流转税，将转化为每年12.5%的税（估算扣除维修和折旧费用前的总虚拟租金税）。这似乎是一个合理的预测，因为这相当于对净虚拟租金收入征收中性税。但是，仅自住一年的业主会因此承担高额的税款，两年的业主承担的相对少一些，以此类推。然而在天平的另一端，拥有25年居住权的业主的税负比任何中立的所得税等价税种都要低得多。与税收中立性近似的做法是即使没有交易，也要求每10年征收一次补充流转税（可以将付款推迟到最终的实际销售时）。不占用房屋（而是出租房屋）的房地产投资者在净租金上缴纳所得税，因此原则上不应再缴纳作为所得税的代理的流转税。实际上，这些投资者可能将房产持有很长一段时间，从而将负担降到最低，但这意味着他们的买卖活动会随着时间的推移而减少，这无疑对市场效率、灵活性和流动性不利。

如前所述，流转税在美国通常很低，但在许多其他国家却很高，高达10%或更多。因此，在美国，即使考虑到流转税的分期摊销，来自自有住房的虚拟收入确实有些"税负过低"。在美国，遗产税的负担比许多其他国家（如欧洲或日本）低得多。即便如此，在未考虑到杠杆补贴前，仅分析这里所提到的消费税和所得税，尤其是考虑到征收的有效性，美国或欧洲的住宅房地产整体相对于其他资产并不会受到更多的青睐。

小国困境：如何防止房地产市场过热？

在2%的通货膨胀率标准下，我们之前提到的住房市场问题对中小型经济体便显得尤其重要。

在这种情况下，政府和中央银行就面临着一个艰难的抉择。特别是如果在有极其吸引人的机会时，针对本国货币的投机兴趣（套利交易）越发增强的情况下。例如，许多大宗商品生产国或新兴市场经济体发现，在当前的资产价格膨胀时期，投资者们对自己国家利率尚为正的货币有着巨大需求，并且该需求还有与日俱增的趋势。而相关货币套利交易的一系列资本利得，强化了更多参与者的正反馈循环。

原则上，小国的中央银行可以坚持其硬通货的原则，但这些原则并不容易应用，因为其小货币需求可能不稳定，且没有以高能货币的形式建立良好支点，如果中央银行真的拒绝采用美国或欧盟的零或负利率和量化宽松政策，其货币可能大幅升值，进而给传统出口行业带来巨大压力。另外，如果他们为了避免这种情况而试图转向美国式政策，他们的国内房地产市场和其他相关市场便可能会出现巨大的投机泡沫。

即使有硬通货政策，小国的房地产市场也会吸引渴望收益的外国投资者，尤其是在有利好消息的市场中。但在该国货币存在大幅贬值的前景下，这一投资需求将受到一定程度的抑制。此外，消除国内房地产市场供给限制的改革计划将进一步降低泡沫形成的风险。正如本书前面所讨论的，如果中小经济体不追随采取华盛顿和法兰克福的政策，而反抗性地采用另外的货币政策，将需要政治家们和中央银行决策者们作出公开解释，阐明需要作出的牺牲和利益相关，都是为了长久的繁荣。

对于小国的公民来说，反抗性的货币政策并不是纯粹的坏消息。他们可以抓住这个历史性的机会，以低廉的价格购买外国资产，而非理性的收益率狂热（意味着理性评估所有未来情景后，外国人总会为本币支付过高的价格）推动了外国资本的流入。最终，国内居民将从这段时期购买的外汇中获得巨额资本收益，而相应的损失则转嫁到了狂热的收益率追求者身上。

在近 10 年资产价格大幅上涨的情况下，许多中小国家的政策制定者拒绝走硬通货的道路。例如，加拿大和澳大利亚发现，在美国货币通胀的第一阶段，它们的货币面临巨大的升值压力，因为美元贬值和中国货币政策的膨胀导致它们的主要大宗商品出口价格飙升。这两个英联邦国家的中央银行采取了同样的策略——不允许利率随着大宗商品出口繁荣推动的经济扩张而上升，进而遏制本币的强势走高。这直接导致在远离大宗商品产地的明星城市（悉尼、多伦多和温哥华）中住宅房地产行业的爆发。一篇行业报道详细地描述了中国新富投资者和他们的进攻。尽管利率很低，但对包括欧洲中央银行和其他主权财富基金在内的面临收入荒的投资者来说已经较为乐观，他们仍然选择投资这些正利率的货币。这些货币政策随之而来的另一个表现便是消费者债务的激增，这在一定程度上归结于房地产抵押品价值不断提高。

当商品市场（以及相关的新兴市场）的发展从 2013 年至 2014 年、2015 年逐渐减缓，甚至出现泡沫破裂的情况时，这两个国家的中央银行迅速了降低利率，并批准进一步的激励政策以刺激本就炙手可热的住宅房地产和建筑业，以抵消大宗商品价格疲软所带来的负面影响。这两种货币对美元的汇率从 2012 年的峰值跌至 2015 年的低点，跌幅高达 25%。美国另一轮货币宽松政策的实施伴随着世界性范围的改革（耶伦领导的美联储在

2016 年前三季度放弃所有预期的加息，中国制定了新的大额货币及信贷方案，日本和欧洲则继续施行负利率和量化宽松政策），这促使多伦多、温哥华和悉尼的投机热度进一步上升。在这种情况下，政府选择直接接手对市场的管制，采取了一系列措施如对外国购买房地产征收高税率，并加强对这一领域放贷的国内机构的审慎管制等。没有证据直接表明，在大宗商品繁荣消退期间，有大量的外国资金流入这些货币中，即使是那些受到国际货币基金组织（IMF）鼓励，将这些货币纳入自己储备货币的投资者，现在一定也对这个建议感到非常不满。

事实上，这两个国家（加拿大和澳大利亚）仍然是 2% 通货膨胀率标准的坚定拥护者，曾经的硬通货国家瑞士也是如此。20 世纪 90 年代，它逐渐放弃了货币主义的历史政策，转而采用了通货膨胀目标制（尽管瑞士并不像其他大多数国家那样把注意力集中在 2% 上）。2010 年 12 月 13 日，欧洲货币联盟内的主权债务危机引发了其他国家对瑞士法郎作为避险货币的巨大需求，瑞士当局对此作出了大规模外汇市场干预、设定汇率上限，并最终紧急实施了长达数年的负利率机制。这一机制与澳大利亚和加拿大最大的不同是，大规模的外汇市场干预和激进的货币宽松措施可能会导致汇率过快增长，但如果瑞士坚守币值稳定的立场，那这一开始就会发生。

诚然，瑞士中央银行对其从投资组合中获得的巨额利润感到自豪，尤其是将这些利润投入到美国股票和各种形式的套利交易（包括买入澳大利亚和加拿大货币）中。但是，假设这些利润能够不受资产价格通胀的影响保持下去，又该如何转移到普通瑞士公民的财富中呢？事实上，瑞士中央银行的外汇储备大多产生于 21 世纪头十年，资产价格通胀时出现的瑞士法郎套利交易大规模放松的时候。当时，在这两个国家异常宽松的货币环境的影响下，整个世界都试图从低利率的瑞士法郎和日元借款，获得投机性利润。当这些套利交易由于全球资产价格通胀而不得不中断时（欧洲主权债务危机的爆发加剧了这一断层），瑞士中央银行试图抑制本币的升值以维持市场秩序，但这并不意味着它有理由积累大量外汇。一旦潜在的混乱局面结束，瑞士中央银行本应逐渐减持外汇储备，而不是为自己在

2013—2017 年资产价格通胀期间的外汇投资的成功而洋洋自得。

在另外一种情形下，即瑞士法郎升至更高峰值和瑞士私营部门投资者能够购买较为便宜的外国资产的情况下，他们将会在随后的全球资产价格通缩浪潮中拥有更大的缓冲空间（损失由外国投资者累积持有的瑞士法郎来提供缓冲）。此外，他们还将在较长一段时期内拥有以极低价格进口消费品的优势（包括购买海外房产）。作为硬通货代表的瑞士法郎，因抵制美国和欧洲强加的货币制度而闻名，将在这个过程中获得巨大的好处——这对瑞士经济来说，可能是一个长期的显著优势。

总体来说，我们可以认为，全球 2% 的通胀率标准不仅使大国的货币贬值，而且还消除了潜在的法定货币竞争，减少了全球投资者可以自由选择的货币种类，从而导致法定货币体系混乱的规模达到了史无前例的程度。在资产价格通胀正处于高峰期，投机活动的热度达到了空前的制高点的日子里，又有谁会批评实施 2% 的通胀率机制的官员呢？相反，他们正享受着其投资正在不停挣钱的人们的奉承。当然，这并不是说所有怀疑者都成了信徒。的确，在资产价格暴涨的背景下，比特币热潮揭示了人们对法定货币的不满——无论是出于对最终通胀的担忧，还是认为它已经穷途末路。有些人可能将比特币视为救世主，而另一些人则被贪婪所迷惑，想从疯狂的投机中套现，赶在比特币下跌之前及时脱身。而现实主义者在他们当中可以看到加密货币概念的缺陷，包括供给条件、不稳定的需求、出现未知替代品及盗窃事件的可能性和更频繁的黑客攻击。

关于"通货膨胀警报"的附言

回到我们所熟知的法定货币的世界，市场和时兴评论有时会习惯性地认为："他们"（当局）将通过实施有效的紧缩货币政策对重大的通货膨胀冲击作出反应（从历史数据和事件来看，经过中期后通胀超过目标的可能性大幅增加）。让我们以 2017 年末和 2018 年初响彻全球金融市场的"通胀警报"为例。

这一警报是因为特朗普所领导的共和党减税和随后的联邦开支增加（作为中期预算协议的一部分），这两项措施将共同导致联邦赤字在 2019 年达到 GDP 的 6% 左右。这不断膨胀的赤字正好赶上了一位被认为与偏好弱美元的财政部部长拥有"良好的工作关系"的新美联储主席上任之际。作为前私募股权巨头，这位美联储主席支持 3% 的通胀率目标，并且几乎完全不担忧资产价格通胀的问题。与此同时，在 2017 年末和 2018 年初，新的动能促使增长周期逐渐好转（尽管反对人士警告称，这实际上是增长周期的峰值）。就通胀预警本身而言，投资者有理由对美元保持一定的谨慎态度，有理由担心其对股市及长期固定利率债券的影响（历史上，股市有过因高通胀而下跌的实例，尤其是在因为美国国债收益率上升的情况下）。

事实上，从 2017 年 12 月中旬到 2018 年 2 月中旬，美元兑欧元和日元下跌了约 5%，以美元计价的金价上涨了约 7%，10 年期美国国债收益率上涨了 40 个基点，（与通胀警报的预期相比）较为异常的是美国股市。尽管美国股市波动剧烈，但直到 2018 年 2 月底，美国股市的标普 500 指数大致与 2017 年底处于同一水平（但已远低于 1 月的峰值水平）。事实上，美国股市对通胀警报非常有适应性，这表明通胀对股价的影响仍存在极大的不确定性，至少在资产价格通胀（而非商品和服务通胀）占主导地位的情况下便是如此。而在其他所有因素不变的情况下，美元贬值提升了美国其他行业的盈利水平。

通胀警报似乎导致了另外一种不约而同的选择：美国月度 CPI 报告成为许多交易员关注的焦点。市场专家表示，这场游戏的规则将是，如果 CPI 相对于预期上行，那么美元将上涨，美元计价的黄金价格下跌，美国股市则会因此崩盘，长期利率将大幅提升，反之亦然。

这种市场对通胀数据冲击的预期反应看起来根本不合常理。市场的反应似乎在表明，经济数据的大幅变动将提高美联储政策大幅变动的可能性——也就是从货币通胀转变为所谓的"正常化"。这一变化确实意味着美元走强、黄金走弱、一段时间内的股市走弱、长期利率走高以及其他影响。但对市场专家来说，有一个严重的问题：这种假设根本就不存在！

没有任何迹象表明，鲍威尔、特朗普、姆努钦所领导的美联储会比耶伦时代的美联储更加积极地通过施行紧缩的货币政策来应对通胀飙升的局面。官方称"让经济过热一段时间"（这意味着通胀过高是可以容忍的，因为在此之前已经有过通胀过低的情况存在）。也许美联储会考虑加息四次而非三次，但那也无济于事。如此微小的调整很可能将进一步增强而非减弱货币通胀的趋势，货币政策的立场不能也不应该用如此微小的利率调整的次数来衡量。在现在货币政策已经从根本上变得非常扩张性的情况下，很可能任何调整都会差点火候（如果通胀预期和实际利率的中性水平上升，情况也会如此）。

实际上，2 月的"消费者物价指数日"似乎证明了专家们是错误的。尽管严峻的冬季意味着相当大的不确定性，数据却意味着不断升级的通胀预警。市场表现得似乎并不认为美联储将严肃治理货币通胀、美元下跌、黄金价格上涨、长期利率上升和股票上涨的趋势（一些分析师认为，下调上一季度零售销售的数据意味着政府将不会在短期内采取更具有意义的紧缩政策）。

除了有关美联储"收紧"政策的幻想，还有一个重要的点需要说明。"通胀警报"一词本身具有高度误导性。在目前经济周期中，货币通胀的趋势在几年来一直十分强劲，资产价格通胀也是如此。在商品和服务市场，通胀虽然一向严重，但部分被官方统计数字掩盖，部分被"去通胀力量"掩盖了。

如果美国的通胀水平与 20 世纪 50 年代（以及之前的历史）的测量方法相同，那么现在的通胀率将在每年 3% ~4% 的范围内。所谓的享乐定价法（做了一些质量上升的调整）解释了这种差异，考虑到衡量服务质量改进的新方法，一些统计专家怀疑来源于享乐价格对通胀率的下调幅度过去两年一直在增加。作为推动价格下跌的"去通胀"力量，快速的全球化、数字化进程依旧十分强劲，它们在掩饰商品和服务市场的货币通胀方面发挥着重要作用（实际上，在这种情况下没有货币通胀意味着商品或服务的价格本应当有所下降）。

在强大的货币通胀背景下，通胀警报的实际含义是什么呢？也许最好的解释方式是掩饰通胀的伪装会突然消失（如亚马逊效应的收缩），或者货币的通胀势头突破2%等，此外，我们还应将资产市场非理性力量的加剧视为货币通胀警报的证据。理性考虑的话不难发现，单个月份的数据对经济肯定不会产生重大影响，并且考虑到工资部分的上涨在周期中往往是滞后的，目前我们掌握的工资数据也并不准确。

参考文献

［1］Pollock，A. J.（2017）. *What Have the Massive Guarantees of Mortgages by the US Government Achieved.* Housing Finance International Winter，2017.

［2］Salerno，J. T.（2015）. *Money Sound and Unsound.* Auburn，Alabama：Mises Institute.

［3］Shiller，R.（2016，July 15）. Why Land and Homes Actually Tend to Be Disappointing Investments. *Economic View，the New York Times.*

第十章

负利率和反现金的战争

我们可以发现，引入2%通胀率标准背后的一个关键想法是，这将有助于解决零利率下限问题（也就是说，如果利率显著低于零，那么储户只需从银行中撤出储蓄并囤积现金）。具体来说，在商品和服务通胀率非常低（或根本没有通胀）的情况下，名义利率可能无法降至足够低的水平（在零是下限的情况下），从而无法实现在某些时期重新进行经济复苏所必需的负实际利率（如在商业周期的下行阶段或在储蓄过剩的情况下）。如果2%的通货膨胀率制度能以某种方式使通胀预期始终保持在2%左右，那么即使名义利率不能降到零以下，实际利率也有可能降至－2%。当然"以某种方式"是这里的关键词，如何才能实现2%的通胀率期望呢？

这就是负利率倡导者找到的解决方案。即使2%的通胀率预期无法维持，负的实际利率也可以通过突破零利率边界被"操纵"出来，即使可能性很小。假设可以找到一种方法让名义利率下降至－0.5%，那么即使在当时特定的经济环境下通胀率预期不能超过1.5%，实际利率还是可能保持在负的水平。

利率降至零以下的主要障碍是人们囤积钞票的可能性。但是储存钞票并不是没有成本的。因此，实际上，在正常的货币制度下，利率的确可能降至负值以下一点点。此外，即使银行在中央银行的准备金率低于零，他们也可能并不会把负利率转嫁给客户，因为挽回失去客户的成本可能超过准备金负利率的成本。相比之下，批发货币存款（Wholesale money deposits）和一些大额存款可能将采取负利率（援引一些银行的话）。

在2%的通货膨胀率标准下，欧洲和日本的中央银行已经试验过适度的负利率政策。实际上，存放在中央银行的准备金开始要收取一定的费用（有时候这些费用只是在超额边际准备金上收取而不是总准备金，这意味着银行有更多的自由避免将负利率转嫁给客户）。

适度的负利率政策是否值得实施？

所有问题的根源在于，这样的负利率政策是否值得。

毕竟，在坚挺货币条件下运转良好的资本主义经济中，物价和工资都是上下浮动的，零利率的界限并不会阻止实际利率降至负水平（见第二章）。对未来商品价格将从目前低于正常的水平上涨的预期是低于零的实际利率产生的机理，尤其是目前需求周期性疲弱的商品和服务价格会低于正常水平，而在随后的经济复苏中价格将会有所回升。因此，企业和消费者会提前购买这些商品和服务。然而，以美联储为首的各国中央银行一直在宣传2%的通胀率目标，并为达到这一目标而动用负利率政策这种非常规工具，这可能会助长惰性，从而阻碍货币市场的灵活性。

此外，在中央银行的存款利率下调至负值，银行将存款服务价格下调至成本以下，以及出于对缺乏收益的恐慌从而在债券市场向下操纵期限风险溢价，都不利于银行系统的正常运行，比如可能阻碍其为经济扩张融资的能力。在货币体系混乱所煽动的不理智的情绪背景下，谁知道这样一个负号会如何冲击经济呢？短期政府债券的低负利率可能会导致人们对收益的追寻达到非理性的新高——例如套利交易就可以证明这一点（见第三章）。

这些套利交易都具有潜在的高额成本，这些成本可能要到当前周期结束或之后才会显现出来（之前我们已经提到过一些例子）。进一步举例来说，我们可以参考私募股权行业的膨胀。投资者对高杠杆收购过程中发行的高收益债券的巨大需求促使私募股权行业出现了惊人的增长（被收购的企业通常发行高数量水平的债券，这意味着私募集团需要支付的净现金很少）；高杠杆、高价格的高风险债券和不断上涨的股票市场（这意味着未来以高价出售公司的良好前景）一直对私募股权投资者具有极大的吸引力。私募巨头似乎有一种神奇的魔力，他们可以"点石成金"——人们便心甘情愿地牺牲流动性，去等待这些收益。

但是，正如最近一篇调查文章（Daniel 等，2016）所示，私募股权的真实情况可能要糟糕得多：

自2008年国际金融危机以来，私募股权公司的影响力迅速扩大，在美国人的日常生活中扮演着无处不在的重要角色。这些公司迅速发展的核心在于他们善于使用复杂的政治手腕，包括赢得政府合同、制定公共政策以及利用前政府官员去游说。然而，尽管私募股权在州政府和华盛顿发挥如此大的影响力，但公众对其政府方面的活动却知之甚少。这是因为私募股权公司通常不会直接与立法者和监管机构打交道——但它们拥有的公司会。因此，这些公司本身已经合并成相对匿名的企业集团，在与政府打交道时在幕后利用它们的权力。而且由于私人股本公司的利益极其多样化，他们不仅擅长游说劝说，还作为公共项目的承包商和合作伙伴与政府进行互动。

负利率对货币体系造成损害

除助长非理性的狂热外，即使利率只比零低一点点，我们也应该考虑其对货币体系造成的损害。

在本书中我们已经阐述过这样一种观点，即坚挺的货币制度依赖于作为稳定支点的基础货币，这种基础货币的需求广泛而稳定，而且始终不对其支付利息（见第一章和第四章）。而负利率的引入意味着基础货币偏离了不支付利息的原则。也许这种偏离只会持续很短的时间，但即便如此，这也可能会对基础货币的需求产生放大的影响，使其变得更加不稳定且难以预测。此外，研究整个货币实验的历史可以发现，无论在货币实验开始的时候是怎么说的，这些实验时间都不短，实验者往往要深挖很长一段时间。

此外，负利率的引入与还与坚挺货币的另一项关键原则相冲突，即市场应该在没有官方操纵的情况下自由决定利率。如果是这样，那么中央银行又为何要采取措施，将名义利率调至低于零的水平？固然，在中央银行持有不付息的准备金可能会产生一个永久性的小额固定费用（有点像金本位下的黄金保管费），但这应该就是全部的费用了。这意味着原则上由市场决定的货币市场利率有时会略低于零，但不会持续很长的时间。

在欧洲和日本进行负利率实验并非偶然，当时基础货币早已不是货币体系的支点，拥有立法权的这两个中央银行在多年前便已放弃了准备金不付息的原则。欧洲中央银行和日本中央银行以及美联储都已在本轮周期中证明，货币实验的进程已经远远超出了最初的时间规划。这同样适用于量化宽松政策和非传统货币工具的使用。

量化宽松：一场没有时间限制的实验

量化宽松是一项实验。

对于量化宽松最初的概念可以追溯到米尔顿·弗里德曼以历史学家的角度对 1932 年初的短暂公开市场操作的积极评价，他认为，通过某些暗箱操作对基础货币进行强劲推动，可以有效防止广义货币供应量的收缩，甚至能够促货币供应量的积极增长（Pethokoukis，2016）。这种大胆的长期试验在大萧条时期并未施行，但在 1934—1936 年实施，当时美联储和财政部实际上将大量流入的黄金货币化了（Brown，2015）。

弗里德曼没有谈到如何退出的问题，但可以推测，他会认为一旦经济危机结束，美联储将收回危机注资，并允许基础货币以某种方式回归"长期均衡路径"。这一退出过程所造成的摩擦和下行风险可能会抵消带来的好处，这又是一个没有得到解决的问题（尽管在 1936 年美联储通过提高准备金率的方式来收回超额准备金，使这个问题变得至关重要）。但总之，弗里德曼认为，扩大基础货币规模并随后撤出的过程，是对处于稳定的货币政策的暂时偏离，在这个状态中长短期名义利率是由市场决定的。

事实上，20 世纪 30 年代中期激进的基础货币扩张政策的证据已经表明，"量化宽松实验"并不只是一时之举。

固然，美联储在 1936 年末和 1937 年初分三个阶段提高了存款准备金率。但 1937 年秋季股市崩盘和"罗斯福衰退"（1937 年 5 月至 1938 年 6 月）的冲击，给这一进程带来了巨大的变化。随后，第二次世界大战在很长一段时期造成了超额准备金的过剩和对长期利率的操纵下调。

再快进到 21 世纪初日本的量化宽松实验，虽然总共持续了 4 年，但相对而言还是较为短暂的。此外，我们再来看最初由伯南克领导，由美联储发起，并在2011年至2012年不断加大力度的量化宽松实验。在该计划启动8年后，美国政府正以极其缓慢的步伐缩减资产负债表规模，但基础货币在中短期内可能无法回归在广义货币总量中所占的正常比重，我们也看不到美联储试图寻求一条正常的基础货币扩张道路的决心。总而言之，基础货币不再是传统意义上不付息的基础货币，而变成了一种脱离货币体系的存在。

这项实验持续的时间是惊人的。本·伯南克在2011年4月的第一次新闻发布会上为量化宽松政策进行辩护。他认为量化宽松政策在解决欧洲主权债务危机以及促进全球经济增长方面起到了重要作用，再加上其他非常规工具的使用，有利于全球经济从大衰退和金融恐慌中以最快的速度回复过来。他引用莱因哈特和罗格夫（Reinhart 和 Rogoff，2011）在2011年出版的一本书中的话解释道，通过历史研究观察可发现，普通的经济扩张通常是缓慢而痛苦的。然而这一论点一直备受争议。例如，泰勒在2013年（Taylor，2013）指出，经济复苏通常是强劲的。尤其是在2012/2013年，货币实验显然未能导致强劲的经济复苏——实际上，它甚至可能阻碍了复苏进程。然而这一货币实验仍在继续，其设计者在最初这一轮宽松周期结束之前，一份完整的报告尚未形成的时候，便将"就业的快速增长"归功于第一轮量化宽松政策的成果。

这段历史带来的一个关键教训是，本来在计划中只是短期的货币政策，一般不会真的只持续很短的时间。这一教训不仅适用于美国，也同样适用于欧洲和日本。负责货币政策的官员和政要通过各种借口不断地一再延期，并偷偷地作出微调，进而将本来失败的目标修正为其他的某些目标，这样它们便可以宣告在这一目标上的成功。甚至在尚未知道整个商业周期的结果，特别是在不良投资和货币通胀等其他损失并未明确之前，他们便自信地宣布了成功。这一教训不仅适用于量化宽松试验，也适用于负利率政策。

2014—2018 年欧洲和日本的负利率政策

我们可以从当前的货币通胀情况来研究负利率的历史。欧洲中央银行在 2014 年 6 月引入负利率政策，此举显然被德国中央银行视为比量化宽松更可取的措施。然而事实上，仅仅在 18 个月后欧洲中央银行又进一步引入了量化宽松政策，因此欧元区实际上对两种政策同时进行了尝试；而在 2018 年，尽管德国在资产市场通胀的情况下持续保持经济繁荣，甚至其他较弱的一些经济体也在强劲增长，但这两项政策仍然在进行中。欧洲中央银行承诺，这两项政策将至少再持续一年（到 2018 年底）。

在日本，2016 年 2 月推出的负利率政策遭到了大规模反对，投资者争相购买保险箱以存储现金，也导致了银行股价的大幅下跌。这些情况都在警告日本中央银行不要将利率进一步下调至零以下。然而纵使经济繁荣发展，日本在两年后的今天仍旧采取负利率的政策。

最后是瑞士中央银行在 2014 年 12 月投入了负利率政策的怀抱，意图将其作为压低法郎汇率的政策工具，当其于 2015 年 1 月放弃汇率上限后，负利率进一步进入负值区间（在 -1.25% 至 -0.25% 区间的中间值 -0.75% 左右）。三年来，尽管货币持续贬值，经济加速增长，通货膨胀率也维持在 1%，但这并没有使他们动摇采用负利率政策的决心。美国财政部已将瑞士法郎列入监控汇率操纵的货币名单，对瑞士方面造成了一些压力，但迄今未采取任何行动。事实证明，负利率政策坐实了瑞士操纵利率（对自由准备金征收极低水平的利息，意味着瑞士的银行继续将国内客户存款利率维持在零左右，实际上，负利率类似于对资本流入的外汇限制）。

低水平的负利率对包括外汇市场在内的资产市场产生的影响，很大程度上取决于对它的叙述的力量——这种叙述的力量被损失厌恶的情绪所放大（一种非理性心理，见第二章），这种心理似乎是由小于 0 的名义利率（哪怕程度很低）所引发的。在欧洲，这种情绪放大了实力较弱的主权政府（就信用质量而言）以虚高价格出售债务的能力，实现了欧洲中央银行行长德拉吉"不惜一切代价"拯救欧洲货币联盟的承诺。"不惜一切代价"是否包括如此大规模的货币通胀，以及由此给北欧纳税人转移的负担最终是否会导致欧洲货币联盟在这些国家政治反弹的重压下崩溃，仍是一个有待观察的问题。

负利率的支持者忽视了资产的通胀

负利率的支持者没有详细描述资产价格通胀的危险，也不承认负利率增强了货币官员的自由裁量权。他们也不承认是负利率产生刺激的基础，资产价格通胀和负利率推动了一些关键的非理性力量的增强。此外，资产价格通胀不能由中央银行随意开启，而是必须存在一种投机故事确实可以蓬勃发展的环境，这可能是因为没正经可行的故事供投资者考虑投资，特别是在投资者的心态较为悲观的情况下。

例如，肯尼斯·罗格夫在他 2016 年的新书《现金的诅咒》中忽视了资产价格通胀的危害，以及负利率政策可能加剧这种危害的影响。他写道：

简言之，尽管存在许多问题和反对意见（包括规则与自由裁量权之争），但合理设计负利率政策的理由很充分。如果各国中央银行可以不受限制地将利率设定在负值水平，它们将拥有比现在更大的操纵空间，可以迅速推动经济走出螺旋通缩的困境，并在系统性金融危机后抵消信贷紧缩的影响，将利率降至负水平可以暂时提高总需求，并刺激银行贷出超额准备金。

要使这些努力真正有效，就必须为负利率政策扫清道路。首先，这意味着在利率为负时，消灭投资者囤积现金的动机，因为这些动机目前对政策的有效性构成了巨大的制约。这还意味着在法律、税收和制度改革等方面，都需要为负利率做好一切准备。同样，目前较为谨慎地采取负利率政策的经验并不能被看作是作出必要准备之后的政策运作方式的决定性测试，因为许多问题尚未得到处理，特别是尚未找到合适的办法来对付现金挤兑的问题。

要检验罗格夫关于"无限制的负利率政策"的有力论据时，一个很好的起点是质疑通缩螺旋的概念，并探究金融危机究竟从何而来。在经济衰退期间，价格下跌至低于正常水平，但这并不是通缩周期的证据。然而，罗格夫似乎会使用负利率工具来避免这种顺周期的价格波动，这意味着经济复苏将受到阻碍。至于金融危机，这难道不是在宽松的货币体系中，货币失控后的最危险的结果吗？

是的，罗格夫引用了在金本位下发生的金融危机（以及随后的严重衰退或萧条），但金融危机最初通常是美国摇摇欲坠的银行体系所导致的，内战期间通过的国家银行立法使其变得更加不稳定（Rothbard，2005）。尤其值得一提的是，该法案在少数几家国有银行的基础上（州银行持有它们的准备金），促成了整个银行体系的金字塔式递进关系。此外，政府至少可以暂时扰乱基础货币供应，使其不受地表黄金储备所决定，这种操纵可能在一段时间内成为货币通胀（尤其是在资产市场内）的根本原因。

如何在负利率政策下限制现金囤积的行为？

罗格夫在这里的主要论点是，如果负利率不受现金存在的约束，它可能成为一种刺激经济和缓解通缩的强有力的工具。

将负利率从零利率现金的约束中解放出来的想法，可以追溯到西尔维奥·格塞尔在19世纪末提出的计划，该计划得到了凯恩斯的赞同（Bossone，2013）。格塞尔是布宜诺斯艾利斯一位成功的德国商人，他在20世纪80年代末阿根廷发生的金融危机中对货币问题进行了研究。他的货币思想经过几个版本的提炼和重写，形成的核心假设是，实际资本的增长受到货币利率（money rate of interest）的抑制。因此，首要的措施是降低货币利率，而这可以通过使持有货币产生成本来实现，就像其他闲置商品的库存一样。这让他想到了著名的"印花"货币方法，这个方法与他的名字联系在一起，并得到了欧文·费雪的支持。他提出，纸币只有像保险卡一样，每个月被盖一次章才能保值，而章可以在邮局中买到。格塞尔建议的实际费用为每月每百万1%，相当于每年5.4%。

格塞尔的提议存在许多问题，这些问题也在一定程度上传染到了其他负利率计划，尤其是那些可能会因现金的取消从而产生各种极端可能性的计划。

特别是，格塞尔的提议意味着，货币利率将在一段时间内以一个恒定且高水平的负利率状态保持稳定。但在利率由市场决定、中央银行及当局对所谓中性或自然利率的了解相对较少的情况下，这怎么可能与坚挺的货币政策概念相一致呢？在坚挺的货币制度下，随着时间的推移，人们通常认为，包括反复试验和一些重大错误在内的"看不见的手"将引导市场利率接近未知的中性水平——这是大量分散的储蓄和投资（包括借贷）决策的结果。很可能在较长时间内价格有回归均值的趋势的体制下，无风险资产的名义利率将大幅上升。事实上，金本位制度就是这样。当然会有利率非常低的时期，但也存在利率很高的时期。

此外，还存在一个巨大的问题，那就是在当前的持有者寻求其他货币以及不需要加盖印花的货币资产（包括外汇）之际，格塞尔提议的负利率水平如此之高的法定货币该如何才能避免崩盘？固然，可能会有法律规定哪些货币是法定的，但如果用这种货币进行精打细算是不划算的，那可能会造成无法控制的通货膨胀（以该货币来衡量的价格）①。

金融危机后的负利率政策

目前，关于通过对现金征收各种形式的费用，或限制使用现金来消除零利率下限的建议，大多是在金融危机灾后为了度过大衰退提出的权宜之计，但并不是一种永久性的状态（Mankiw，2009）。支持负利率作为逆周

---

① 作者可能想表明，尽管存在不需要缴纳印花税的类货币资产，但国家可以规定某种需要缴纳印花税的货币作为法定货币。可如果缴纳的印花税过高，人们还是更愿意购买商品或者资产，可能会造成无法控制的通货膨胀。——译者注

期工具的一些经济学家，对凯恩斯主义的经济刺激政策持怀疑态度（例如，将其视为增加公共支出以满足政治客户需求的一个后门方式）。他们宁愿强化货币政策（在直接刺激方面），也不愿求助于公共预算。但是，与直接避免金融危机的替代方案相比，这两种方案都不是最好的，要直接避免金融危机，需要坚挺的货币，然后再依靠价格顺周期的市场机制，进而实现从衰退中复苏。

要暂时性地实现负利率政策，格塞尔的印花政策提议还有一个变种，也有一些吸引力。它暂时终止货币和存款之间的1:1联系，而是在未来某个固定的时点强制兑换成一定数量的新银行券（Brown，2015）。但这些高度干预的手段，对任何回归坚挺货币的道路都有严重的负面影响。政府会选择在未来的固定日期，比如5年后，可以将1 000美元（或法郎）的纸币兑换成900新美元。在此期间银行不必以1:1的比例将存款兑换成银行券，而是以市场汇率进行兑换（实际上在此期间会有浮动汇率，在转换日的最终汇率为1 000张旧银行券兑换900美元存款）。在此期间，货币交易（如购买商品和服务）将拥有不同的现金价格和用存款结算的价格；随着时间的推移，前者将比后者高出越来越多。

转换过程本身将涉及重大成本（尤其是新旧钞票的运输安全），还会引发严重的自由主义担忧。原则上，交换票据的人的匿名性可以得到保护，但谁会相信这是真的呢？许多银行券囤积者会试图在强制兑换之前将其兑换成外币券、黄金或其他资产，导致资产市场价格出现相当大的混乱和波动。

一些负利率支持者提出的另一个更为激进的建议是，从根本上减少经济中现金的可用性，尤其是取消大额钞票。如果现金只以小面额提供，那么通过存款提现避免存款负利率的可能会缩小，因为作为存款替代品的现金的存储成本和不便成本会大得多。一些负利率倡导者也同样是反对现金的斗士——这作为巧合来说过于便利了，因为这也证明了他们的观点。他们指出现金促进了各种非法活动的进行，无论是人口走私、毒品走私还是逃税。

"废除"或"减少使用"现金将达到两个目的——减少非法活动和赋予负利率作为反周期工具的新空间——是罗格夫的中心主张（Rogoff, 2016）。他承认自己的确有一些"自由的考虑"，但这并不是主要的因素。他总结道："总而言之，进入少现金社会的理由似乎相当有说服力，各种反对意见都很容易处理。提倡负利率政策并不是逐步淘汰纸币，尤其是大额纸币的主要原因。但这是一个重要的附带利益。"

然而事实并不支持罗格夫的主张。米切尔在 2016 年中的著作里（Mitchell, 2016）有一个很好的总结，他指出，统计学家不喜欢现金的原因有两个：第一，他们更喜欢一个允许他们对人们收入和购买的每一分钱进行跟踪和征税的系统；第二，凯恩斯主义的中央银行家想通过对储蓄施加负利率来迫使人们增加支出。作为一个实际问题，米切尔引用反腐败专家的证据，对大面额钞票的移除会阻止犯罪的说法提出了异议。此外，对被害人收取保护费的黑手党活动将继续进行，但由于作为转移收入过程的一部分，受害者被更复杂地卷入黑手党的行动中，也因此会面临更大的伤害风险。

负利率承担伪通货膨胀税的角色

罗格夫（以及其他负利率的倡导者）没有提到引入负利率的另一个可能的重大动机，尤其是从中央银行对之汇报的上级政治当局的角度来看。这实际上是在实际通货膨胀可能根本不会出现的情况下征收通货膨胀税，直到很远的将来，甚至即使目前还在推行激进的货币政策的过程中。通过采取负利率政策，政府实际上是在向基础货币和政府债券的持有者们征收一种伪通胀税，这些政府债券的利率是根据长期市场利率制定的，而长期市场利率受到负利率环境的压制。这种负利率税的真正数值是一个差额，即实际利率（可能为负）与中央银行不刺激通胀（尽管是在通胀目标制规定的范围内）的情况下市场上确定的利率之间的差额。

对负利率和更普遍的"对现金发动的战争"（部分是为了将利率推向

零以下水平）的另一个根本反对意见，是货币是一种商品，这种商品的供应商应像在任何其他市场中一样，对需求状态作出相应反应。那么，如果对大面额钞票有相当大的需求，为什么不提供这些钞票呢？如果某种货币没有作出这样的反应（指提供大面额钞票），那么它就会被其他货币所替代。例如，在金本位制度下，银行业自由发展的环境下，银行可以提供自己的钞票（按需可转换成黄金）。正如一位德国中央银行人士所言，并不能仅仅因为一些罪犯喜欢开奔驰就禁止这种车。作为一个参考，根据金本位制，当时作为英国主要支付手段的货币①价值约 350 美元（250 英镑），而英国最大面值的纸币为 50 英镑和 100 美元。

反对现金的战争在很大程度上忽略了这样一个事实：现金的竞争对手具有垄断或寡头垄断的优势。信用卡公司，或更广泛地说，支付卡公司不直接向客户收取费用来获得收入，这些费用包括支付转账、反欺诈监控和执行手续费等。相反，在支付商品或服务的费用时，他们从商户处收取收入。原则上，商户可以通过收取附加费（相对于现金支付）将这笔费用转嫁给客户；实际上，商户将为信用卡公司向客户收取费用，而不是由卡公司直接收取。商户可能还会对接受信用卡支付而产生的其他成本收取费用，包括向信用卡公司要求赔偿欺诈（尽管考虑到节省了存储和移动现金的成本，可能会弥补一些损失）。

但实际上，卡公司的寡头垄断意味着在许多零售业中，商家与信用卡公司签订协议，他们不能向客户收取处理此类交易时出现的额外费用（包括信用卡公司收取的费用）。相反，他们向现金客户收取隐藏费用——通过拒绝向现金客户提供更优惠的价格来提高其交易成本。因此这些现金客户中的一些人认为，与其去他们想付现金的商店购物，不如在网上交易中使用支付卡或信用卡。

当然，针对这些安排，法院（特别是在美国）曾多次提出质疑。在某些情况下，美国地方和州的法规在加强信用卡（而非现金）方面发挥了关

---

① The Sovereign，英国当时的一种金币。——译者注

键作用，有时还以帮助低收入家庭使用信用卡为由进行推广（Hunt, 2003）。在完全竞争的情况下，肯定是信用卡用户支付信用卡的成本和费用，而不是零售商（尽管后者可能充当代替收款人），而且与信用卡用户目前的价格相比，现金用户将享受更优惠的价格。

大多数货币制度中没有大面额纸币，这意味着一些人发现，即使收取额外费用，他们也会被诱导使用信用卡，而不是承担转移和持有大量纸币的安全风险（包括盗窃）。如果存在大面额钞票，运输或储存现金（无论是在家里还是在零售店）的安全相关成本要低一些。实际上，现金战争是信用卡行业的一项红利，也是对在线零售业务的一项红利。如果现金用户在实体店购物时能获得应有的优惠价格，而在线价格包括了信用卡或支付卡公司的费用，那么他们就不太愿意在网上购物。我们也应该考虑大型在线零售公司寡头垄断滥用的情况，例如亚马逊，可能会与信用卡和支付公司谈判一个特别低的费用。而如果现金交易能够不受阻碍地实现降价，在完全竞争环境下，现金交易可以作为一种支付手段，享受降价带来的好处，那么在线购物就会减少。讽刺的是，政府与信用卡公司联合起来，通过商户在信用卡购买上征收费用（或等同于在现金支付上给予折扣），阻止"散户"使用信用卡，这些散户失去了使用钞票购物享受成本的降低的机会。

从坚挺货币理论的观点来看，对现金的战争也是以货币体系为中心的对基础货币的战争。现金是基础货币的重要组成部分。在一个基础货币的自动指导系统（在其中利率是自由决定的，而不是由中央银行决策者或其他人确定）的基础之上建立一个坚挺的货币制度，取决于在这个系统中对基础货币的需求广泛和稳定。此外，基础货币应该是一种非常独特的资产，其需求对微小利率波动不太敏感。如果这个制度得以成功建立，对现金的战争则会破坏这些条件，信用卡垄断集团应当被视为这场战争中的侵略者——我们将在第十三章重新讨论这一问题。定期实行的负利率也会破坏基础货币的支点地位。

因此，由大型政府、大型银行和大型科技公司组成的联盟发起的对现金的战争，实际上也是一场对坚挺货币的战争。从大型科技公司的角度来看，无论是亚马逊还是脸书和谷歌，它们都是靠广告收入发展壮大的，这些广告几乎完全是为了刺激各种形式的在线消费，而根据这里所述的基本经济学原理，对于这些公司来说，现金支付角色的重新构建将毫无疑问地是一个坏消息，因为现金用户将通过这次重构，获得比信用卡用户更优惠的价格。在这方面，我们应该认识到，大银行的寡头垄断力量让它们成为后数字革命时代的商业赢家。零售大众被超大型银行所吸引，这些银行的信用卡和支付卡成本较低，因为它们的负担已转移到现金客户身上。反过来，这些"大而不能倒"的银行享有最后贷款人救助（Lender of last resort）和其他的金融援助，这意味着它们不需要在中央银行持有大额现金或储备金。恢复高能货币（相当于基础货币）的支点作用将取决于拆分这些大银行，或者更广泛地说，限制最后贷款人的援助（无论是对大银行还是小银行），以及本书最后一章里将要讨论的其他改革。

参考文献

[1] Bossone, B. (2013). Confessions of a Supply – Side Liberal, Mises July 29, 2013: Silvio Gesell's Plan for Negative Nominal Interest Rates.

[2] Brown, B. (2015). A Global Monetary Plague. London: Palgrave.

[3] Daniel, J., Josh, W., Ben, P., & Den, H. (2016, August 1). This Is Your Life, Brought to You by Private Equity. New York Times.

[4] Hunt, B. (2003). Anti – trust Issues in Payment Networks. Philadelphia Federal Reserve Quarterly, Q2.

[5] Mankiw, G. (2009, April 22). Observations on Negative Interest Rates. Greg Mankiw's Blog.

[6] Mitchell, D. J. (2016, March 1). The War Against Cash, Part 3. Cato Institute.

[7] Pethokoukis, J. (2016, September 6). On Praise for the Fed's Quantitative Easing Program. AEI Ideas.

[8] Reinhart, C. M., & Rogoff, K. S. (2011). This Time Is Different. Princeton:

Princeton University Press.

[9] Rogoff, K. S. (2016). The Curse of Cash. Princeton: Princeton University Press. Rothbard, M. (2005). A History of Money and Banking in the United States. Auburn: Ludwig von Mises Institute.

[10] Taylor, J. B. (2013, October 1). Causes of the Financial Crisis and the Slow Recovery: A 10 – year perspective. Paper Presented at the Joint Conference of the Brookings Institution and the Hoover Institution on "The US Financial System – Five Years after the Crisis" at the Panel "Causes and Effects of the Financial Crisis".

第十一章

拖延危机到来的尝试：1927/1929 年与 2016/2018 年的对比

历史不会重演，但它会和当今事件产生共鸣。在撰写本文时（2018 年初），似乎从 20 世纪 20 年代末的华尔街到 2016 年末、2017 年全年乃至 2018 年初，全球资产价格通胀的"秋老虎"似乎产生了强烈的回响。那次危机以一系列毁灭性的金融崩溃告终。尽管美联储采取了与当时截然不同的政策措施，但重蹈覆辙的危险是显而易见的。在更广泛的背景下，我们应该注意到，在 20 世纪 20 年代末，距离第一次世界大战仅仅才过去 10 年（亚历克斯·J. 波洛克强调了这一点，金德尔伯格在其对大萧条原因的总结里也提到了这一点——见 Kindleberger，2013）。

大衰退后各国对"通货紧缩"的对抗

这种共鸣源于货币环境的本质相似性。在 1920—1921 年的大衰退之后，美联储（1914 年开始运行）开始了一段对抗"通缩危险"的历程，同时对抗早期的周期性衰退。美联储的政策制定者们一部分是回应当时的批评，尤其是那些来自国会的批评，国会认为他们的管理不善导致大衰退的后果非常之严重（战争结束后，他们制定遏制通胀政策的速度太慢，然后又过度热衷于压低价格）。

20 世纪 20 年代发生的技术革命（大规模生产线、电气化、汽车、无线电等）意味着价格有一种自然而良性的下降趋势。美联储为了抵制这一趋势，保持了较为宽松的货币环境，从而导致了严重的资产价格通胀，包括股市、房地产和对国外的贷款等（其中大部分是对德国的贷款）。同样，在 2000—2002 年经济衰退和股市崩溃（纳斯达克首当其冲）之后，尽管当时价格有下降的良性趋势（经济疲软、全球化、信息技术革命带来的持续生产力激增），美联储还是转向了"抗击通缩"的阵营。在 2007 年的恐慌和经济大衰退之后，尽管物价自然下跌，但抗击通货紧缩的力度却大得多。当前物价下跌的主要原因是全球化、数字化和经济疲软，而不是生产率的飙升（而这可能掩盖了一个事实，即稳健的货币政策下，生产率本来是可以很快增长的）。

1927 年，美国经济陷入轻度衰退，投机热度在全球范围内放缓（道琼斯指数在 1926 年底和 1927 年上半年都略有下滑），在某些情况下急剧下跌（1927 年 5 月德国股市崩溃和 1926 年佛罗里达州土地泡沫的破裂）。以本杰明·斯特朗为首的美联储决定向股市注入"一剂威士忌"（Pollock，2013）。新的货币刺激政策不仅帮助斯特朗在英格兰银行的朋友蒙塔古·诺曼捍卫了英镑，也"成功"地为全球资产价格膨胀注入了新的活力，这在 1928 年变得越来越明显，尤其是在华尔街。

再快进到目前的情况：自 20 世纪 90 年代末经济繁荣结束以来，美联储一直高度关注"抗击通缩风险"（将每年 2% 的通胀率重新注入经济）。因此，耶伦领导的美联储为了在 2015 年和 2016 年上半年应对美国经济增长周期低迷，以及 2015 年中期至 2016 年初美国股市小幅回落的情况下，取消了 2016 年前三季度所有计划的小幅加息。经济下滑可归因于能源价格暴跌和能源部门投资的相关下滑，以及中国"增速减缓"（以房地产市场和相关房屋建设的疲软为特征）导致的全球贸易回落，更普遍的原因是新兴市场，尤其是大宗商品生产国发展放缓，同时伴随着全球资产市场投机热度的下降（2015 年夏季中国货币的轻微贬值冲击起到了催化作用）。

美国的货币刺激政策（伴随着欧洲中央银行和日本中央银行在中国信贷繁荣的同时扩张了其激进的扩张政策）最终导致了全球经济出现强有力的复苏和资产市场投机热度的急剧上升，这在 2017 年下半年是显而易见的，也是开始出现差异的地方。在上个时期（指前文提到的 1927 年以后——译者注）相同的时间点，美联储的政策改变了方向，但在耶伦领导的美联储和全球中央银行行长的俱乐部中，情况并非如此。

弗里德曼对 1928—1929 年美联储的批评，在 2017—2018 年开始受到检验

1928 年下半年，本杰明·斯特朗去世后，尽管商品价格略有下降，但美联储开始执行一项打击投机的政策。11 月 28 日当选美国总统的赫伯

特·胡佛曾直言不讳地批评美国的货币政策（包括本杰明·斯特朗和蒙塔古·诺曼的"亲密关系"），这些政策助长了华尔街的"投机热潮"。

米尔顿·弗里德曼和安娜·施瓦茨在他们的著名的货币历史著作中谴责了斯特朗之后的美联储（Friedman，1963），他们认为如果不去管投机行为，转而专注于维持快速经济增长和对抗价格下跌趋势，效果会更好。美联储内部的分歧意味着它处于两头落空的境地——它缺乏终结投机的力量，导致投机活动在 1929 年上半年发展到了一个新的疯狂程度，但它又施行了足够的抑制政策，导致经济增长的下一次停滞（从 8 月 29 日开始）发展成了更糟的局面。

近 90 年后，耶伦领导的美联储对弗里德曼的观点进行了检验。尽管目前有很多资产市场泡沫的症状包括企业杠杆（主要通过股票回购）、蓬勃发展的信贷套利交易，以及许多形式的动量交易[1]（有些是高杠杆交易），但货币政策在 2017 年后摆脱了各种严格的限制（确实尽管官方的短期利率有所上调，但货币通胀可能变得更加激进）。这一切都是因为通货膨胀率低于每年 2% 的目标，部分是由于所谓的亚马逊效应导致的。这位白宫的新主人正在吹捧股市的上涨，编织着大规模减税的新投机神话。

如果这种持续的货币刺激政策最终导致一系列更具破坏性的崩溃，那么尽管这些崩溃来自创纪录的高投机热度，但历史并不会给予耶伦或弗里德曼很好的评价。事实证明，面对强劲的价格自然下行的趋势（无论是反映生产率增长的激增，还是全球化或数字化），寻求稳定价格水平或通胀率的货币制度最终会在危机的重压下崩溃。

为什么华尔街在 1929 年 10 月崩盘？

即便是在 1929 年 10 月华尔街崩盘发生近 90 年后的今天，也没有一个完全令人信服的说法，能够解释 1929 年 10 月华尔街崩盘发生的真正原因。

---

① Momentum trading，动量交易，简单来说就是指追涨杀跌。——译者注

弗里德曼和施瓦茨告诉我们，经济崩溃是对商业周期峰值的延迟反应，美国国家经济研究局现在将经济周期峰值的日期定为 8 月，但在实际中并不十分明显；1993 年，特明（Temin，1993）指出私人消费的疲软已经开始。更关注日常事件的评论家（Bierman，1998）强调，电力公用事业公司（股市繁荣时期的明星企业）在监管方面的失败，可能会遏制它们收取更高价格的垄断权力；1998 年，裴德·万尼斯基记录了国会委员会对《斯姆特—霍利关税法》的投票结果。

当时如果不是从事后角度来看的话，所有这些可能的触发因素本身都缺乏完全的合理性。毕竟，商业周期在 1926 年 10 月达到了顶峰；然而，经过两个月的经济放缓（1929 年 8 月到 10 月），到 1926 年底，经济局势并没有出现崩盘。1926 年末到 1927 年初，股市从持平到略微走软，但这并不是严重放缓的催化剂；1926 年 10 月至 1927 年 11 月的经济衰退是美国历史上最温和的周期性衰退之一。本杰明·斯特朗的"威士忌一击"在 1927 年下半年乃至之后的时间里，都有效地重振了股市，那为什么不在 1929 年的秋季再来一次呢？

当然，我们本可以在 1929 年 10 月崩盘之前识别出危险，包括货币通胀的累积（从 2011/2012 年持续至今的商品和服务市场的货币通胀，被与全球化和技术变革等因素相关的价格自然下降趋势所掩盖），以及世界第二大经济体德国已经陷入衰退的事实（经济寒冬伴随着季节性的复苏，使德国经济衰退难以察觉）。

对 20 世纪 20 年代中后期对资产通胀的判断，本应显示出非理性力量涌现的证据，这种情况在危机发生时和之后都有很多征兆（无论是直接通过保证金还是通过投资信托等新型金融工具的高杠杆投机，详见 Galbraith，1965）；的确，虽然曾经出现的佛罗里达泡沫狂热（1924 年至 1925 年）从更宏观的角度来看规模很小，但也不至于小到可以直接忽略异常强烈的非理性，尽管这种非理性可能在其他地方较弱，但仍有可能存在。

但是，尽管有那么多的预示暴风雨的警告存在，为什么最坏的情况还是出现了呢？

有许多反对者嘲笑暴风雨前的警报。事实上，即使在事件发生 90 年后的今天，也有一种普遍的观点认为，崩溃本身并不承担大萧条（1929—1933 年）的大部分"责任"。根据这种观点，考虑到当时美国和全球经济的基本面情况，1929 年秋季的股价下跌幅度的确太大了。毕竟，到了次年，也就是 1930 年 4 月，预期经济复苏的抄底者带来了强劲的反弹（道琼斯指数在 1929 年 9 月达到 381 点峰值，到 1929 年 11 月跌到 200 点低谷，后又反弹至近 300 点）。他们对正常的商业周期复苏机制的乐观情绪再次被证明是错误的；信贷市场的一系列崩溃使华尔街股市从 1929 年的低点下跌至 1932 年夏季的真正最低点（7 月 8 日道琼斯指数为 41.2）。1929 年秋季的悲观主义者认为，考虑到前几年的资产通胀程度，这些未来的信贷崩溃至少在某种程度上"已经注定要发生了"，只是时间不确定。

1929 年的华尔街崩盘实际上是后续 30 个月一系列崩盘中的第一次（最大的一次崩盘伴随着德国的破产，发生在 1931 年春至 1931 年秋），这段时间正值大萧条和金汇兑本位制的瓦解时期，后者是在法定货币稳定方面的第一次试验（见第一章）。即使许多投资者无法用上述术语表达他们的担忧，但这次大崩盘表明了许多投资者的忧虑。

产生这种结果的货币环境可以追溯到包括美联储所作所为在内的货币实验设计和实施中的缺陷。2% 的通胀率标准——第四次法定货币的稳定实验还没有结束，但是考虑到非理性力量积累的程度（包括高度杠杆化的动量交易），1929 年式的崩盘很有可能是这次终结阶段的一部分；我们目前尚不清楚这一阶段是否会出现类似于 1930 年春季的假性复苏，但我们同样担心经济萧条期间会出现更严重的崩盘。不良投资是造成经济萧条程度的一个重要因素，它的数量和类型只有在回顾时才会完全显现出来。

在 2% 的通胀率下，货币通胀有什么新变化？

在金汇兑本位制和 2% 通货膨胀制下发生的货币通货膨胀有一些相似

之处，两者都让美联储扮演了由其本身操控的货币霸主的角色。现代的货币实验始于 1990 年至 1992 年，当时在格林斯潘领导下的美联储开始应对长期的经济疲软和衰退；经济下滑发生在美联储开始收紧 1985 年至 1988 年推行的货币通胀政策之后。这种货币通胀（1985—1988/1989 年）始于保罗·沃尔克参与里根第二届政府时所采用的美元贬值政策（由财政部部长詹姆斯·贝克提出），并延续了格林斯潘针对 1987 年股市崩盘首次采取的方法。

在 20 世纪 90 年代（1993—2000 年）的货币通胀中，美联储的政策制定具有高度自由裁量权，体现在对短期利率的微观管理不受货币供应目标的约束，并最终采用了 2% 的通胀率目标。继 2000—2002/2003 年经济衰退之后，信息技术繁荣和相关的纳斯达克泡沫的破裂为这一新的稳定货币实验（自 1914 年前金本位制度崩溃以来的第四次货币稳定实验）提供了新的动力，在 2007—2008/2009 年的金融恐慌和经济衰退之后，在格林斯潘的继任者本·伯南克的领导下，这一实验达到了新的高潮。

这两项关于法定货币稳定的实验——第一次发生在 20 世纪 20 年代，第三次①发生在 90 年代中期到现在——都发生在商品价格由于自然规律明显下降的时候。在第一次的时候（20 世纪 20 年代），价格的自然规律是由快速的技术变化（大规模组装生产线、汽车、电气化、广播等）和相关的生产力的迅速繁荣所导致的，在第三次②的时候，是全球化（如通过互联网革命）的影响以及数字化革命带来的价格透明度增加（见第三章）［历史记录表明，考虑到 1958—1968 年美国乃至全球（包括欧洲和日本）生产率的突飞猛进，在第三次货币实验，也就是布雷顿森林体系期间，价格的自然规律也是向下的；见 Brown，2017］。

即便如此，我们也不应忽视 20 世纪 20 年代与现在的一个关键区别。在 1996—2017 年的大部分时间里（包括 2007—2009 年经济大萧条之后的

---

① 疑为第四次。——译者注
② 疑为第四次。——译者注

几年中），未经所谓的享乐价格修正的商品和服务的价格年增长率为 3% ~
4%；然而在早些年，价格水平是保持稳定，甚至是下降的（基于未经修
正的价格，美国的实际工资率在 2% 的通胀率标准下一直在大幅下降，与
20 世纪 20 年代的强劲上涨形成了鲜明对比，这与第三章中讨论的萧条型
和繁荣型资产价格通胀的区别是相对应的）。根据 2% 通胀率标准的学说，
低通胀（经享乐价格修正）等同于价格稳定，并且没有观察到通胀加速的
趋势。事实上，2016—2017 年甚至经历了惊人的减速。由于上述因素导致
的价格下降趋势意味着货币通胀并没有在商品和服务市场上表现出来，当
代人并没有认为通胀会成为一个问题。这就是伪装所在之处。

美联储在这两个时期（20 世纪 20 年代，90 年代中期到现在）试图稳
定商品和服务价格（或推动商品和服务价格每年上涨 2%），尽管价格的
自然规律是向下的，这就带来了强大的资产价格通胀。但公众和决策者对
此的反应在这两种情况下是不同的。在 20 世纪 20 年代中期以后的资产通
胀中，投资大众没有普遍意识到资产通胀现象的存在（尽管市场评论越来
越多，尤其是 1928 年关于危险投机热潮的评论）。有如此多的经济和地缘
政治上的好消息［如 1928 年的《凯洛格－布里安条约》（*Kellogg – Briand
Pact*），包括欧洲大国和日本在内的签约国承诺不使用战争来解决争端］，
市场会走强似乎是可以理解的。固然，从 1927 年年中开始，就有人批评
美联储的政策及其进一步促进了华尔街的投机。这些批评来自四面八方，
包括政客和一些中央银行家。

2011—2012 年以来的资产价格通胀，美联储在推动资产价格上涨和
创造金融市场泡沫（增强非理性力量）方面发挥了重要作用，这是人尽
皆知的事情。尽管如此，市场仍有一股乐观情绪，认为这些高价格可能
会在某个时刻被一个新兴的经济奇迹所正当化，而且人们对目前可能伴
随这一变化而来的技术变革感到非常兴奋。另一股潮流是对扩大垄断利
润的信心。

2017/2018 年冬季与 1928/1929 年冬季的对比：简介

1929 年和 2018 年的冬天有一些相似之处，也有一些不同之处，它们都揭示了潜在的通胀过程。此外，另一个相似之处是美联储领导层的换届——本杰明·斯特朗于 1928 年中去世，珍妮特·耶伦于 2018 年初卸任。

正如我们所看到的，美联储主席耶伦和近 90 年前的本杰明·斯特朗一样，为应对美国股市从 2015 年夏季到 2016 年初的回撤，以及国内经济放缓，注入了一剂强有力的货币再膨胀政策（这里的"注入货币"是比喻性的，因为在这个货币体系中，基础货币已经不再是一个支点，没有办法明确衡量或辨别出注入的货币，这里我们认为在 2016 年经济增长逐渐加速之际，取消三次计划中的加息，就相当于大幅放松货币环境）。

斯特朗采取了类似的行动，以应对 1926—1927 年的一次轻微衰退（当代经济学家并不知道），以及股市暂时的轻微疲软。他和耶伦一个共同的动机是，希望帮助他在英国中央银行的朋友蒙塔古·诺曼将英镑汇率维持在恢复后的兑美元的黄金平价水平，而不必提高利率，因为高利率政策在当时的英国政治环境中并不可行。1927 年秋季，斯特朗继续降息，尽管德国中央银行行长沙克特（Schacht）早些时候曾表示反对，他对德国已经过高的金融投机气氛感到担忧（Ahamed，2009）。在那里，股市、房地产市场和巨大的贷款市场都存在不同程度的泡沫（尽管当年早些时候，沙克特通过限制股市信贷，在德国证交所策划了一个黑色星期五），同时伴随着大量外国贷款（尤其是来自美国的）的流入。

耶伦 2016—2017 年的货币政策与斯特朗刺激政策一脉相承，但与早些时候不同的是，尽管有明显迹象表明经济和股市重新出现了上涨，耶伦的刺激计划还是延长了第二年一整年（2017 年），而且很可能还会延续更长时间。这一增长与通货膨胀率的意外下降同时出现，通货膨胀率的下降不同程度上归因于"亚马逊效应"（见第六章）和官方统计办公室享乐价格核算方法的改变。

利率恢复正常并不能终结资产通胀：斯特朗与格林斯潘的对比

一些经济学家和市场从业者会质疑，以小幅变动的利率（无论是降息还是没有如预期那样加息）为标志的短期货币刺激行为，是否真的会成为资产价格通胀大幅加剧的催化剂。例如，国际清算银行的经济学家菲利普·特纳（Turner，2017）质疑，2003 年至 2004 年的超低利率，是否真的是随之而来的金融动荡的罪魁祸首？他特别提到，2004 年中至 2006 年中，美联储将联邦基金利率上调 425 个基点，未能抑制金融市场的过度繁荣。但他忽视了低利率在心理过程中产生非理性的催化作用——包括信息的正反馈循环和锚定效应①。随后的"利率正常化"并没能有效地遏制非理性力量。

格林斯潘的辩护者利用特纳如上所述的批评来质疑，考虑到 2004 年末至 2006 年初美联储将利率逐步上调至正常的水平，其在 2003—2005 年的缓慢紧缩政策和操纵手段，是否真的是 2003—2007 年的强劲资产价格通胀的原因之一？答案是肯定的，在货币通胀最激烈的时期（本例中为 2003—2004 年），投机热在一段时间内对利率正常化造成了持续的强劲影响，反映出包括信贷市场在内的几个资产市场形成的动量交易。如果不对投机行为进行过度的遏制，就不可能结束这种狂热。

2017/2018 年冬季与 1928/1929 年冬季的对比：续

回到 2017/2018 年冬季和 1928 年秋季的比较，两者还有一个相似之处，那就是世界第二大经济体在当时处于高杠杆和潜在危险的金融状况。

---

① 指人们在估测一件事时，会以某些特定值作为起始值，像锚一样，制约着估测值，或在作决策时，对最初获得的信息给予过多重视。——译者注

魏玛共和国是那个时期处在中国地位的国家。在这两种情况下，即使是最狂热的看涨者，也对第二大经济体保持着警惕。就魏玛共和国而言，鉴于它是一个巨大的净债务国（为包括赔款在内的巨额现金账户赤字提供资金），国际上对它的潜在直接信贷风险敞口（相对于其经济规模）要大得多。相比之下，中国拥有庞大的外汇储备，在国际上是巨大的净债权国。即便如此，考虑到各种因素造成的资本大规模外流，以及外国资本流入扮演的融资方面的角色，全球对中国的信贷敞口可能反而是非常大的。

当然，也有一些明显的不同点。

1928 年 11 月的总统选举以 1929 年 3 月赫伯特·胡佛入主白宫就职结束。这位新总统长期以来一直批评华尔街的投机行为，以及本杰明·斯特朗领导下的美联储在刺激投机这方面的作用（尤其是通过上文提到的与英国中央银行达成的稳定协议）。斯特朗去世后，美联储的领导层非常担心投机行为，尽管没有证据表明商品和服务有通胀的趋势，但他们也开始收紧对加杠杆的股票购买者的贷款，同时在整体上收紧货币政策。

的确，在 2016 年大选的后期，唐纳德·特朗普的阵营抨击耶伦创造的泡沫市场经济。但入主白宫后，特朗普完全改变了态度，将股市的新一轮飙升归功于自己，声称这是因为他的放松管制和税收政策取得了成功。

与此同时，2017 年末，新总统提名了 2018 年 2 月之后接替珍妮特·耶伦的继任者，人们普遍认为这个人在货币政策的实践和原则方面都是耶伦的忠实拥护者。此外，据媒体报道，他是在财政部部长的大力支持下当选的。到目前为止，这位继任者以偏好弱势美元和激进的预算政策而闻名，这些政策将使联邦赤字在 2019 年达到 GDP 的 6%，是和平商业周期繁荣的最高水平。我们有充分的理由认为，新的美联储主席符合白宫的政策目标——包括 3% 以上的经济增长目标，相信减税和持续放松金融监管能够促进这一目标，以及维持一个持续的繁荣股票市场的重要性。随着中期选举的临近（2018 年 11 月），所有这些都开始具有重大的政治意义。新一届政府正致力于塑造一套新的投机故事，以在资产价格通胀的火热环境下吸引投资者——减税和放松监管计划都有可能大幅加快经济增长。

2018 年的大规模减税投机事件

阅读当代媒体的一些评论，人们可能会认为，在 2018 年至 2025 年，每年约 2 000 亿美元的减税将在美国引发经济复兴，因此企业加大资本支出，提高生产力效率，同时由于强烈的信心和乐观情绪，支出情况普遍好转。很多人都认为在未来的几年里，美国企业将把业务从曾经税率较低的海外区域迁回美国。

但在这个故事中，还存在一些不可忽略的漏洞，比如最主要的是：削减的税收该如何弥补？在 2017 年末，市场未能反映出这种怀疑情绪，可能是由于本书之前描述的货币通胀的扭曲影响造成的（见第三章）。

大概每个人都意识到减税并不是平白无故的馈赠。特别是在商业周期的后期，很少有人会相信"神奇"的凯恩斯刺激计划。只要人们接受了这个馈赠，就一定会有各种形式的法案来弥补这些税收的削减。即使人们不接受馈赠，未来还是会有类似的法案出台。法案的主要形式（并不是互相排斥的）主要如下：

首先，通货膨胀势头的增加，实际上会以各种形式征收通货膨胀税。这将包括实际资本利得税率的提高、折旧免税额（基于历史成本而非重置成本）的日益短缺、个人税中的名义免税额受到侵蚀、持有基础货币和政府债券的资本税的实际损失（资本税对受影响者支出的影响不同于其他形式的税收），以及操纵利率水平到低于中性的水平（金融抑制的一种形式）。

其次，随着减税刺激支出的增加，实际利率上升，意味着必须压缩国内其他的支出以便腾出空间。

最后，法案可能会导致未来几年的税收增加，包括提高股息税和资本利得税（对企业利润征税的另一种形式）的税率。

即使意识到税后股本风险溢价会由于减税上升，投资者也很可能不会支持那些大胆增加资本支出的企业。相反，他们倾向于通过股息或股票回购来增加红利的策略，同时保持或增加已经很高水平的债务（特别是未偿还的公司债券），以充分利用极低的利息成本（反映出对收益率的渴望以及中央银行普遍下调利率所导致的利差收缩）。虽然，在极度泡沫化的股市中，当债务和股本总额以市场价值计量时杠杆比率似乎并不高，但是宏观经济债务比率，如非金融企业部门总债务占GDP的比率，仍然可能达到警戒值（尤其是在剔除大型科技企业的巨额现金盈余的情况下，如美国2018年初）。

特别地，通胀走强可能会威胁到股票的高估值，而股票的高估值得益于人们对长期舒适区（"低通胀"、高利润和稳健增长）的预期。公司的决策者意识到股东的情绪，会采取相应的行动。当然，也有一些非公司形式的企业主将享受大幅减税的优惠，但他们也可能同样有所保留，宁愿积累金融资产也不愿投入实际投资。

在一段时间内，我们可以想象一种"不稳定的平衡"，即企业积累或分配更多的现金，而从这种平衡中获得的储蓄将会扩大联邦赤字规模。利率将保持在低水平，通货膨胀不会加速。但即便如此，如果这种"注意力"减弱，或者政府本身对通胀作为控制其实际债务手段的容忍度提高，最终更高通胀或更高利率的可能性将会引起广泛的不安。

并且持怀疑态度的理性投资者应该已经开始关注最终增税的可能性了。

这可能会严重影响劳动力收入和消费（包括福利），而不是股息和资本收益。其结果可能是降低消费，增加投资——但是，无论在政治上还是经济上，这条道路都将是非常坎坷的。

企业利润税的大幅且不成比例的削减助长了垄断者和寡头的发展。处于竞争边缘的企业通常利润不高。对垄断权力（租金）的优惠政策实际上可能会降低经济的活力，因为它进一步固化了现状。

为大企业减税辩护的人可能会用100%的资本支出费用化来举例。

但从长远的角度来看，这个因素可能并不重要。以一台100万美元的设备为例，这台设备本来可以在五年内折旧，而现在则在一年内折旧。因此，与每年 20 万美元的折旧额不同，之前五年内每年减少 4.2 万美元的税款，现在第一年就可以总共节约 21 万美元，此后就没什么事情了。比如在 5 年期利率为 3% 的情况下，按现值计算，折旧加速带来的实际税收收益略高于 20 000 美元，约为总投资的 2% 。这会带来资本支出的繁荣吗？几乎不会！

2018 年 2 月的通胀预警：是真是假？

2018 年初，一些对美国商品和服务通胀的担忧逐步在美国股市中显现出来。美国商品和服务通胀已突破 2% 的警戒线。这可能是由于巨额预算赤字预测、经济周期的好转，数据发布以及高级官员的声明（尤其是财政部部长在达沃斯发表的支持美元贬值的声明）造成的。

可以说，要判断出 20 世纪 20 年代的货币宽松或货币通胀状况比 21 世纪 10 年代末要容易得多。在 20 世纪 20 年代，尽管肯定达不到 1914 年前金本位制的水平，但基础货币仍是美国货币体系的核心。正如前文所述，人们对于基础货币的需求几何，以及这一需求是如何受到来自美联储、存款准备金率以及人们对银行稳健性这几个因素的影响并不明晰。1927 年（也可以是早些时候的 1922 年）的宽松政策直接体现在了对基础货币的干预中。即便如此，鉴于战前金本位以及美联储的成立所带来的金融体系的变化，人们在货币环境是变得更宽松还是更收紧的问题上仍存在分歧。

这很可能导致了对高能货币的需求低于以往趋势的推断值（这也是米尔顿·弗里德曼以及安娜·施瓦茨声称美联储在近些年表现良好，而并没有导致通胀进一步发展的原因之一）。如果这些作者考虑到对基础货币的需求与 1914 年前金本位制相比，出现了下降的情况，那么他们可能会认为后一个结论是正确的（应该是指收紧货币政策。——译者注）。

在基础货币完全失去作用的当前时期，人们并没有现成的衡量货币政策刺激程度的措施。可不管怎么说，在 2016 年的前三个季度内取消所有计划的加息，在 2017 年仅进行三次小规模的加息政策仍然是看似可行的，尽管在这段期间，经济增长周期强势回升，股市和更广泛的强势资产市场也预示着较为严重的货币通胀，尤其是在欧洲和日本也同时实行负利率政策，并加强了量化宽松政策的情况下，美元还是出现了贬值趋势。

米尔顿·弗里德曼在 1928/1929 年的反事实实验在 2017/2018 年成为了事实

我们可以通过弗里德曼在 20 世纪 20 年代末的观察中看到 2017 年底和 1928 年夏季的缩影（Friedman，1963）：

持续的牛市促进商业活动的作用与抑制股市投机的目标发生了冲突，这场冲突在 1928 年到 1929 年得到了解决。当时采取的限制性货币政策过弱不足以阻止牛市，但又过强以至于无法促进企业扩张。这在很大程度上是本杰明·斯特朗于 1928 年 10 月去世后，该体系内部权力斗争的结果。如何限制投机成为争论的焦点；以纽约为首的银行敦促采取量化措施，提高贴现率和增加公开市场销售；而美国联邦储备委员会则偏好采取定性措施，对发放担保贷款的银行施加直接压力。在极为关键的 1929 年双方的意见一直僵持不下，这不仅阻止了当时各方在面对金融危机时本能采取的果断行动，而且在随后的数年内遗留了大量的意见分歧和内部冲突。1927 年至 1929 年的周期性经济扩张，是纪录中为数不多的顶峰三个月价格低于最初谷底三个月价格的例子之一。

实际上，弗里德曼和施瓦茨并没有指责美联储在 1927 年及更早的政策中加速了资产市场通胀（如赋予包括套利交易在内的资产市场非理性力量等），但他们承认，1928 年以后到 1929 年，美国股市存在一定程度的"泡沫"（无论如何，弗里德曼和施瓦茨都没有明确提到资产价格通胀的概念）。他们指责美联储两头都落了空——在 1928 年没有及时大幅收紧货币政策以结束当时的资产价格通胀，也没有决定忽视泡沫，将政策集中在经济刺激和抵制"价格通缩"上。在他们看来，这两种结果都将优于实际遵循的路线，但无论是哪种情况，他们肯定选择忽视了资产价格通胀，并抵制"通货紧缩"。事实上，弗里德曼和施瓦茨认为，始于 1929 年 8 月的这场经济衰退的严重性在很大程度上是由于美联储过迟地打击华尔街的投机行为。

人们当然有依据质疑到 1928 年中期，美联储是否采取了强有力的紧缩政策来解决资产价格通胀及投机温度上升的问题，因为通货紧缩带来的最终结果明显会好于对美国股市投机泡沫的不痛不痒的攻击。资产价格的通胀并非如上述文章所表述的那样，是所谓的昙花一现，相反地，它是一种可以追溯到 20 世纪 20 年代中期的疾病。1928 年下半年对这种疾病的猛烈攻击并没有完全消除已经造成的损害，但显然它在接下来的几个月里成功阻止了更多的不良投资。

此外，这次攻击本是针对总体上的货币通胀的，在货币通胀中，资产通胀与商品通胀是一对"孪生兄弟"（商品通胀被迅速上升的生产率增长所掩盖了），因此这可能会导致商品和服务价格下跌，甚至可能赶上累积的自然下降趋势的水平，但这不是货币紧缩的症状。同时，资产价格通胀的问题也远远超出了股市的范畴，一系列资产市场（如房地产和德国信贷热潮等）都受到了影响。事实上，早在股市崩盘之前，其他市场就已经开始了投机温度下跌的趋势。也许在这样如此晚的阶段，美联储放慢货币紧缩的步伐会更好。

但这与弗里德曼和施瓦茨的判断大相径庭，他们认为 1928 年下半年至 1929 年的积极扩张政策本应产生最好的效果。他们认为 1923 年至 1927 年是美联储政策的一个高潮，并完全否认了当时货币市场存在严重混乱的观点。因此，对于这些作者来说，与奥地利学派对同时期的描述相比，他们认为 1928 年早期、中期甚至后期要处理的经济泡沫及其副作用的程度是相当温和的。他们不会承认魏玛共和国的巨额不良投资是货币问题的一部分，既没有明确认识到资产价格膨胀的现象，也因不太容易实证奥地利学派的商业周期理论，就不倾向于应用它。

假设直到 1928 年末和 1929 年上半年，美联储都没有收紧货币政策，而是在存在为了应对价格下跌而不管产生市场泡沫的情况下坚持采取放松政策（就像近 90 年后的美联储主席耶伦所做的那样），那么 1927 年末、1928 年和 1929 年的股市上涨很可能会更加强劲。美联储政策的通胀性质十分明显，因此也相应地提高了人们意识到最终泡沫破裂的可能性（的确，在 1929 年股市崩盘前夕，人们普遍意识到了投机的危险，这也很可能是 1929 年夏末经济意外放缓的一个因素）。这种情况很可能会造成市场的上涨更加猛烈，后续下跌更快到来（并不确定是否会从更高的峰值回落，但可能性很大）。或者也许经济的好转本来也可以延续——其关键应该是建筑业和房地产市场继续繁荣，可它们实际上在 1928 年达到了顶峰。然而，如果这一顶峰从根本上反映了供给的过剩（在 20 世纪 20 年代中期实施管制后移民数量增加急剧放缓），那么延长货币宽松政策可能不会有太大影响。

一个关键的问题是：1928—1929 年货币通胀的扩大和加剧，会对外国对德国的贷款热潮产生哪些影响？实际上，随着美国国内利率的攀升，这种趋势逐渐降温，甚至在 1929 年出现了净流出的情况。外国资金的回潮以及资金流入的减少在始于 1928 年的德国经济衰退中起到了催化作用（但在 1929 年上半年，德国经济先是经历了严冬，随后又在春季实现了回暖，从而掩盖了这一事实）。德国经济下滑之际，正值新一轮谈判（按照 1924 年道斯计划的安排），以确定长期赔款问题的最终解决方案。国家社会党和民族主义者联合起来反对柏林社民党领导的联合政府任何的退让行为（Brown，2012，2017）。在德国政治舞台上，对赔款的愤怒和商业周期的低迷就像一杯致命的鸡尾酒，这在一系列的地区民意调查中变得越来越明显，最终在 1930 年 9 月令人震惊的选举结果中达到顶峰——纳粹成为了第二大党。如果美国以某种方式延长货币宽松政策，为信贷繁荣和德国经济注入新的活力，或许纳粹的胜利本来是可以避免的。假设两年后，当最终的经济崩溃到来时，1929 年的赔款解决方案早已成了"明日黄花"，相对 1920 年，纳粹能从颓废的经济中获得的利益也不会有那么多。

当然这只是猜测，这种推测属于反事实的历史，并且实际上还存在很多不同的说法。或许即使华尔街经济崩溃推迟一年或更长时间，再加上

1929—1930 年持续的资本流入给德国带来的更好的经济，也并不会将纳粹的支持率降低到危险水平以下。但谁知道呢——杨格计划（the Young Plan）实际上对德国来说是一笔很划算的交易，在这项计划中，德国所执行的赔款额与道斯计划相差极大，并且在延期付款方面具有相当大的灵活性。胡佛总统非常乐于加强美德关系，作为一名著名的国际主义者，他在第一次世界大战后领导了美国救济局，向中欧提供食物等生活必需品，从而建立起外国民众对他的信任；不管怎么样，如果观察两年来通过对杨格计划实施的情况，纳粹煽动的民粹主义者的愤怒很可能已经平息。如果到那时，亲魏玛的德国联合政府能够维持其多数地位，并阻止当时第二大经济体德国走向政治和经济深渊的道路，那么当经济崩溃和衰退最终袭来时，整体形势就可能不会那么严峻。

综上所述，一个人们广泛接受的假设是，在资产价格通胀疾病的后期阶段（仍然掩盖在商品和服务市场中的货币通胀的一部分），考虑到强劲的内生力量已经开始带来资产价格通胀和伴随的衰退，我们并不清楚中央银行在打击投机活动中迟来的收紧政策对结果是否具有重要意义。时间将告诉我们，2017/2018 年的耶伦和鲍威尔领导的美联储的经验将给我们怎样的答案。最终的崩溃幅度会更大吗？经济下滑会更加严重吗？还是说最终的衰退和金融萧条不会有太大不同？这就是我们现在正在目睹的货币实验。

参考文献

［1］Ahamed, L.（2009）. *Lords of Finance：The Bankers Who Broke the World*. London：Heinemann.

［2］Bierman, H.（1998）. *The Causes of the 1929 Stock Market Crash*. Santa Barbara：Praeger PublishersIncorp.

［3］Brown, B.（2012）. *Monetary Chaos in Europe*. Basingtoke：Routledge.

［4］Brown, B.（2017）. *The Flight of International Capital*. Routledge Library Editions

(Financial Markets) Volume 9, 2017 (original edition, 1987).

[5] Brown, B. (2018). Goods Inflation, Asset Inflation, and the Greatest Peacetime Inflation in the US. *Atlantic Economic Journal*, 45 (4), 429 – 442 December 2017.

[6] Friedman, M. (1963). *A Monetary History of the United States.* Princeton, NJ: Princeton University Press.

[7] Galbraith, J. K. (1965). *The Great Crash*, 1929. Boston: Houghton.

[8] Kindleberger, C. (2013). *The World in Depression* 1929 – 1939. Berkeley: University of California Press.

[9] Pollock, A. (2013, September 11). *The Fed Is as Poor at Knowing the Future as Everybody Else.* Statement Before the Committee on Financial Services, Subcommittee on Monetary Policy and Trade.

[10] Temin, P. (1993). Transmission of the Great Depression. *Journal of Economic Perspectives*, 7 (2), 87 – 102.

[11] Turner, P. (2017, November). *Did Central Banks Cause the Last Financial Crisis? Will They Cause the Next.* LSE Financial Markets Group Paper Series, Special Paper 249.

[12] Wanniski, J. (1998). *The Way the World Works.* Washington, DC: Gateway Editions.

第十二章

2%通胀率标准下的
财富创造和毁灭

在2%的通胀率标准下，财富管理一直面临着严峻的挑战。

投资者应如何应对这一机制的主要特性——资产价格上涨的影响呢？非理性力量的增强、套利交易的蓬勃发展，以及最终的崩盘和衰退既提供了机遇，也带来了灾难。从长远来看，经济繁荣会受到货币通胀引发的巨大经济和金融动荡的影响，但这一假设与投资策略的处方并不一致，甚至从长期来看也是如此。

需要解决的一个基本问题是：考虑到在这一制度下形成的货币不平衡可能带来的巨大市场扭曲，是否应该废除或修改正常的投资规则或指导？毕竟这些规则，即风险分散和提倡被动管理，是以有效市场和理性预期的假设为前提的——然而，这里所述的货币扭曲对市场的影响理论上增强了非理性力量。鉴于我们对推动这些非理性力量的心理过程的了解非常有限，而且我们无法预测其涨跌的时机是否合适，那准确把握买卖的时机（随着资产价格膨胀不断发展，总能够提前一点点）真的是有可能的吗？历史证据显示，不同时期的货币通胀及其各自不同的特征之间存在显著差异，尽管它们也有共同的主题，但这些历史证据加大了人们的疑虑。尽管在这种情况下这些规则背后的假设是无效的，但我们是否单纯通过遵循投资组合管理的常规规则，就能够获得更大的利益，仍有待商榷。

作为投资工具的资产价格通胀判断

即使是最熟练的分析师，对资产价格通胀的判断能力也非常弱，以至于投资者只能假设市场遵循随机游走。对资产价格通胀的研究很可能对宏观经济和政策制定是有意义的，但对投资者却没有什么帮助。固然，从1630年的荷兰货币大通胀开始，所有重大资产价格通胀（每一次通胀都伴随着货币通胀的另一个孪生因素——商品通胀，尽管有时会被掩盖）都有一些共同的因素，但它们各自的特征是如此多变和独特，以至于推翻了对资产管理的任何可靠理论。

这并不是结论，但许多讲究实用的投资者和投资顾问都不约而同地持有这种观点。相反的结论是，对资产价格通胀的熟练分析，可以有效提高投资业绩。这一判断将包括不同资产种类的投机温度或上或下的各种预测中，预测资产价格通胀在进入危险的终末期之前增强的可能性，对套利交易（信贷、货币、非流动性和期限）的观点——到达繁荣的顶峰和随后的破灭——也将是这一过程的一部分。即便如此，这种判断还是没有考虑货币历史实验室中正常经验之外的激进货币通胀。

不遵守传统的投资管理规则可能是一件非常困难的事，特别是在资产价格急剧通胀的后繁荣期，一系列资产类别的价格可能会创造新的纪录，而只有某些特别的资产类别情况不佳。在这种时候，大众媒体将利用各种各样的例子证明，那些采取被动购买和持有策略的人几乎比所有基于任何形式的专业货币分析知识而采取主动管理策略的人做得更好。这里我们来看一位表现得一般但认为自己可以做得更好的专家。

这位货币专家根据他或她对资产价格通胀的判断以及广泛的经济和金融背景，评估在未来三年内，股票价格以及其他各种资产类型相比目前水平有50%以上的下跌的可能性。即使这50%的预测没有完全实现，甚至各种资产类别（特别是股票、房地产和信贷）的崩溃序列与一开始大家预期的情况不同，他也可以有充足的理由证明应当在某些风险资产中调低权重或建立空头头寸。例如，信贷市场热度的下降将发生在股市类似下跌的一年或更长时间后，而不是反过来。但是人们包括他或她自己，在不确定的时候是没法做到完全相信的。

当然，人们还会去自我怀疑。如果我如此关注正在进行的非理性过程和可能出现的不良结局，那为什么其他人在这个时候不和我一样对持有或购买通胀资产持如此的谨慎态度，意思是根本就没有过高估值的情况出现呢？因为这位货币专家在基于自己的判断能力，寻找盈利机会时，必须相信这种机会是很少的，或者至少没有多少人出于各种原因利用这种机会。原因之一可能是，许多关于资产通胀的类似观点认为，他们可以判断出资产价格通胀的繁荣阶段，并推测还会持续一段时间。专家可以觉察到，投资者对收益率的渴求情绪阻碍了理性评估，并相信这种错误定价可能会持续很长一段时间，而且程度还会变得更大。许多现在随着音乐跳舞的人可能相信他们有能力在音乐停止之前离开，但事实上尽管有那么多谨慎的专家，这依然是不可能的。

一些这样的专家正在为投资机构工作，他们自己可能也有一份重要投资客户的名单。这些专家在兜售自己未经证实的对资产价格膨胀的判断能力方面还是非常谨慎的，不可避免地要考虑商业成本和收益。如果他们的客户因他们的谨慎错过了几个月甚至几年的快速资本增值，这些理财顾问很可能会失去他或她的客户，以及随之而来的收入和声誉。因此许多人可能只会隐晦地表示现在是一个危险的时刻，并对资产价格通胀发出警告，但同时也建议，在这种时候"同音乐起舞"肯定还是最好的出路。人们恐惧变成堂·吉诃德那样的人，即对抗资产通胀的危险，但通胀却一直没能变成通缩，甚至还演化成了一段经济发展奇迹的时期，这种踏空的成本就太大了。所以，我们还是把基于货币判断的艰难决定推迟到一年后，并希望最坏的情况不会在这段时间内发生。然后，当一年的期限达到时，我们还会作出同样的决定。

这种行为不可避免的结果就是，这些使用了判断技能来预测市场货币通胀和资产价格通胀的人，他们确实比市场聪明，但除非他中了头奖，或者选择了正确的退出和做空日期，否则这会导致他在市场中的表现普遍落后于同行。当然，这个目标并不意味着要退出市场，甚至一直做空。判断技能应该能让市场参与者在比较长的时间内驾驭风浪。总资产类别中的空头头寸无疑是结束从分析中累积高回报的一种手段，所有这些都取决于要先咽下此类策略所伴随的高交易成本，以及在亏损时，具有情绪上的韧性来忍受"做空是最蠢的行为"类似的嘲弄。此外，在理性主义者看来，在有效市场条件下，在构成股票期望回报的正常的正风险溢价变成负的之前，必须存在一个非理性和相关市场扭曲的最低门槛。虽然低但仍为正的风险溢价并不能证明积极的空头头寸是合理的。最后，大家都不接受这次的资产价格通胀很可能会硬着陆的事实，在这样的情况下，个人应该大胆准备增持空头头寸。虽然在事实中大家并不一定会这样做，且很有可能会被一波抄底者所鞭挞。

保持每日记录的货币专家技能多样化

从对资产价格通胀的正确判断中获利，是一项不可能完成的任务吗？

就像在所有这些问题上一样，我们可以发现尽管一些人在机会来临之前已经损失惨重，但他们确实最后收益很好，他们的表现究竟是因为运气还是技巧？这通常是不可能从综合数据中证明的，只有每天思考和行动的记录才能确切地回答这个问题。当然，即使因为最终资产价格通胀在经济奇迹中消退，而导致个人没有获利，在实时考虑潜在可能性的情况下，他的策略也很可能是行之有效的正确抉择，只是幸运女神没有眷顾他。当然，这些话只能对自己说，而不能在客户前这样为自己辩护。

货币专家可能会通过在一系列资产类别和时间范围内运用判断技能，组合结果中的随机因素，进而寻求多样化投资，而不是只进行一次大胆的"豪赌"。例如，专家可能会建议支持货币市场或信贷市场的走强方向的观点，而这可能伴随着市场空头头寸，如卖空股票或房地产的一部分。并且，专家擅长运用各种技术手段衡量市场情绪，来判断进入或退出这些战略头寸的时间点。

以2018年初为例，这一时间段很有可能与第十一章所述的资产价格通胀的后期阶段一致。尽管有许多持不同意见的人，但这一判断得到了广泛的赞赏和肯定。即便如此，参考华尔街和全球知名股票经纪公司的预测和建议，就会发现它们对股价进一步上涨的预测是一致的，并在此基础上提出了一些战略建议，要求它们继续积极地承担股票风险。固然这些分析师承认，虽然一般来说的确会有产生熊市的可能，但这种可能性实际上也并不高，它们会对自己的说法做一些"对冲"，如会声称标准普尔500指数通常每年都会向下修正约10%，但总体来说仍在上升趋势中，当时的价格也会比今天高，并且到年底的价格也将大大高于目前水平。

一些分析人士和记者鼓吹这样一个事实：在过去的38年（1980—

2017 年），标准普尔通常以每年 10% 的幅度上涨，这比听起来的要好得多，因为考虑到 1980 年沃尔克货币紧缩开始，以及 1980—1982 年的连续经济衰退，而 2017 年是历史上较为严重的资产价格通胀时间阶段之一。反对悲观主义者（或者更确切地说，希望在资产价格通胀达到最后阶段之前退出市场或做空获利的策略制定者）的理由是，在大多数年份市场都在上涨（自 1950 年以来的 72%，自 1980 年以来的 79%）。从长期历史上看，明年股市上涨的概率是股市下跌的 2～3 倍。历史数据表明，尤其是美国股市，随着时间的推移，基本上都偏向于上涨的趋势。

所有这些都是事实，但时间不是平等的，历史趋势也不是关于未来的不可动摇的真理（与太阳每天升起和落下的说法是相对的）。尽管人们对概率估计的信心可能"相当高"，但是在经过判断后的晚期资产价格通胀时期，"概率结果"并非行动的可靠指南。任何概率估计都存在小样本问题。也许每十年一次的资产价格膨胀并不能提供多少关于谁有判断技能，谁又是靠运气判断的准确的信息。在 2% 的通胀率标准下，资产价格的上涨更为频繁，但即便如此，判断一个人是否具有（关于资产价格通胀的）判断能力，以及这是否真的能改善投资决策，从统计检验上来说，很大程度上仍不确定。这关系到作出判断的人对自己的信心。

那么，对过去和现在的资产价格通胀有着敏锐理解的投资者，是否应该把这种敏锐理解束之高阁，不让它影响自己的实际决策呢？但实际上并不应该因为没有统计检验来验证这类判断的好处就放弃它。在这种不确定的情况下，合理的结论是这些判断可能是有用的，但不能保证一定会起作用。所以理性的方式是充分采用这些判断，但不完全信任其有效性。事实上，在整个市场层面上，这种缺乏信心和对判断技能的怀疑解释了为什么即使很广泛的市场参与者和观察者已经意识到了不理性力量的存在，资产市场在货币通胀下形成的不理性力量仍可以继续对价格产生重大影响。

判断资产价格通胀的要素

资产价格通胀判断过程中有几个关键因素，即评估我们处于（通胀疾病的）哪个阶段以及对接下来将会发生什么的预测。一是分期（Staging）；二是认识到货币通胀的动态性，其中资产价格通胀是货币通胀的一个关键组成部分（另一个是商品通胀，在较长时期内可以被全球化、数字化、商业周期低迷等因素掩盖）；三是发现并评估投机故事；四是运用历史实验室中对以往资产价格通胀的研究结果。

分期包括对资产价格通胀会经历早期、中期、晚期和最终阶段的认识，如本卷所述。在中期阶段，投机热度可能已经在一个或多个资产市场大幅下降，而在其他地方继续上升。资产价格通胀的持续取决于"格林斯潘方法"的成功实施，如果不成功，通胀的后期和末期都可能很快到来。相比之下，如果成功了，就会有一种新的非理性的力量，将这种通胀疾病向前推进数年之久。其成功在很大程度上取决于在当前扭曲的货币条件下仍具有吸引力的投机故事，但事实并非永远如此。如果最终人们的怀疑占据了上风，就会出现对政策的反抗（如 1929 年 10 月，当时强劲的货币注入已经无法重新刺激资产价格通胀）。

清楚地认识到货币动态，意味着要理解广义货币通胀过程的背后是什么。虽然有时会被很好地掩盖，但不可否认的是，资产价格通胀、商品和服务通胀这对孪生兄弟总是会在某些地方一直存在。对历史和现状的研究可能会使分析人士认识到孪生兄弟之中的一个突然改变对另一个的影响。例如，商品和服务通胀的突然上升，可能伴随着资产通胀进入下一个阶段的可能性的增加。更广泛地说，分析师试图评估中央银行为何追求特定的宽松货币政策，以及确定失衡已经累积到了何种程度。是否有一些政治或其他因素可能导致进程的停止？资产市场和商品服务市场的通货膨胀过程将产生什么后果？

发现并评估投机故事，对于理解资产市场的热度分布和突然降温的可能性都十分重要。分析人士应设法剖析投机故事，找出投机故事的弱点，即投资者可以利用并提出反对观点的点。这才是健康的怀疑主义的基础，但它在资产价格膨胀中被扼杀了。通过发现这种弱点，当这一特定的资产价格通胀事件结束时，分析师可以对潜在的损失和总体的不良投资情况有所了解。

历史实验室的使用对判断过程至关重要，但并不意味着期望总是能得到相同的结果。现在可能是过去的回溯，但不是机械地重复，在任何情况下都不存在相同的起点或发展阶段。我们应该遵循巴尔扎克的指导原则，即作者能够在对具体的个体进行归类的同时，也能够将这些类型具体化①——这同样适用于判断资产价格通胀，以及所有经济现象（更广泛地说，也包括商业周期）。

对 2011/2012 年度开始的资产价格通胀的判断

让我们从大萧条之后开始，通过当前的货币通胀来说明这些判断的要点。为了达到2%的通货膨胀率目标，货币政策的积极和激进的实施决定了货币的动态。全球经济的潜在稳健增多了投机故事的数量和合理性。自20世纪90年代中期以来，我们经历了一段技术快速变革的时期，其中许多领域直接影响到个人的日常生活，并似乎增添了新的活力（互联网、社交媒体、通信等）。在这些领域之外，人们对于页岩油气革命、电动汽车以及其他许多事情都非常兴奋，这很容易理解。快速的全球化使人们可以任意地去进行想象。因此，当中期危机出现在某些资产类别（大宗商品、一些新兴市场经济体、石油和天然气泡沫）时，在货币注入的帮助下，很有可能快速启动新的投资机会，也激发了旧的投资机会。

20 世纪 30 年代中期（1934—1937 年）的资产价格通胀就是一个反例（Brown，2016）。在资产通胀的最初几年确实有许多警告，预示着通胀将

---

① 原文为 individualize types whilst typifying individuals。

以 1937 年那样的崩盘告终——1937—1938 年罗斯福经济衰退之初，美国股市曾在 1934—1936 年大幅扩张基础货币之后突然下跌。但这与之前那次经历有很大的不同。

当时还没有特别有力的投机案例（尽管技术进步是显而易见的，但最重要的进步仍然存在于电视和航空运输方面）。即便是考虑到前景光明的新技术开发，但 1929—1932 年一系列股市崩盘的悲惨事实和难以想象的大萧条，都给投资者留下了轻信投机故事所带来的严重后果的阴影。全球军事冲突，包括可能产生的世界大战，都在主流情景构建的范围内（尽管在现阶段的可能性仍比较小）。最后，当时的美联储主席们其实并非过于激进，也没有进行大胆的新货币实验；资产负债表的大规模扩张，在一定程度上是对巨额黄金流入的意外反应。

一旦有迹象表明投机活动升温，甚至出现了一丝商品和服务通胀（1936 年初的情况），美联储就开始转向货币紧缩政策。这与当前周期的情况大不相同，现在激进的货币政策占据主导地位，商品和服务市场出现了一种强大的价格下行自然趋势，掩盖了通胀的本质。（1935—1936 年，物价有上升的趋势，部分原因是经济从萧条时期的低谷中复苏。这在一定程度上导致了货币政策制定者对通胀风险的过度判断。）没错，在当前的资产价格通胀期间，存在严重且日益加剧的地缘政治担忧，但其程度肯定低于 20 世纪 30 年代中期的水平。

目前的货币通胀确实达到了一个中期阶段，其特征是在 2014—2015 年投机温度有所回落。其中一个焦点是能源市场（在人们认为油价将永远保持居高不下的基础上，曾出现对高成本勘探过度投资的现象，但现在油价已经面临暴跌的局势下，美国页岩油气产量仍旧呈现惊人增长的趋势：尽管风险高、预期利润低，但美国页岩油气生产商的信贷市场环境极其宽松，推动了页岩油气产量的增长）。从更广泛的角度看，包括大宗商品和新兴市场经济体（尤其是中国）的股市回撤，甚至蔓延到了较为平稳低迷的美国股市。与此同时，美国和其他几个发达经济体也出现了增长周期下滑（部分原因是能源领域投资的暂时大幅下滑）。中国股市在 2015 年夏季的小幅贬值，似乎是对被当前投机热潮吸引到高价资产市场的投资者的一个警醒。可以想象，这将是此次资产价格通胀的最后阶段，整个经济衰退将持续 2016 年一整年。

反对这一结论的是货币政策的力度，以及与数字化和全球化有关的强有力的背景。是的，在 1937 年春天，美联储已经停止加息，并干预债券市场以防止长期利率上升，但它并没有撤销其提高准备金率的举措。相比之下，2016 年，欧洲中央银行和日本中央银行不同程度地加快了其量化宽松计划，并进一步进入负利率时代，美联储甚至还没有启动基础货币正常化的进程。而在世界第二大经济体中国，激进的财政扩张立即开始了其货币化进程（伪装成了对国有企业的贷款）。

因此，2016 年并没有标志着罗斯福又一次衰退的开始。相反，耶伦方法却"成功了"，开始了新一轮强劲的经济回升和货币通胀加剧，仍隐藏在商品和服务市场中。的确，2017 年美国和欧洲报告的商品和服务通胀非常温和，部分原因是"亚马逊效应"，并考虑到质量改进而改变了国家统计局的估算方法（见前一章）。那些赌在这个结果上建仓的投资者做得很好，而那些辛苦做判断的人则因此遭受了损失。

关于硅谷和数字化革命的吸引人的描述变得更加有力。投资者乐观地认为，未来 FAANGs 将获得成倍增长的垄断收入（无论是通过广告还是零售平台接入，抑或两者兼而有之）。页岩油气生产的新一轮革命性成本削减，避免了该领域最令人担忧的结果，同时也确实带来了该领域信贷和股票市场投机热度的再度上升。在货币政策方面，通过数字化（亚马逊效应）加强通胀伪装，消除了中央银行遏制货币通胀的紧迫理由。事实上，考虑到基础货币完全偏离了货币体系的支点，没有可靠的方法来衡量货币通胀程度。即使计量经济学实证已经成为中央银行官员 2% 通胀率标准的福音，又有谁会相信这些？在这一制度下建立的 2% 左右的通胀预期惯性尚未得到检验——它最终将如何破裂，是剧烈地，还是逐渐地？

现在是削减股票敞口[①]（Exposure）的时候吗？

现在是时候大幅削减股票风险敞口，或者减少套利交易，甚至做空股票吗？传统观点认为将股票风险敞口降至低于正常水平，甚至更激进地做空，都是代价高昂的策略；充分多元化的股票投资组合的正常预期回报率相对于固定利率安全投资的回报率（差额是所谓的股权风险溢价）是如此之高，以至于这些策略都会带来巨大的损失，除非这个人认为目前市场定价与基于对未来前景的合理评估的正常定价相去甚远。这种观点在2018年初到底有多强烈？

推动价格上涨的投机案例肯定会让人产生怀疑。例如，在高度投机的FAANGs和类似产品市场（脸书、苹果、亚马逊、奈飞、谷歌）中，存在一种假设，即当前或未来的虚拟垄断利润将在未来永远高速增长。然而，随着脸书和谷歌（Alphabet）的权力最终受到监管或更广泛的税收打击，这些公司所处的环境正在发生变化。市场上许多人认为，对这些公司的打击更有可能从欧洲开始，而不是美国，打击重点将放在滥用私人数据（一个可能的解决方案是让这些平台的用户保留自己数据的所有权）和各种消灭竞争的做法上。其他人则对此类打击持怀疑态度，他们谨慎地认为监管将会有利于老牌大公司。即使不采取监管或反垄断行动，我们也有理由对永远以两位数增长的收入的投机故事提出质疑，尤其是在广告的有效性受到质疑，且其所依赖的"数据挖掘"效用几何仍未知的情况下。

此外，谁知道技术变革将带来怎样的新竞争挑战？例如，科技媒体曾猜测，区块链将以某种方式利用个人对互联网的使用，让个人保留对自己数据的所有权，而不是将其作为大型科技公司的收入来源（尤其是通过吸引广告收入）。最后，坊间有很多证据表明，这些股票中存在很多动量交易，资本收益为正，吸引了更多资金流入，尤其是来自亚洲投资者的

[①] 可以简单理解为股票的持有量。——译者注

资金。

亚马逊尚未拥有全面的垄断权力，而且可能永远也不会在整个零售领域拥有垄断权力。但反垄断专家提出了一种可能性，即这种垄断存在于子行业，在某些领域阻碍新进入者，但在其他领域伤害现有的小型竞争对手。亚马逊案例的一大特色是拥有大批狂热的追随者，他们相信未来的利润会高得惊人。这种被追随企业所涉足的任何企业领域——无论是医疗保险、交通运输、食品零售，还是其他领域——最终都将被点石成金。（相比之下，持怀疑态度的人可能对任何可能发酵出大科技公司、大银行和大政府联盟的举措感到恐惧，如在新形式的医保条款上的合作；见第十章。）

是的，如果人们确信某家公司将会成为未来的黄金城，这个公司的股价也是根据这个预期定价的，那么它就可以为客户提供其他人无法比拟的出色服务，市场份额也将快速增长。但这会持续多久呢？投资者似乎不关心当前公司的利润与市值的比例低，而是相信亚马逊的故事说，他们正在聪明地投资其收入。即便如此，只有折旧（资本消耗）才能从总收益中扣除，而不是从总投资中扣除；潜在的现实是，折旧（资本消耗）在当前收入中占了很大比例。也许人们认为，一旦亚马逊确立了垄断地位，投资支出将在以后呈现回落的趋势。

除FAANGs以外，人们对当前市场追逐永久高利润率的说法还有更广泛的担忧。这背后日益增长的垄断力量正面临挑战。无论如何，利润率本身可能反映了一系列金融套利操作，以及异常低的利息成本（加上不断增长的杠杆），而事实很可能证明，这些操作是不可持续的。此外，有理由怀疑，在全球持续通胀的货币环境下，2017年末流行的投机故事——共和党的削减企业税将永久性提振美国的税后利润，这种偏高的估值对全球的货币通胀起到了推波助澜的作用。

是的，没有资金支持的企业减税将提振美国企业资产的税后收益，这可能会增加美国投资者和全球投资者对股票资产的需求（在税率保持不变的情况下，对外国股票的需求会有所下降）。但这些转变的持久性可能会受到质疑。华盛顿政治权力的转移可能在几年内带来股息和资本利得税的大幅增加——如果通胀加速股利和资本利得税可能不需要在名义利率提高的情况下就会增加，而且外国税率可能会下降。

无论如何，企业减税并非天降甘露。只要他们的受惠者花掉了这些奖励，利率就会面临上行压力，通胀的可能性也会加大（如果美联储想要顶住利率上行的压力的话）。最终，各种形式的通胀税可能与大部分的减税金额抵销，并且其中相当大的一部分将转嫁到股本资本的所有者身上（例如，实际有效资本利得税率提高，但实际折旧扣除不足）。

因此，企业减税的说法很可能因为市场的热情而被夸大了，但通胀性货币政策的总体推动力可能会持续下去吗？答案是肯定的（从 2017 年底的观点来看）。

特朗普总统提名杰罗姆·鲍威尔为美联储主席，接替珍妮特·耶伦，似乎是基于这位财政部部长与他相处融洽，因此可以密切合作。鲍威尔让人看起来像是真的相信政府的减税和去监管政策将能够大大提高美国经济的潜在增长率。这意味着经济增长过程（白宫现在承诺在减税的基础上实现 3% 以上的经济增长率）中的任何挫折，特别是在中期选举即将面临的困难挑战，都会导致货币刺激程度的加剧（可能是不随着预期通胀率的上升相应上调短期利率）。

至于主要的外国中央银行的政策，人们对德国中央银行将挑战欧洲中央银行无止境货币通胀政策的想法已基本消失。在 2017 年 12 月欧洲中央银行会议上，德国中央银行甚至没有反对德拉吉将大规模印钞再延长至少 9 个月的计划，同时继续实行负利率政策。在日本，安倍首相在另一场提前选举中赢得了绝大多数的支持，完胜了反对党。日本中央银行行长似乎致力于继续实现 2% 的通胀率而战，如果必要的话，甚至会采取前所未有的激进货币手段。在中国，有传言称中国将收紧一些财政/货币/信贷政策，但这一切并非必然的结果。与此同时，中国可能会选择促进通胀上升的道路（尽管在某种程度上仍隐藏在商品和服务市场中），而不是采取强硬的紧缩措施。

　　然而，尽管投资者能够意识到通胀趋势依然强劲，但这并不足以在当前阶段维持资产价格通胀水平。以购买力平价汇率计算，新兴市场经济体占 GDP 总量的 60%，处于全球信贷套利交易的中心，存在各种风险因素，如企业部门的高负债和大规模房地产投机，这些都有可能导致发展速度放缓。更普遍的是，无论是在 FAANGs 的股票中，还是在更广泛的信贷、期限风险和流动性溢价套利交易中，动量交易都可能瞬间崩溃。这些都依赖于持续的经济增长——但即使在全球经济持续增长和宽松货币政策的情况下，这也不是板上钉钉的。此外，也有很多关于非理性投资者策略的看法，这些策略旨在提振迄今为止的回报率，但很有可能会面临崩盘的局面。例如，卖出看跌期权并收取保费，或者更广泛地说，卖出波动性（也就是收取保费，但如果波动性上升就给予赔偿）。谁也不能确定任何一个主要经济体的商品和服务通胀突然上升，是否会引发全球政府债券市场的严重下跌，进而将资产价格通胀推至最后阶段。

　　在信用或流动性套利交易中，突发事件风险始终是潜在扰动的一个因素。大型债务人可能陷入困境，并在全球市场引发冲击。中国的债务人就有可能出现这种情况，鉴于人们普遍意识到中国经济杠杆水平已变得过高（之前许多贷款都与房地产有关，最近则是关于海外资产收购热潮），尽管许多贷款是通过国有银行向国有实体发放的内部贷款，但也有大量潜在的私营部门因素，以及外国贷款机构在信贷市场的参与。从广义上讲，中国主权信用评级的下调，可能撼动全球信贷市场，甚至更广泛的资产市场的根基。在耶伦方法（2016—2017 年）引发新一轮信贷套利交易热潮的背景下，还有很多新兴市场值得担忧。有人认为印度才是潜在的"灰天鹅"。

　　在美国，存在很多的潜在信贷疲软案例——拥有大型购物中心的美国商业房地产公司、未偿付杠杆债务的私募股权公司、在热门房地产市场持有大量贷款的外国银行，以及全球范围内的高杠杆企业债务等。多年来对收益率的追逐，使许多投资者对信贷产品（相对于任何正常基础）存在过度巨大的敞口。随着财务操纵者们试图通过注销股票和出售高价债券来提高账面的营利性，美国企业部门的杠杆率（债务与 GDP 之比，而不是债务与股票市值之比）变得越来越高。对股市而言，利润率的扩大是利好消息的一部分，但疲弱的经济体现在基本面因素中杠杆率的上升，尽管被股市的泡沫水平所掩盖了，鉴于其债务股本比率远高于正常水平，一旦泡沫消散，企业估值的下跌将对股权所有者造成严重的冲击。一旦寻求收益的投资者尝试将信贷产品持有量恢复到正常水平，都可能引发关键信贷市场的流动性不足的危机。

但为什么会在2018年的前几个月发生这些事情呢？确实从多方来看，我们还有一些时间来享受全球资产价格膨胀的热度，毫无疑问，这是2017年末众多投资者的一个侥幸想法。资产价格通胀及其目前的危险（进入最后阶段的危险），包括上一章所述的与1929年的相似之处，很容易使有想法的分析师们推荐比正常水平更低的风险敞口——甚至在某些情况下做空。

2018年2月初，华尔街引发了一次在全球股权市场范围内的持续一周的巨震，这使这个问题重新回到很多投资者的视野中。股权价格相对他们之前令人晕眩的高水平下滑了5%～10%，现在是时候跳下投机的列车了吗？如果一些投资者相信，它们能够按照自己的想法安全地离开列车，那2月2日和5日的瞬间大额的损失将会重新给他们上一堂老课——他们所想逃离的时间一定会与其他人仓皇出逃的时间差不多，然后他们就会被迫留下，去等待未来下一个更好的机会，但是下一场巨震，也许规模会更大，可能会更先来临！

2018年1月底，商品和服务通胀的迹象（如报告所述）越发明显，这至少提供了一个表面的原因，即商品和劳务通胀即将加速，繁荣的经济体可能会因通胀预期的上涨从而受到震动，这趟投机列车的旅程很可能比想象中的要短得多。如果2月初的巨震同时冷却了经济的繁荣进程（例如，家庭和企业在高杠杆的情况下可能会变得更加谨慎），这意味着通胀警报可能会进一步后延，这趟投机列车还能继续开下去。但与此同时，市场降温将给这一旅程带来新的风险，包括对收益感到失望的痛苦，以及不良信贷事件发生的可能性增加。无论如何，这些迹象只是暂时的，并且后续事实的证据是可以将其推翻的。

在 2018 年 2 月初的股市震荡中，随着风险平价策略泡沫的破裂，对市场波动性的估计也有所提高。风险平价投资者一直在囤积低波动性的资产，并通过提升杠杆而增强其整体波动性。他们还认为波动率指数（尤其是 VIX）在市场上被高估了，因此他们积累了大量的波动率指数的空头头寸，以对冲他们自己的长期持有股票的风险敞口。由于对通胀萎靡的突然担忧，且人们认为波动率会跳涨，股市在 2018 年 2 月初出现大幅下跌，风险平价投资者开始发现自己普遍处于危机之中。他们意识到资产价格通胀在某个阶段会进入危险的最后阶段，因此选择和其他投资者站在投机列车的逃生口附近，指望在时机到来时退出。但在出口处，想要逃离的人也很多，许多人决定推迟行程的结束。然而在许多情况下，风险平价投资者没有这种奢侈的推迟离开的机会，因为他们的杠杆水平实在是太高了。

即使动荡已经平息，新常态的出现也意味着同一股权头寸上的看跌和看涨期权会更加昂贵（期权定价公式的一个关键变量是所谓的股票波动性）。正如学习金融专业的学生们所了解的，高风险的公司债券实际上等价于持有这个假设的无杠杆公司的股权，同时估出一笔巨额实值期权（见第三章的结尾）。如果市场对波动性的估计向上修正，那么风险债券的持有人需要从股权持有人那里获得更大的溢价，因为这给了他们类似的看涨期权——这意味着债券发行的息票（Coupon）更高（换句话说，公司相对于安全债券的债息成本增加）。这有利于对过热的信贷套利交易和最终商业周期的演变（加速衰退）产生深远影响。

但是，又有谁知道这巨震造成的创伤是否会影响人们继续无条件接受相信 FAANG 的奇迹呢？

2018 年初：案例研究

我们已经意识到，要对资产价格通胀做判断分析，应当密切关注中央银行货币政策变化的可能性，中央银行会通过使用"格林斯潘方法"类似的手段来应对投机温度回落的可能性，意味着它会同时放弃货币政策"正常化"或收紧的计划。当然，这种方法并不总是有效。如果投机故事同时消退，并且市场情绪总体呈现悲观的局面，那么这些"方法"（Put）的魔力就可能并不适用。

鉴于美国股市已从年初高点大致回落了10%，以及考虑到2月初出现的通胀担忧和3月底出现的高新技术及贸易摩擦担忧，投资者又该如何预估2018年初春出现格林斯潘方法（事实上是鲍威尔方法）的可能性呢？简短的回答是可能性很低；如果股市的小幅回调在一定程度上没有明显蔓延到信贷领域，或提高通胀警报，就肯定不会触发这些"方法"的实施。

自2017年底以来，市场预测通胀的风险增加了，因为这个时期通过了巨额的无资金来源的减税政策（主要集中在企业利润上）和2018年初预算决议中新的支出分配，这意味着2019年联邦赤字可能达到GDP的6%（经济仍预计在周期的繁荣阶段）。与此同时，特朗普总统任命鲍威尔领导美联储。他是一位前私募股权大亨（一个依靠资产通胀而繁荣的行业），同时也是一位特朗普的忠实拥护者。他领导的美联储很可能会追求3%的增长目标，并且由于总统在演讲中谈了那么多自己在保持股市的高市值上的成功，鲍威尔也因此会尽力阻止股市的回撤，他于2月初就任。

在1月美国通胀压力不断上升的背景下，有关工资、价格和总体需求的实际经济数据出炉了，尽管和以前一样它们并不能告诉我们什么。在达沃斯经济论坛上，美国财长曾表明支持一个疲软的美元。然后在2月的第一个星期五，1月的最新就业报告似乎揭示了"工资通胀"的上升趋势。不过，一些评论人士有理由对此表示怀疑。小时工资率的增长似乎源于工作时间的减少（事实上表明了周期性的衰退）。在经济扩张的后期，即使在非通胀条件下，工资所占比例一般也会上升。

在不确定性中存在如此数量巨大的变动的情况下，有关美国货币形势的主要背景突然发生转变，并不是一件奇怪的事情。而这恰恰发生在2018年2月的头两周——与之相伴的是股市的剧烈波动。

在珍妮特·耶伦执掌美联储的最后两年，美国的货币政策倾向于尝试增加刺激（尽管官方进行了 3 次小幅的加息）。首先是 2016 年的耶伦方法，为了应对亚马逊效应所导致的对商品价格通胀的掩盖加剧，最近一次是进一步减缓 2017 年以来的加息计划，以应对享乐价格核算法所导致的物价下跌。这些措施使货币政策看起来似乎更具扩张性，或者被称为"通胀性"。

自 2016 年春季以来，中性利率水平很可能在经济增长周期的好转期间出现跃升，2018 年美联储四次而非三次小幅加息并不意味着与中性水平利率的差距将显著缩小。固然，长期利率市场里面警惕通胀的人对货币通胀主义者来说可能是眼中钉一样的存在，但这些人大部分很可能已经消失（即使有些人仍然存在，他们也不会急于像堂·吉诃德那样，在美联储和其他中央银行进行进一步的利率操纵时被市场无情碾压）。

那么，股市看涨的前景是否明朗？如果特朗普 - 穆努钦 - 鲍威尔领导的美联储正处于更强大的货币通胀过程中（至少在 11 月中期之前是如此）。那么尽管 2018 年 2 月和 3 月出现了调整，为何不继续享受这场股市暴涨的盛宴呢？要知道，击鼓传花的游戏不会轻易停止。

尽管如此，我们还是有几个理由保持谨慎：

首先，美元走软可能加剧人们对通胀的预期。或许这可能会重新引发人们对股东财富最终会受到负面影响的担忧。没人知道美元贬值是否会演变成一场美元的全面危机（从 2018 年夏季的观点来看，这是一个基本不可能的情况，考虑到欧洲中央银行和日本中央银行遵循的软货币政策，以及民粹主义政府在罗马执政后，欧元面临的日渐高涨的外部风险）。

其次，仅仅因为美联储踩下货币加速的油门（利率的微小增幅落后于中性水平的增幅），并不意味着未来资产价格通胀已是板上钉钉的事情。历史只提供了很小的样本容量，并且没有发生过中央银行在"踩油门"时资产市场暴跌的例子，但我们对"踩油门"的力度的评估能力是有限的，而且还可能会出现突然的回弹事件（如中性利率水平的突然下降）。

比如，商业周期可能会进入一个新的疲软阶段（与此同时中性利率水平显著下降）。事实上，一些悲观的评论人士于 2018 年春季初指出，银行货币贷款增长继续放缓，一致指标（Coincident Indicators，包括所谓的实时预测，如亚特兰大联邦储备银行的实时 GDP 估计）也出现回落。资产市场的负面冲击（信贷事件、盈利前景的重新评级、投机故事被彻底揭穿）在经历了多年的市场过热后可能性大幅提升。例如，2018 年 3 月下旬，脸书泄露用户隐私数据，以及特朗普总统和包括桑德斯和卢比奥在内的知名参议员对亚马逊的负面评论，称其干预"竞争环境"的公平，引发了 FAANGs 的股价暴跌（在这种情况下是短暂的）。家庭和企业会突然减少投资并变得非常谨慎。市场活力可能会突然短路（动量消失），还有我们之前提到的，波动性泡沫的破裂导致信贷市场的风险逐渐聚集，又或者中国经济可能会在春节过后再度下滑。

是的，在法定货币的世界里，货币政策制定者对商业周期中，何时走入不同的阶段有着巨大的影响。但在决定这个周期时，他们也并非是全能的。

关于凯恩斯和巴菲特的附言

近几十年来，人们形成了一种"常识"，警告投资者和潜在的投机者不要对市场非理性行为进行押注。

让我们从凯恩斯的一句名言开始："市场永远不会先于你破产"①（Leithner，2017）。众所周知，这位英国经济学家发表这番评论的时候，刚在外汇市场赔了一大笔钱，正面临着破产的境地，只能依靠朋友的援助度过最艰难的时期。他曾预测德国马克将会崩溃，这与他对德国支付赔款的能力的悲观情绪一致，这和他在他的著作中所表达的一样（最著名的是Keynes，2008），可事实上在 1920 年春天，由于人们乐观地认为德国的经济和政治形势正在好转，德国货币大幅升值。

事实上，在一个高度紧张、一切都在变化的外汇市场上进行高杠杆押

---

① 原文为 markets can remain solvent longer than you can remain solvent。

注，在当时才是真正的非理性行为，所有关于马克的未来和战后欧洲经济（包括魏玛共和国）的各种假设都有一定的合理性，对市场的整体评估并非明显不理性。

后来，当美联储主导的货币通胀加剧了资产市场的非理性时，凯恩斯总是站在非理性力量一边（尽管，考虑到他公开的货币分析，甚至都不清楚他是否怀疑过非理性）。尤其是在1929年夏季和1937年春季两次繁荣即将崩溃之际，他大举投资于美国股市，结果蒙受了巨额损失。在这两种情况下，他都是在自己被证明是正确的经济观点的基础上进行推测的。他在1926—1928年赞成美联储的政策，因为这些政策对稳定英镑至关重要，并且没有明显的通胀风险（凯恩斯从未承认资产通胀的概念），后来他大力支持罗斯福的新政政策，包括其激进的货币政策。

我们可以用一种概括的说法来代替凯恩斯的名言：在很多由货币条件引发非理性力量的资产价格通胀时期，可以通过制定一些策略来改善"投资机会集"（investment opportunity sets）。策略制定者们假设，投机热度下降和经济衰退的最终阶段即将到来。但考虑到其中涉及的巨大不确定性，尤其是与时机有关的不确定性，风险应该被仔细监控。如果资产价格通胀持续的时间比预期的更长，程度更为剧烈，这些策略也不应让投资者面临任何破产的危险。

从凯恩斯关于采取非理性力量的警告，快进到沃伦·巴菲特对基于宏观经济主题（包括货币混乱之路）的投资策略的回避。巴菲特承认，有时混沌的货币情况会破坏他的计划。这种情况在1969年异常显著，当时股市暴跌，美联储过迟且匆忙地采取紧缩货币政策，以应对商品和服务市场观察到的通胀率的强劲上升，尽管在1965年"信贷紧缩"期间投机热度有所回落，1963—1968年的资产价格通胀仍然是恶性的。在这种环境下，巴菲特的个人投资理念被证明是非常成功的，他的客户在不进行大规模杠杆投资的情况下，表现几次都超过了大盘指数。而当损失发生时，巴菲特便将资金返还给客户，表明非常诚挚的歉意。

巴菲特再也没有回到纯粹的证券投资活动中，而是从此专注于对企业进行有效的直接投资，试图打造一家强大的企业集团。指导思想是找到那些享有一定程度垄断权力（被所谓的"护城河"包围）的企业。他的一些批评者认为，无论是宏观还是微观，金融实力和众所周知的权力关系都是巨额押注的基础（Snider，2015），这些押注在恐慌的余波中获得了丰厚回报。他向追随者们提出的回避专业投资经理（尤其是对冲基金）和避免将黄金作为投资的建议，在股票处于高位、资产价格通胀热期或黄金处于低迷期（如美联储坚挺货币政策时期或经济繁荣时期）的时候，显得尤为可取。

整体来看，巴菲特怀疑人们是否有能力从假定的由货币引发的市场非理性中获利（考虑到一旦退出股市，再次把握"重返"股市的时机也很困难），他也不会声称自己拥有这种技能。但这种谦逊的态度，加上他为股东和以前的基金客户取得的巨大成功，并没有成为反对财富管理公司利用资产通胀判断作为提高业绩工具的有力理由。而且多年来，他的反黄金言论没有给他的追随者们带来很多好处。这里想表达的意思是，金融天才并需要不依赖于对货币通胀的理解（无论处于何种水平，无论是直觉还是其他方面）。但这样的理解不会削弱天才的判断力，甚至很可能会带来更好的结果（包括天才和他或她提供建议的那些人）；非金融天才不应当对货币通胀（包括资产通胀）视而不见，在这方面的知识和理解有助于一个人作出更好的决定，但不能保证有更好的结果。

参考文献

［1］Brown, B. (2016). A Global Monetary Plague. Basingstoke：Palgrave.

［2］Leithner, C. (2017, February 26). John Maynard Keynes as Investor – Speculator：A More Balanced Assessment (Leithner Letter No. 205 – 208).

［3］Keynes, J. M. (2008). The Economic Consequences of the Peace. Bel Air：BiblioLife, 1919.

［4］Snider, J. (2015, July 10). The Crony Pretense Behind Warren Buffett's Banking Buys. Real Clar Markets.

第十三章

第五次货币秩序混乱到
21 世纪的金本位

预测资产价格通胀接近或超越最后阶段的确切途径，对企业来说充满不确定性。同样的困境也适用于对货币制度终结的猜测，在本例中则是 2% 的通胀率标准。这两个问题当然是相互依存的。当前资产价格通胀的后期阶段可能会带来严重的危机和经济衰退，迫使当前的货币制度走向终结。或许，也不会存在这样的反制度力量。随着低通胀惯性的打破，以及政策制定者操纵利率所依据的计量经济学被发现存在严重缺陷，货币通胀可能会进一步演变为一个强大的商品市场通胀；2% 的通胀率标准的失败是显而易见的，这将导致之后会出现一段新的货币混乱时期。最终，疯狂的通货膨胀可能会成为新货币制度力量聚集的催化剂，从而建立起自 1914 年前金本位制崩溃以来的第五个崭新的货币体系，将货币混乱恢复秩序。

当货币通胀带来制度变革

商品的高通货膨胀率是德国和瑞士在 20 世纪 70 年代早期中期和美国在 20 世纪 80 年代初采用货币主义制度的催化剂。可以说，它对 20 世纪 20 年代中期金汇兑本位制的诞生也起到了至关重要的作用（这是在法国和德国出现高通胀或超通胀之后发生的）。在更久远的历史时期，美元时期的高通胀是促使政治力量将美国带入金本位的必要条件（Mitchell，2009）。

在这种情况下，尽管可能有一些获益者，高通胀（当然还有超通胀）仍然在普遍看来不受欢迎。在没有高商品通胀的情况下，资产价格通胀即使以一场大萧条告终，也不会带来货币体制的转变。虽然它很可能结束现有的制度，但却并不足以建立起一个新的制度。

1929 年的华尔街崩盘和大萧条扼杀了金汇兑本位制。随后多年的货币混乱因世界大战而加剧。下一个货币制度，布雷顿森林体系的设计者受到流言的影响，特别是在主要货币官员之间的讨论，在金汇兑本位制度的解体阶段到底出了什么差错（Nurkse，1944），研究认为主要是不稳定的资本流动，但这个观点随后被反驳（见 Bordo 和 James，2001）。他们并未意识到对金汇兑本位制的更为根本的批评，即不断累积的资产价格膨胀。

随后，当布雷顿森林体系下出现的高通胀导致该体系崩溃时，德国和瑞士准备建立一种新的货币制度——货币主义制度。从 20 世纪 60 年代初和中期到 1973—1975 年的大萧条和经济衰退的这段时期，美国经历了严重的资产通胀和商品通胀，尽管在整个过程中，各种资产和商品通胀的相对和绝对强度都互不相同（Brown，2017）。

相比之下，2008 年的恐慌和必然发生的大萧条本身并没有打破现有的货币体制，2% 的通胀率标准得以维持，而且在它之下进行的实验变得更加激进。这在很大程度上是因为政客和中央银行官员能够在为货币制度开脱的同时，将所发生的一切归咎于银行家和其他人。

无论如何，与金汇兑本位制度或布雷顿森林体系不同，2% 的全球通胀标准并不依赖于密切的国际货币合作。七国集团和二十国集团财长和中央银行行长的会议还在继续，然而，这些会谈并没有具有建设性的成果。2% 通胀率标准的"自然状态"是间歇性的甚至是半永久性的货币战争。每个中央银行（在政治指导下）都会选择在恰当的时机调整追寻 2% 目标的力度，而他们完全明白对货币政策"强度"的调整将如何影响其货币的走势。

美国两大政党都并没有打算反对 2% 的通胀率目标制度。民主党人和他们的总统一致坚定地支持这一现状，并支持在恐慌和大衰退之后实施旨在加强 2% 通胀率标准的激进政策。是的，他们中的一些人坚持认为，该制度需要包括一支强大的监管队伍，但该制度的目标［所谓的双重目标（Dual Mandate）下的 2% 的通胀率］是坚定且明确的。

除 2010 年重掌众议院外，共和党人在 2014 年的国会选举中获胜，引发了人们对货币改革的新预期。但阻止改革的一大障碍是，支持改革的共和党人并没有改革货币制度的计划。他们的首席经济顾问、斯坦福大学教授约翰·B. 泰勒（John B. Taylor）实际上仍旧坚持 2% 的通胀率标准，泰勒曾在乔治·W. 布什的第一届政府担任高级国际官员。他用来指导美联储设定利率的著名"泰勒规则"具体源于这样一个假设：善意（benign）的中央银行官员能够领悟（divine）到中性利率，并正确估计基于新凯恩斯主义学说（包括菲利普斯曲线）的经济预测模型的系数，通过使用这种方法，就可以最终实现 2% 的通胀率目标。

泰勒教授声称，以他的"规则"为基础制定的货币政策要比自由裁量的政策做得更好，但他对 2% 的通胀率目标完全没有异议。固然，他一直批评格林斯潘和伯南克的美联储助长了"泡沫"——但问题在于他自己的判断力也有缺陷，缺乏对以经济计量为基础的指导规则的一贯尊重，几年已经到了无可救药的程度。

共和党的货币政策

共和党人并没有寻求可以替代 2% 通货膨胀率的方案，可以说在这种情况下，没有其他的更显著受追捧的制度（不像米尔顿·弗里德曼对货币主义那样），也没有任何其他国家的例子可以作为参考，正如在布雷顿森林体系崩溃时一样。改革者们确实加强了国会方面的监督，这可能是进行有意义的货币制度改革的跳板。在监督委员会任职的国会议员，可以随时查阅会议记录，并有权要求决策者提供详尽的证词（比目前美联储半年一度的滑稽证词要好得多），并邀请外部专家来试图寻找一个更好的制度。但目前仍没有较好的替代方案。与此同时，随着资产价格膨胀热度的不断上升，以及漫长但温和的商业周期扩张，从政治权宜之计的角度来讲，降低了采取任何行动的紧迫性。

即便如此，在 2016 年 11 月大选中的"共和党大清扫"行动中，唐纳德·特朗普成功入主白宫，重新确定国会的多数席位（但在参议院中还有微小的差距），并将货币制度改革的主题再次推上日程，尤其是考虑到新总统在竞选期间还攻击过珍妮·特耶伦的泡沫货币政策。固然，共和党人在参议院缺乏绝对支持，因此任何美联储的改革立法都可能在参议院被阻挠，除非他们努力争取跨党派的支持，但这似乎是难以置信的。"坚挺的货币政策"能够在民主党的保守派中获得大量支持的日子已经过去了（事实上，在 1976 年的选举中，吉米·卡特就发表了反对共和党货币政策的演讲，随后在 1978 年提名保罗沃尔克担任美联储主席，很清楚这将能够为经济体给予抗击通胀的药方）。固然，推动美联储改革的共和党参议员确实曾说过，他们将伯尼·桑德斯（民主党左派）作为盟友，特别是在审查美联储的问题上，但实际上并没有真正采取联合行动。

如果国会不采取行动，那么就有可能依仗总统的权力来引入改革（很快，联邦公开市场委员会中出现了许多位置空缺，甚至包括副主席，而主席耶伦本人也将于 2018 年 1 月底退休）。但是，在没有任何改革的指导思想的情况下，新总统和他选定的招聘委员会便任命了新成员，他们都是 2% 制度的坚定拥护者，对政府的计划，特别是与减税和银行放松监管有关的计划充满热情。这种资历的人员组合也表明，候选人制定货币政策，很可能是朝着避免在中期国会选举中受挫的目标来确定的。

尽管新总统对美联储的任命非常强硬，但国会共和党人中少数剩下的坚挺货币支持者可以试图施加限制，以相关的充满争议的问题，对美联储官员和不受欢迎的被提名者进行猛烈抨击，并坚持要求政府在货币改革方面采取行动，以此作为他们在其他相关问题上进行合作的条件。2017 年，在大企业减税问题上的斗争，似乎终结了原本作为共和党计划组成部分的货币改革。众议员凯文·布雷迪近年来发起了几项货币改革法案，现在成为了拥有实权的美国众议院筹款委员会（负责税收）的主席。

最终，当特朗普总统提名一位前私募股权巨头、耶伦的长期支持者来接替珍妮特·耶伦担任美联储主席时，共和党人并没有流露出丝毫不满。在参议院的最后投票中，只有 4 名共和党参议员投票反对鲍威尔的提名，其中包括川普的前竞争对手克鲁兹、保罗和卢比奥。现在坚挺货币政策的支持者们有理由感到绝望了。这位美联储主席的财富曾来源于私募股权，而私募股权在廉价杠杆和泡沫化的股票市场的背景下蓬勃发展，且多年来在任美联储委员时就支持（尽管确实没有伯南克那样的狂热）采取激进的货币通胀政策，并试图攻击所有审查其机构的提议，怎么可能指望他改变自己的想法呢？确实，许多评论人士声称，他真诚地相信共和党减税政策能够带来繁荣——这种信念无疑使他受到任命委员会的青睐，但当他在

2018 年 3 月下旬预测，在 2018 年大选日之前再小幅加息一次（或两次），将与非通胀的货币政策保持一致时，又是否过于乐观了呢？

坚挺货币制度的概念

本章的目的是探索一种可能的坚挺货币制度，以遵循全球 2% 的通货膨胀率制度——这最有可能发生在另一场货币混乱之后（自金本位制度崩溃以来的第五次）。对于那些把坚挺货币作为首要目标的人来说，这种新体制将如何吸引他们呢？这需要怎样将政治、经济和市场环境结合才能实现？在这个过程中，人们试图评估高通胀或超通胀可能出现的崩溃风险。

坚挺的货币政策并不意味着短期或长期价格稳定。相反，坚挺货币的指导特征是由市场决定短期和长期利率，不受任何官方操纵；货币质量及"消费者满意度"是货币"供应者"的首要目标，商品和服务的价格不会朝着一个方向持续变动，价格应当会有恢复到平均水平的趋势，但并不是绝对的；货币绝不能成为主权国家用来为支出融资的工具（不通过立法提高税收，或在自由市场上发行利率不受操纵的债券），也不应成为为银行等类似机构兜底的工具。

在漫长的历史长河中，曾有种与这种制度最接近的情况，即基础货币与地上黄金供应相挂钩，而其增长则取决于新开采的黄金数量。毫无疑问，1914 年前的金本位制存在改进的空间，如纸币发行方面的竞争。不断重复的危机来自银行业的不稳定危险因素，尤其是在美国，这种不稳定通常是监管严重扭曲竞争市场、鼓励反常冒险行为的结果，并且这种行为只有在局势紧张时才会显现出来。此外，在战争或国内革命时期，也存在中止营业的威胁。

一个主要的问题是，先不管在政治上是否能够聚集起支持这一制度的力量，回归这样一种货币制度在技术上能否可行？回归金本位制的行动有可能发生在单一国家层面，而不是几个大国合作的结果。不过，一种有趣的可能性是，一群小国可能会带头恢复金本位——这将在本章后面讨论。

这里要考虑的一个关键情况是，美国会不会实施有利于黄金的货币制度改革，不过至少从目前（撰写本文时）的观点来看，这是极不可行的。

反对黄金的说法

在提出这种可能性之前，首先要消除一些广为流传的反黄金说法，这一点很重要。拉里·怀特（Larry White，2017）非常有效地做到了这一点。他通过普及一些基本概念开始。"金本位"是一种货币体系，在这种体系中，黄金是基本货币——一定数量的黄金定义了记账单位（Unit of Account，如美元），而金币或金条则充当了纸币和存款的赎回媒介。经典的金本位制度不干涉市场生产和套利机制的运作，这些机制平衡了货币黄金的存量和持有货币黄金的需求。1879—1913 年，美国是国际传统金本位制的一部分。

怀特表示，如今许多主流经济学家本能地反对自我调节的金本位制度，因为他们是受训成为社会构建者的。他们可是专家，一个自我运转的金本位制度并不会应用他们的专业知识。然而，与现代法定货币相比，古典金本位的实际记录表明金本位在大多数方面都要优越得多，接近零的长期通胀率并非偶然。这是货币增长存量缓慢增长的系统性结果。怀特援引的数据显示，1829—1929 年，除 1849—1859 年的一个例外（受加利福尼亚和澳大利亚金矿发现的影响，金矿产量增长了 6.39%），黄金年产量占现有存量的 1.07% ~ 3.79%。

怀特批判了这些评论家。

首先，一些人在得出平均数据结果时将两次世界大战期间的金汇兑本位制度时期包括在内，有些人甚至将美元实际上仍可兑换为黄金的战争年代也包括在内，但在 1914 年后金本位就已经是不完整的了。无论如何，美联储在 1931—1933 年受到指责的货币紧缩状况，并不是黄金数量紧张的结果，美联储有的是黄金。

其次，一些批评人士对法定货币持过于乐观的态度。他们支持由专家来设计的货币指导路径，辩称即使是经典的金本位制，也比不上由专家决定和细致管理的法定货币。然而，众所周知，专家主导的货币政策未能改善市场主导的货币体系，专家们总是会用错误百出的模型，政策制定者让专家设计的政策不符合一般公众的目标。公众知道中央银行没有预先承诺，因此即使中央银行掌握了充分的信息，并进行了最良性的干预，最终也可能会导致长期次优结果的产生。

反对费希尔倡导的自由裁量政策制定

怀特援引一位著名经济学家斯坦利·费希尔的话说，比起任何规则决定的货币秩序，他更喜欢自由裁量的政策制定，尤其不喜欢传统金本位制（Fischer，2017）。费希尔问，为什么货币政策应该由相关委员会决定而不是靠规则来决定。他的回答是：

答案是，即便是在货币政策方面，专家们的意见也不尽相同。因此，我们"更喜欢那些试图说服彼此的委员会，在这些委员会中，决策是基于专家之间的讨论作出的"。

费希尔认为，专家之间的共识是货币政策制定的最佳指南，他觉得这是理所当然的：

强调以规则为基础的货币政策意味着人们发现了真正正确的制度，但事实上，随着时间的推移，货币政策一直在发生着巨大的变化——从金本位，到布雷顿森林体系固定但多变的汇率规则，到凯恩斯主义法则，到货币目标，再到通胀目标制的现代框架和美联储的双重规则，以及更多。

因此，费希尔认为，货币政策方式在历史上的不断变化警告我们不要采用非自由裁量的制度，因为这表明没有找到"真正正确"的制度。然而，怀特反驳道：

第一次世界大战期间，各国政府选择放弃金本位制（为了印钞来为其战争提供资金），但随后又未能采取必要措施恢复可持续的黄金平价（贬值或紧缩），这并不意味着金本位制一定失败了，倒不如说是凌驾于他们之上的政府政策失败了。政策的变化并不意味着每一项新政策都比其前身有所改进——除非我们认为所有的变化都是对外生变化环境的合理适应。只有那样，我们才应当认为指导货币政策的专家们从未令我们失望。

以 21 世纪——而不是 1914 年前的模式回归金本位

要想回到 1914 年以前的金本位制，需要哪些必要的实际操作呢？

这项任务确实令人望而生畏，尤其是因为没有人能够准确地预测一种黄金价格，能使初始"黄金集团"的基础货币（完全以黄金形式）完美等于平均水平的货币市场利率（既不通缩，也不通胀）所代表的需求水平。此外，将黄金储备（作为货币储备）运送到各个成员国可能涉及大量的累积转移，这可能导致相当严重的紧张局势（国家之间的利差及不信任的情绪等）。不确定的是会有多少其他用处的黄金流入基础货币，因为现在黄金已经不会再对主要的黄金货币升值了，所以黄金的私人持有人可能会决定放轻一些负担。

考虑到目前官方持有的黄金数量，新金本位制的成员国实际上可能包括美国（截至 2016 年底持有 8 000 吨）、德国（3 800 吨）、意大利（2 500 吨）、法国（2 500 吨）、瑞士（800 吨）。中国也可能是新金本位制的成员国之一。相对于其经济规模而言只有少量黄金储备的国家是不可能成为起始成员国之一的（但如果外汇储备的持有量很大，并承诺在几年内逐渐建立起黄金储备的话，还是比较可信的）。

如果美国单方面以略高于 2018 年初市场水平（大概每盎司 1 500 美元）的价格重新回到金本位制度，美国财政部将其黄金转移到美联储，以换取其投资组合中价值达到 3 600 亿美元的政府债券，这将略低于正常基础货币总量的 1/3（在刚启动量化宽松政策前的趋势线上）。然而，在翻新后的金本位制下，考虑到黄金相对于法定票据的吸引力，以及最终贷款人职能和大而不能倒的现象最终消失，对基础货币的需求可能远高于当前体制下的需求（更多细节见第十章；实际上，如果没有最终贷款人的职能，银行会发现自己必须持有更多的高能货币，无论是现金还是同业存款，以应对净提款的突然大额波动）。

另外，除了官方持有的黄金，美国居民目前持有的一些私人黄金也将流入这一总量。如前所述的黄金—美元本位将意味着，只要人们预计这种联系会保持下去，目前持有黄金的一些人就会将其转换成美元纸币和债券以赚取利息。这种转换主要发生在以金条而非珠宝形式持有的黄金中，我们应当明白，珠宝约占地上黄金存量的一半；私人投资金条或其等价物，与官方持有量各为 1/5 左右。据估计，地上黄金供应量高达 14 万吨，其中 1 吨相当于 1 000 千克，2018 年 1 月每公斤黄金的美元价格约为 4.3 万美元；这总共相当于 6 万亿 ~ 7 万亿美元，而美国 GDP 不到 20 万亿美元。此外，全球其他地区的黄金可能会流入以黄金为支撑的美元框架内，这将提振美国的黄金储备总额（Pringle，2012）。

总体而言，在选择黄金的官方价格时，美国官员希望避免引发美国基础货币的大幅收缩，因为美国以外对黄金的需求推动了黄金的大量出口。同样，他们也不欢迎这样一种情况，即涉及黄金的自动机制导致美国基础货币供应量的增长超出了从稳定货币状况的角度来看的合理水平。虽然并没有确凿的证据，但是官方价格适度高于今天的市场水平可能是最好的解决办法；美国基础货币中金属的比例，以及其随着时间的推移而出现的变化，可能会非常不稳定。如果总的基础货币可以控制在 GDP 的 6% ~ 10%，且财政部为黄金操作融资（如保持美元的黄金平价——见下文），那样的话情况肯定是可以控制的。

将黄金作为完全可转换的资产（美元可按固定价格兑换成美国金币，金条可在铸币厂铸成金币，只需支付少许费用）加入基础货币的主要目的是增加对基础货币的需求的广度、深度和稳定性，也使其对利率变化的弹性降低，尤其是考虑到珠宝在黄金中所占的巨大比重。高弹性意味着价格可能会大幅上涨，而不会受到货币力量的实质阻力，但利率只上涨了一点点。相比之下，适度的缺乏弹性，意味着同样的价格上涨会使货币市场利率出现更大幅度的上升，同时长期利率的反应也会减弱。在币值稳定的货币制度下，这些基本上忽略了短期利率的波动（见第四章）。

这对于将基础货币重新置于货币体系的支点至关重要（见第十章）。除了重建支点，还将重新引入大面额美元钞票、反垄断法、遏制信用卡和支付卡垄断者或寡头反抗现金的战争（尤其是通过抑制或取缔使用卡的费用），遏制"大而不能倒"的保护，以及限制存款保险和最后贷款人机制，以支持银行对高能货币的需求。

但即便如此，也没有一种方法能像1914年前的金本位制那样回到完全自动的规则。这条道路将要求美联储放弃对高能货币总供给的控制，且确实所有高能货币都将是黄金或至少是由黄金支持的。在只有一个国家，即美国是金本位国家的情况下，以及在这种情况下黄金需求的演变的巨大不确定性，这一步根本是不可行的，至少在未来很长一段时间内是不可能的。且在过渡期间，不可能恢复多边金汇兑本位制度，即美国以外的国家不可能将其货币与美元挂钩，其货币与黄金之间没有可兑换性，其储备的所有波动也将发生在美元部分。因此，一些国家可能会单方面决定走这条路线。

是的，一些大国（如德国）可能在某个阶段效仿美国，但也不是在欧洲货币联盟还存在的期间。鉴于主权债务的严重性和银行疲弱的程度，欧洲货币联盟无法在黄金货币体制下生存下来，也不能再通过加印钞票来掩盖问题。而在整个欧盟，黄金储备也是不足的。因此我们只能假设法国和德国能够在黄金的基础上建立一个更加精简的货币联盟。

德国最终回归金本位并不意味着金本位制的复活。实际上，美国需要为自己定义的基础货币明确一条供应路径，而黄金将是这个基础货币的一个重要组成部分。例如，德国采用黄金货币将对美国的货币形势产生直接影响，德国和美国货币之间的相对波动可能会限制在一个较小区间内，但美国将享受货币霸权的好处。一轮投机性的资本流动，也许是由黄金集团（在这种情况下便是德国和美国）的脆弱性引发的，相对于德国而言美国持有的黄金量要大得多，因此，对德国而言，为遏制黄金损失而进行的临时利率调整的负担将比美国更大。这就是为什么美国以外的其他国家无法实行 21 世纪的金本位的原因。如果确实有其他准备独自"回归黄金",那么可能只有那些拥有非常大黄金储备的国家(相对于经济规模而言)才可能这么做。许多国家很可能选择单方面将汇率钉住以黄金为支撑的新美元,但同时增加外汇储备中黄金所占的份额。

一个或一群富裕的小经济体国家恢复使用金本位制

我们可以预测"回归金本位"不是由美国主导,而是由小型富裕国家主导。这些小国拥有高度的发达金融中心、高偿付能力的银行部门和高评级政府债券,国内劳动力和产品和服务市场内部的价格可以灵活波动(能够抵销黄金汇率的波动)。这些国家将自行回归黄金市场,但也知道其他国家也可能采取类似的行动,因此尽管没有中央控制权,它们也是一个集团的一部分。瑞士、荷兰、加拿大、卢森堡、中国香港、中国台湾都是例证。(我们甚至可以想象在一个更大的政治体管辖下的某个富裕省份可以通过选择黄金来解决货币问题。)"黄金集团"实际上使上述小经济体能够摆脱加入大型法定货币联盟面临的困境。在这个联盟中,它们没有发言权,只能接受低于标准的货币质量。黄金货币替代方案允许小经济体得到很多优势[高流动性、低交易成本、广泛的贷款和债券市场准入而不受太多汇率风险的影响,稳定的全球购买力、国际需求和可接受性(accepta-bility)]。

这些小经济体可以先宣布实行"回归金本位"的计划,同时做好通过多年积累黄金储备的打算。小经济体对美元和其他货币的汇率将随着黄金价格(以这些同样的货币计算)而进行相应的变动。但是,黄金需求中一个重要的新因素是特定的小经济体(或小国集团)的货币需求的变化。这可能有助于稳定全球对黄金的总体需求,使其成为全球黄金货币(全球通用的货币,但不一定是本国货币)的最合适的基础货币。当以这种方式进行(就全球购买力而言)稳定时,黄金价格本身的波动性可能会降低,但它将更受特定国家(尤其是黄金变成货币的国家)的影响。小经济体选择以这种方式成为全球黄金支点的一个优势是，其货币将具有国际重要性，其意义远远超过其经济规模，起到国际金融中心的作用。

私人黄金货币

在这样一个世界里，即黄金货币是以国家形式作为支点的——无论这个支点是之前提到的小经济体还是美国，黄金在国内外都将以两种形式存在。首先，各国的黄金货币（无论是法郎还是美元）将在全球流通，并可兑换成主权金币（各国纸币或存款在其发行的中央银行可以立即转换成黄金）。其次，非国家形式的黄金货币（政府不负责其供应，无论是铸造、铸币，还是其他）可以转换为私人发行机构指定的黄金。

任何地方的银行都可以发行非国家黄金货币存款。这些款项将可以按需以金条（或一些不是由政府确定的特定金币）偿还。借款也可以用黄金计价。参与"制造"这些货币债权和债务的人可以在国家黄金货币市场（美国、瑞士或其他小国家）中对冲其相应头寸，尽管这些国家可能面临在某一时刻退出金本位制的可能（但毫无疑问金融市场可以通过定价一些期权和期货来覆盖这种风险，标的则是黄金货币和黄金之间的汇率）。在由小国家而不是美国发行国家黄金货币的情况下，这些平行的非国家黄金货币可能会发挥更大的作用。

具有凌驾权利的准黄金（Quasi – Gold）角色

如何将美国的货币当局（美联储或其替代机构）纳入本章前面概述的21世纪金本位制下的高能货币供应规则中？答案是：采用准黄金规则，但几乎不可避免地会出现某些凌驾于标准之上的情况出现。相反，要注意回归金本位的小经济体不会实行独立的基础货币控制；小经济体的基础货币不能孤立地成为稳定货币秩序的枢纽，而且确实在1914年前的完整金本位制度下，黄金的流动将导致小经济体的基础货币的波动率比大国大得多。相反，在小经济体，短期利率将由黄金头寸决定——要看这些头寸相对于满足黄金自由兑换的正常警戒金额，到底供给过少还是过多。基础货币将由内生因素决定。（黄金的买卖将相应地从基础货币上增减。）

再回到美国在黄金问题上的例子，货币当局可能认为，基础货币的年增长率应该在每年 0~1.5%。一段时间内的快速生产率增长，反映单位劳动力成本下降的趋势，应伴随未来几年基础货币的少量增长，尤其是在快速全球化或特定的技术变革的情况下，如数字化，此时价格受到持续下行压力。但这些刺激措施的目的不是在短期内阻止或逆转物价下跌（相反，名义生产成本下降的时候，它们的出现反映了经典金本位制度下掘金业的进步）。在长期利率持续低迷的情况下，货币市场利率持续走高，可能表明基础货币已出现结构性短缺（可能是由于对高能货币的需求激增），这也证明可以暂时增加供给。

很难想象美国会在没有最终获得国会批准的情况下，采取至少部分基于黄金的货币制度。白宫将通过提名符合新体制的货币官员和其他官员，积极地建立新的制度，并愿意努力通过必要的立法和两党合作来完成这一进程。立法者和白宫必须向外声称，之前的货币制度和任何过渡制度都是造成经济危机、大衰退和高通胀等不良后果的原因。

无论是寡头垄断的"大而不能倒"银行家，还是向弱小群体征收通胀税的中央银行官员，参与改革的政客和货币官员可以成功地激起人们对旧体制及其同行者的愤怒。他们必须熟练地召集立法者，让他们能够设计出一套既灵活又不能被忽视或故意回避的货币规则。固然，包括司法（和最高法院）在内的机构将在执行方面发挥作用，所有这些都取决于最终司法意见的制定中也存在强大的政治趋势。

我们从货币史上知道，反对建立在自动规则基础上的制度（可以追溯到金本位制的起源）的政治因素之一，是"刺激"经济走出衰退的自由裁量权的明显丧失。而且还有一个大问题，那就是政府如何在不依赖印钞的情况下运作，以及当最后贷款人和"大而不能倒"原则消失时，银行如何才能保持稳定。

上述新制度的建设者们可以这样回答：

巨大的货币刺激发生在经济大衰退和恐慌之后，这些恐慌本身是由于早期货币不坚挺造成的。坚挺的货币不会导致太严重的货币通胀，包括资产价格膨胀，应当意味着平稳的增长和更大的经济繁荣。减少或消除政策刺激，提升的是总体收益，而不是成本。"大而不能倒"和"最后贷款人"的职责的削减，意味着新生的竞争力量将带来一系列资本充足、持有大量基础货币的中型银行。这将赢得大多数客户存款业务。此外，也会有一些风险更大的银行，但存款人和其他放贷人会充分意识到这些银行不能兑付的风险（可获得更高的收益作为回报）。对股权债务互换（Equity – debt swaps）的应急计划将是金融机构提升其透明度的方法之一，从而赢得消费者的信任。

对通货膨胀税说不

没有"印钞机"，政府将如何进行管理？

在回答这个问题时，我们必须在当今基础货币已经脱离系统支点地位的语境下，赋予这个流行短语新的含义。

"通货膨胀税"的最初概念是在一个特定货币制度下产生的，在这种制度下，所有货币都以金币的形式存在，其含金量得到了政府当局的有效担保。在公众不知情的情况下，管理当局偷偷削减重新回到政府手中的金币（通过纳税或进口、掘金等）的含金量，并重新发行或发行低于承诺黄金含量的新硬币。但这些硬币又用于原价支付商品和劳务，这意味着相当于额外发行货币（因为贬值了），进而使其在一段时间内掌握了更多的经济资源。流通中硬币数量的增加会逐渐导致价格随着供应量的增加而上涨，税收的潜力也会随之消失。

如果公众注意到正在发生的事情，价格随着增长的货币数量上涨，税收的潜力会消失的更快。实际上征税的形式为，个人首先接受贬值的硬币，但认为它是足值的，所以价格暂时不变。如果人们对正在发生的事情有充分的认识，那么政府仍有一定的创收空间。这是由于随着货币价格的上涨，对贬值货币作为流通媒介的需求增加（人们意识到旧硬币的含金量更高时，就会将旧硬币退出流通，储藏起来）。因此，在格雷姆定律适用的情况下（"劣币驱逐良币"），新旧货币之间的汇率仍固定在 1:1 时，政府仍然可以从贬值中获得收入。

在运作良好的金本位制度下，通胀带来的税收权力并不存在。在现代的法定货币制度下，货币当局扩大基础货币（印刷货币的速度，包括在中央银行的存款），并利用这些基础货币购买商品、服务和劳动力，从而实现通胀税的机理。在传统情况下，基础货币扩张（不付息）对价格的影响取决于货币需求的性质。

如果对基础货币的需求弹性小，即相同的基础货币需求的变动对应更小的利率变动，货币供应量增加的最初影响将是压低货币利率，引发大众持有的资产从利息收入下降的票据重新分配到货币，以及由大量现金支持的即期存款中去。随后，低利率可能引发通胀过程，一部分是通过货币贬值，另一部分是通过在各种商品和服务市场产生过剩需求。同样，正如在黄金贬值的例子一样，如果增加基础货币的措施是透明的，那么价格上涨就会来得更快，而政府在基础货币急剧增长的速度下，获得的收益将会更小。但不管多么透明，政府总能通过侵蚀基础货币余额的实际价值，统领更多的资源，享受一定的好处。价格上涨所带来的对货币需求的增长将给当局带来更多的购买力，但如果公众希望减少他们在未来会遭遇通胀侵蚀的货币敞口数额，[①] 从而减少对实际货币的需求，这一过程可能会受到限制。

一旦我们将政府债券和票据与非指数化的税收制度一起引入市场，政府从通胀中获利的空间就来自不同来源之间的组合。这一过程始于扩大基础货币的规模。如果这导致了出乎意料的通胀，那么固定利率政府债券和法定货币的持有者就会蒙受意外损失。个人的意外损失与政府所得的收入

---

① 与之前的"敞口"的概念一致，即持有的头寸。

并不是相等的。在货币通胀造成的需求过剩的环境中，一些人会受到实际意外损失的挤压，进而为其他个人（其投资组合较少受到通胀损失的影响）获得商品和服务创造了更多空间。

政府的收入源于发行新的票据（债券或法定货币）的规模，因为随着通胀侵蚀的影响，个人会重新规划自己的实际持有量（尽管考虑到通胀风险，对这些票据的需求水平可能会下降）。政府通胀收入的另一个要素是操纵利率，使其远低于任何合理的中性利率估计值，也远低于预期的未来通胀率。如果报告通胀水平持续保持低位，所有这些情况都有可能发生，但在未来，通胀水平也有可能突然上升（在这种情况下，实际的意外损失会更大）。

事实上，如果印钞不能提高消费物价通胀率，就像近年来众所周知的商品和服务市场中对货币通胀存在的较为严重的伪装的情况一样，政府仍有很大的空间获得通胀税收的增长。部分原因在于利率操纵的力量，包括引入负利率政策。如果在公共财政中会计核算是真实的，政府债务的利息成本本应当以非操纵的利率来进行估算，然后操纵后的利率和假想的未经操纵利率之间的差额将是通胀税带来的收益，应当在账上加上一笔。这实际上是不可能发生的，即使某位会计十分热情地想去完成这项评估，也无济于事，因为他并不知道利率在没有操纵的情况下将是什么水平。

除了通过政府操纵利率征收通胀税，股权所有者实际上还相当于向企业发行债券持有者代收了通胀税。这类财务操纵带来的利润，很可能远远超过潜在的长期资本投资所能带来的收益。而在资产通胀的最后阶段，潜在的崩盘和衰退可能会稀释这种长期资本投资的最终回报。利用通胀税的征收来提高杠杆率也包括因对收益的渴望而导致的风险债券利率的压缩，是当前周期带来企业利润的一个重要组成部分，尽管主流的投机故事更注重数字化时代中"赢者通吃"的特点所鼓吹的垄断权力的魔力。

近年来，在操纵利率的激进实验的支持下，美联储对 2% 通胀率标准的承诺，引发了利息收入的短缺情况，而美国一直是主要受益者。看看政府债务利息账单就知道了，账单上的数额一直在缩小。如今随着联邦赤字与 GDP 之比在商业周期的后期繁荣阶段创造了美国经济和平时期的新纪录，部分隐藏且被低估的通胀税规模不断增加，以及旧的泡沫不断膨胀，成为解决日益严重的公共财政问题的潜在的权宜之计。

主管当今 2% 通货膨胀制度的货币官员否认他们是税收的代理人。他们声称，利息收入的匮乏并不是人为造成的（而是投资机会减少、储蓄过剩等），考虑到很难衡量质量的改善，2% 的通胀率其实并没有那么糟糕。全球化和数字化带来的强大的价格下行趋势，使它们能够追求货币通胀，并以利率操纵形式的新形式征收通胀税——这都是因为"通胀过低"，同时拉拢因资产价格通胀而变得富有的"盟友"。只要通胀程度低于目标，一些官员（以及他们的政治上级）就能通过货币政策进一步操纵降低失业率，他们在这方面充满热情。他们要么拒绝坚挺货币倡导者的悲观论调，即任何此类操纵最终都将终结于资产（和信贷）市场泡沫与泡沫破灭的序列，要么反对货币不确定性阻碍投资和生产率增长的观点；或者他们根本并不在意，因为他们在短期的资产价格上涨中已经获利颇丰。

经济学家们为揭穿中央银行收税员的面具所做的巨大努力，将对资本主义和自由作出真正的贡献。他们应当从过去的历史中找寻，进步到能够看清新形势的模样。当严肃的经济学家们谈到共和党的减税政策时，他们都应该拒绝相信宣传中的任何说法，即该政策能够实现免费午餐的好事。

只要减税的直接受益者增加了对资源的要求，他们就会产生抑制竞争需求的力量（包括公共和私人）。市场利率上升可能是这一过程的一部分。通货膨胀税的征收是另一部分。一些股东的热情可能会受到抑制，因为他们会意识到，即使没有民主党的完全胜利，股息和资本利得税的有效税率的提高也将迫在眉睫。从长远来看，企业所得税将相应地从上游（企业税收发生地）转嫁到下游。这看起来并不是在彻底减轻负担。

一般来说，印钞引起的通货膨胀税是对货币（和债券）持有人征收的一种税，它限制了他们对商品和服务的需求。这项征收应该与流入政府的通货膨胀收入区别开来。通过发行银行券和其他形式的基础货币，或通过增加发行政府债务而不超过信贷限制，这相当于为政府获得商品和服务创造了额外的空间。这一空间的出现主要是由于货币（和债券）的持有者受到通货膨胀的侵蚀，来调整其持有头寸的水平（但由于通胀危险的逼近，也许相对之前的水平会更低）。

如果所有人并未同时预测到通货膨胀的出现，那么这项征收就会被浪费掉，它不仅流向政府，还流向其他资产配置相对更好的个人。如果通货膨胀税源于利率操纵，那么政府将直接从抑制利率的法案中获得收益。这两种形式的通胀税不会像之前几个制度所描述的那样，随着基础货币的扩张，直接机械地在2%通胀率制度下发生，因为这里的基础货币不再是一种高度独特的，具有广泛需求的且能带来收入和财富的资产。

在2%的通货膨胀率制度下，另一种征税形式来自"税档潜升"（bracket creep）。现代税收制度通常包括固定的名义税率区间，高于这个区间，税率就会提高。与此类似，税收减免的金额也有上限。如果没有新的立法，这些税收的指数化都不意味着实际税率的有效上升。资本利得税一般对名义利得征收。与名义利得上的给定税率相对应的是经通胀调整后的实际利得上的一个更高的税率，而且这个额外费用随着通货膨胀率的增加而增加。企业资本折旧免税额是根据历史成本确定的。如果重置成本的上涨远高于历史成本，那么如果企业确实必须维持实际股本不变，企业利润的实际税率就可能大幅上升。

通货膨胀税（和财政收入）如果出现大幅增长，可能是因为2%通胀率标准下的惯性最终被打破，并因此爆发了更高的通胀。这种突如其来的爆发将本身成为一种最强大的力量，无论是经济上的还是政治上的，它将逼迫政治体系对抗宽松不坚挺的货币体系，而目前全球2%的通胀率标准正是这种货币体系的表现形式。

参考文献

[1] Bordo, M., & James, H. (2001, October). *Haberler Versus Nurkse：The Case for*

Floating Exchange Rates as an Alternative to Bretton Woods. University of St. Gallen, Department of Economics Working Paper, 2001 – 8.

［2］ Brown, B. (2017). Goods Inflation, Asset Inflation, and the Greatest Peacetime Inflation in the US. *Atlantic Economic Journal*, 45 (4), 429 – 442.

［3］ Fischer, S. (2017, May 5). *Monetary Rules.* Speech to Hoover Institution.

［4］ Mitchell, W. C. (2009). *A History of the Greenbacks.* Bel Air, California: Bibliolife.

［5］ Nurkse, R. (1944). *International Monetary Experience*; *Lessons of the Interwar Period.* Geneva: League of Nations.

［6］ Pringle, R. (2012). *The Money Trap.* Basingstoke, UK: Palgrave.

［7］ White, L. (2017, June 13). *Experts and the Gold Standard.* Alt – M: Ideas for an Alternative Monetary Future, Cato Institute.